强国之路

乡村旅游

发展规划与创新研究

—————— • 刘斐 著

中国原子能出版社

图书在版编目（CIP）数据

强国之路：乡村旅游发展规划与创新研究 / 刘斐著.
-- 北京：中国原子能出版社，2022.6
　ISBN 978-7-5221-1981-6

Ⅰ.①强… Ⅱ.①刘… Ⅲ.①乡村旅游 – 旅游规划 –
研究 – 中国 Ⅳ.①F592.3

中国版本图书馆CIP数据核字(2022)第103756号

内容简介

本书属于乡村旅游规划与设计两方面综合研究的著作。乡村旅游作为一种现代新型旅游模式及载体，是推动乡村经济发展、改善乡村面貌的重要手段。本书以现阶段我国乡村旅游业的发展情况为出发点，分析了与乡村旅游发展规划相关的问题。全书由前言、乡村旅游资源及其开发意义、乡村旅游景观资源开发等部分组成，分析了当下旅游环境中乡村旅游的发展前景，具有较强的实用性，对乡村旅游教学研究者、从业人员及学习者具有一定的参考价值。

强国之路　　乡村旅游发展规划与创新研究

出版发行	中国原子能出版社（北京市海淀区阜成路43号　100048）
责任编辑	王　蕾
装帧设计	河北优盛文化传播有限公司
责任校对	冯莲凤
责任印制	赵　明
印　　刷	北京天恒嘉业印刷有限公司
开　　本	710 mm×1000 mm　1/16
印　　张	15
字　　数	270千字
版　　次	2022年6月第1版　　2022年6月第1次印刷
书　　号	ISBN 978-7-5221-1981-6　　定　价　　88.00元

前　言

　　旅游业的发展日新月异，旅游已成为人们生活的常态。随着全域旅游时代的到来，人们渴望回归大自然的愿望愈加强烈。乡村旅游的发展就是在市场经济条件下自发形成并发展起来的一种旅游形式，它是都市人群在快节奏、高压力的生活以及高污染环境下衍生出的一种对自然和恬淡生活的向往，对乡村情怀的一种精神需求。户户有炊烟、家家有杨柳、人人笑开颜的美丽乡村画卷，已不只是停留在梦里，而是成为人们实实在在的需要。

　　习近平总书记指出："要坚持农业农村优先发展，按照产业兴旺、生态宜居、乡风文明、治理有效、生活富裕的总要求，建立健全城乡融合发展体制机制和政策体系，加快推进农业农村现代化。"乡村旅游作为旅游业与农业的交叉领域，是现代旅游业发展到一定阶段的产物，是人民生活水平不断提高、旅游需求不断提升的结果。

　　在我国，乡村旅游的发展还处在起步阶段，虽然有许多不完善和不成熟的地方，但乡村旅游从其产生开始就表现出强劲的发展势头，它不仅在吸纳农业剩余劳动力，拓展农业功能，提高农业附加值，改善农村村容、村貌等方面起到了积极的促进作用，而且乡村旅游正成为许多农民增收的新渠道，同时也是农村生活和社会环境面貌提升的重要动力，为我国"三农"问题的解决开辟了一条新的途径。

　　本书属于乡村旅游发展规划与发展创新方面的著作，由乡村旅游的概念、乡村旅游资源及保护开发、乡村旅游发展规划、乡村旅游设施建设、乡村旅游住宿和餐饮及娱乐的开发与设计、乡村旅游发展产品创新、乡村旅游营销创新、乡村旅游发展的创新路径等部分构成，全书主要研究乡村旅游发展过程中的规划与设计，分析乡村旅游发展规划、设计以及创新方法，期望通过系统的阐述，能够对乡村旅游的发展提供新的思路和方法。也能够使读者对乡村旅游的发展有一个全面的认识。

目　录

第一章　乡村旅游的概念

第一节　乡村旅游概念及其含义

目前，在国内相关文献资料中已有一些关于乡村旅游概念的界定和诠释，但总体来看，由于我国乡村旅游起步较晚，对乡村旅游的研究还处于初始阶段，对乡村旅游的基本概念认识不够明晰、深入，甚至理解不一致，提法也多种多样，如农业旅游、农业观光、观光农业、休闲农业（旅游）等。对国外乡村旅游概念的提法和认识也显得凌乱而不够系统，有些甚至出现一些误解。这些情形显然使乡村旅游的研究受到影响。因此，有必要剖析乡村旅游这一综合性概念，全面、深入地理解乡村旅游的含义和特征。

一、国内学者对乡村旅游概念的认识

国内文献对乡村旅游概念的阐述主要有以下几种。

第一，乡村旅游是以乡村社区为活动场所，以乡村独特的生产形态、生活风情和田园风光为对象系统的一种旅游类型。

第二，乡村旅游是以乡野农村的风光和活动为吸引物，以都市居民为目标市场，以满足旅游者娱乐、求知和回归自然等方面需求为目的的一种旅游方式。

第三，乡村旅游，也称农业旅游。在东亚有些国家和地区传统上将旅游称为"观光"，把乡村旅游称为"农业观光"。所谓"乡村旅游"，即以农业文化景观、农业生态环境、农事生产活动以及传统的民族习俗为资源，融观赏、考察、学习、农事、娱乐、购物、度假于一体的旅游活动。

第四，乡村旅游是指在传统乡村地区开展的，以乡村自然环境、风景、物产及乡村生活为旅游吸引物的，不过多依赖资本和高度技术，较少使用专用接待服务设施的旅游活动形式。

第五，观光农业（或称休闲农业或旅游农业）是以农业活动为基础，农业和旅游业相结合的一种新型的交叉型产业。是以农业生产为依托，与现代旅游业相结合的一种高效农业。观光农业的基本属性是：以充分开发具有观光、旅游价值的农业资源和农业产品为前提，把农业生产、科技应用、艺术加工和游客参加农事活动等融为一体，供游客领略在其他风景名胜地欣赏不到的，大自然浓厚的意趣和现代化的新兴农业艺术的一种农业旅游活动。

这里是将观光农业、农业旅游同视为乡村旅游。之所以如此，是参照了国际通用提法，观光农业或农业旅游实际也是乡村旅游的重要分支（下文将谈到这个问题）。

以上对乡村旅游的种种阐述，从不同侧面揭示了乡村旅游的含义，如乡村旅游是以乡村为旅游目的地，乡村风光和乡村活动是乡村旅游的重要内容，乡村旅游与农业关系密切等，这些都是很可贵的。但问题是，这些阐述对乡村旅游概念的其他方面却几乎没有涉及，因而显得单薄且不完整。

二、关于乡村旅游概念的诠释

从以上国内外学者对乡村旅游概念的讨论中，我们可以看出，农庄旅游或农业旅游是乡村旅游研究中最大、最引人注目的分支，它体现了乡村旅游的本质——根植于乡村地方的生活方式，充分体现了乡村旅游的乡村性特点。

发达国家农庄旅游或农业旅游的发展和研究之所以如此引人注目，是与乡村旅游特殊的历史发展背景分不开的。加之农庄旅游在欧洲已有一百多年的发展历史，在德国和奥地利尤为盛行，随着 20 世纪 50 年代以后旅游业的迅速扩展，农庄旅游更得到了蓬勃发展，成为乡村旅游的重要分支，引起学者们的极大兴趣。

在我国，农业旅游在乡村旅游发展中也是一枝独秀。这与我国农业在国民经济中居于重要地位，农业和农村的发展问题亟待解决等因素密切相关。因此，国内大多数学者把乡村旅游研究的重心放在农业旅游上，有些学者甚至把乡村旅游的概念与农业旅游等同起来，这些见解在某种意义上有其合理性的一面，表现出国内学者从实际出发研究理论问题的良好思路。

但洞见的同时，也可能存在盲视。

国内学者在充分重视农业在乡村旅游中的地位的同时，对乡村旅游概念过于简单的理解也成了短处。

第一，有的学者将乡村旅游简单地与乡村旅游的分支农业旅游或观光农业（旅游）等同起来，降低了乡村旅游的丰富性，遮盖了乡村旅游所包含的其他类型，特别是乡村民俗旅游和乡村民族风情旅游。

第二，尽管有学者在界定乡村旅游或观光农业概念时，提到农业文化景观和传统文化民族习俗，但却没有把它们作为乡村旅游的分支单独列出，这就使得乡村旅游、农业旅游、观光农业（旅游）、休闲农业（旅游）等概念与国外文献中 Rural tourism、Farm tourism、Agritourism（Agro tourism）、Village tourism、Peripheral area tourism 等概念不相吻合，容易引起概念和表述上的歧义。

第三，国内学者在界定乡村旅游概念时，没有明确提出乡村性在乡村旅游概念界定中的重要性，这就很容易导致乡村旅游标准的模糊。有些研究者甚至认为不宜将农业旅游纳入乡村旅游的范围，有些研究者则把乡村旅游或农业旅游的概念简单地归属于"绿色旅游""生态旅游"。

由于乡村旅游概念界定的不完整和不准确可能导致以下后果。

第一，不利于构建乡村旅游研究的理论体系。

第二，导致乡村旅游经营方式、开发模式和开发思路上的单一化。目前国内乡村旅游开发集中于与农业密切相关的各种类型的休闲农场和观光农园，如观光果园、观光茶园、高科技农艺园、多功能花园、教育农园、休闲渔场等，而对乡村文化传统和民风民俗资源的开发重视不够。这与我国悠久的历史文化、各民族多姿多彩的文化风情的国情不相称。国外对乡村文化和民俗旅游的开发和研究极为重视，预计这将是今后我国乡村旅游发展研究的重要方向之一。

鉴于此，笔者试图对乡村旅游的概念作出以下界定。

狭义的乡村旅游，是指在乡村地区，以具有乡村性的自然和人文客体为旅游吸引物的旅游活动。因此，乡村旅游的概念包含了两个方面：一是发生在乡村地区；二是以乡村性作为旅游吸引物，二者缺一不可。

理解什么是乡村性是界定乡村旅游的关键。乡村性包含了以下几个特征。

第一，地域辽阔，人口密度较小，居民点的人口规模较小。

第二，土地利用类型以农业用地和林草业用地为主，建筑物占地面积较小，即具有乡村型的自然景观；经济活动以农业、牧业和林业为主，并具有较强的季节性。

第三，具有传统的社会文化特征。社会生活中，社会接触多为直接的、面对面的关系，人与人之间关系密切；社会生活以家庭为中心，家庭观念、血缘观念比城市重；社会行为标准受风俗、道德的习惯势力影响较大；社会变化和生活节奏相对较慢。

根据乡村性特点，有些在乡村进行的旅游活动并不是乡村旅游，如主题公园游、城市型度假村游等。

第二节　乡村旅游的发展历程和特征

一、发达国家乡村旅游的发展历程和特征

（一）发展历程

纵观发达国家乡村旅游的发展历程，大致可以分为以下三个阶段。

1.兴起阶段

早在19世纪，乡村旅游因现代人逃避工业城市污染和快节奏生活方式而发展起来。欧洲阿尔卑斯山区和美国、加拿大落基山区成为世界上早期的乡村旅游地区。意大利在1865年就出现了城市居民到农村去体验农业野趣。加拿大落基山区成立了世界上早期的乡村"农业与旅游全国协会"，专门介绍城市居民到农村去体验农业野趣。但是，这时乡村旅游仅是从属于旅游业作为一个项目，旅游者到农村去，与农民同吃、同住、同劳作，或者在农民土地上搭起帐篷野营，或者在农民家中住宿。旅游者还可以骑马、钓鱼、参与农活，食用并购买新鲜的粮食、蔬菜水果等农副产品。此时，乡村旅游不是乡村发展中令人关注的领域。

2.发展阶段

乡村旅游的大量发展还是在20世纪中后期。由于一个多世纪以来工业化和城市化进程的不断加速，乡村的经济和政治地位发生了很大改变。乡村旅游被认为是改变和塑造乡村景观和乡村社区的良药，成为各国政府备受关注的领

域。政府通过制定开发政策、提供人力和财政支持、进行专门的机构管理、组织市场开拓等，支持乡村旅游的发展。这时的乡村旅游行为具有放松、被动、怀旧、传统、低技术和无竞争等特点。主要的旅游活动包括乡间观光、散步、野营、钓鱼、划船、骑马、农游、节庆旅游、参观历史与文化遗址等。

就观光农业而言，观光不再是对农田景色的观看，而是出现了具有以观光为职能的观光农园，观光内容日益丰富。农园内的活动以观光为主，结合购、游、住等多种方式进行经营，并相应地产生了专职从业人员，这标志着观光农业不仅从农业和旅游业中独立出来，而且找到了旅游业与农业共同发展、相互结合的交汇点，标志着新型交叉产业的产生。这个时期，观光农业的项目有：① 观光农牧场。如日本岩水县小岩井农场、中国香港的假日观赏农园等，游客利用周末到农园中去观看农田景色、体味农家风情。② 人造观光农园。如美国费城西南白兰地山谷中的"长木花园"、内布拉斯加州的室内"热带雨林公园"、辛辛那提州的"瓜果塑造"人物形象、堪萨斯州的"农田庄稼艺术画"，突尼斯的"植物体育场"等。

3.扩展阶段

20 世纪 70 年代后期以来，当传统旅游活动在乡村广泛开展的时候，一些极其不同的旅游活动开始兴起。受城市旅游活动的影响和现代化旅游、休闲的发展，乡村旅游也具有了要求主动参与、竞争、时尚、高技术、现代、个体的和快节奏的需求特征。在传统旅游活动的基础上，也延伸到了爬山车、摩托车、定向越野、生存游戏、空中滑翔、帆伞运动、喷汽船、冲浪、冒险旅游、滑雪和时尚购物等，乡村旅游的活动内容日趋多样化。

从观光农业来看，游客已经不再单纯地满足于观赏，更多地希望实践，亲身体验农趣，度假的需求日益增大。观光农业园也就相应地改变了其单纯观光的性质，扩展出了度假、操作体验等功能，如日本神户市新神西镇兴建了具有度假设施的农业公园，奥地利农园中农民提供旅游者的床位占51%，法国农村每年提供游人 15 万张床位，日本新潟县大和町的旅游者每天和当地农民一起下田劳动享"插秧割稻"旅游之乐，青森县牧场组织旅游者去草场放牧、牛棚挤奶、果园采果等。法国居民素有以种植蔬菜为业余活动的传统习惯。目前少数经济发达国家，又出现观光农园经营的高级形式，即农场主将农园分片租给个人家庭或小团体，假日里让他们体验。

（二）发展特征

在发达国家的各级政府中，旅游业曾被认为乡村传统产业的替代产业，是乡村经济增长和创造就业的源泉。20世纪50年代后，作为乡村发展的战略产业，欧盟、新西兰、英国、东欧国家、太平洋地区国家都非常重视乡村旅游，各国政府出台各种政策强有力地支持和干预乡村旅游的发展，使乡村旅游得以迅速扩展。20世纪70年代后，美国、加拿大、以色列和日本等国家乡村旅游也开始盛行。

从国外客源市场结构特征来看，乡村旅游是随着社会发展而不断变化的。在发展初期，乡村旅游主要是穷人的旅游度假形式，随着时代的发展，越来越多的富人参与进来，旅游主体人群的文化层次渐高，改变了乡村旅游较低档的形象，使社会各个阶层都参与。其中，随着发展，乡村旅游成为集观光、休闲和度假于一体的旅游形式，住宿形式有宾馆、旅馆、半自助旅舍、季节性租用的农舍、提供食宿的农舍和第二住宅等多种形式。其中，提供食宿的农舍，家庭旅馆等形式增长很快。

目前，乡村旅游已经成为一种较高层次的旅游行为，其可持续发展氛围已经十分浓厚。

二、中国台湾地区休闲农业的发展历程

中国台湾地区观光休闲农业发展经历了以下几个阶段。

（一）萌芽阶段（1971—1989年）

观光农园及休闲度假农场奠定了中国台湾地区休闲农业发展的基础。此期间，因人们对观光农业的认识和理解不同，又缺乏理论上的认识，观光农业的实践走在了理论的前面，出现了"农村观光""农村旅游""乡土旅游""农村休闲""农乡休闲""农郊休闲""观光农业""观光农场"和"农业观光"等表示方法，缺乏统一的认识和定义。直到1989年，中国台湾地区农业主管部门赞助台湾大学推广学系举办"发展休闲农业研讨会"后，才正式确定"休闲农业"的名称，并将其定义为"利用农业产品，农业经营活动，农业自然资源、自然环境及农村人文资源，增进人们游憩健康、合理利用保护及增加农民所得，改善农业经营"。

（二）成长阶段（1989—1994年）

中国台湾地区农业主管部门制订了"发展休闲农业计划"，积极辅导推动

休闲农业区的规划及建设工作。成立休闲农业策划咨询小组，研究"休闲农业区设置管理办法"。加强宣导工作，编印"发展休闲农业之旅"，加强针对休闲农业辅导人员及经营者的教育训练，从事休闲农业教学研究、强化理论基础，设定"休闲农业标章"，并拟定"休闲农业标章使用要点"。仅农政机关选定完成规划的休闲农业区就有31处，而由农民自行投资设置的不计其数，休闲农业成长甚为迅速。

（三）转变阶段（1994—1996年）

中国台湾地区的休闲农业虽然发展迅速，但很快就遇上了发展"瓶颈"，其中最关键的是法令规章无法适应观光农业发展的需要，大众对休闲农业存在认识不足。休闲农业本质是结合农业产销与休闲游憩的服务性产业，一些休闲农场为追求利润，经营方向逐渐偏离休闲农业的内涵。农政单位为了促使休闲农业的顺利发展，将计划策略与政策方向重新调整，一是修正"休闲农业区设置管理办法"，区别"休闲农业区"与"休闲农场"。"休闲农业区"以区域为范围，由地方政府主动规划，主管机构依据规划结果协助公共建设，促进农村发展。个体经营者依据其经营特性申请设置"休闲农场"，有关休闲农场设置条件、申请程序及其他管理事宜，由省（市）主管机构进行规范，因地制宜辅导休闲农场。将"休闲农业区设置管理办法"修正为"休闲农业辅导办法"；二是研拟"台湾休闲农场设置管理要点"草案。依据该草案研究"休闲农业设施许可使用明细"和"休闲农业设施设置标准"，作为休闲农场营建的规范准则，突破休闲农业发展的制约因素。三是编印"休闲农业工作手册"，包括休闲农业定义、发展目标、范围、规划设置要件、休闲农业区（场）规划设计之内涵与步骤、筹设申请税号、经营活动项目、经营管理以及国内外休闲农业类型与实例等。主要目的是提供辅导人员及经营者参考，引导休闲农业区发展。

（四）成熟阶段（1996—至今）

为促进休闲农业成为永续经营的产业，加强相关计划或活动的整合与配合，维持乡土特色，发展休闲农业，利用资源特色推行营销策略，加强教育宣传工作。

中国台湾地区乡村旅游的开展，在我国是比较早的，政府通过出台各项政策法规来指导其发展，并从技术、补助、辅导、宣传等各方面加大了对休闲农业支持的力度。目前中国台湾地区的乡村旅游形式主要以观光果园、市民农园、休闲农场、假日花市、观光渔场、农业公园等为主。可以说，无论从开展形式上，还是从客源市场的结构上来看，中国台湾地区的乡村旅游都表现出与国外乡村旅游发展相似的特征。

三、中国大陆乡村旅游产生背景和发展的特征

（一）产生背景

中国是个古老的农业国，悠久的农业历史孕育了丰富的农耕文化。中国各地景观差异大，农业资源异常丰富，乡村景观新奇多样，具有发展乡村旅游的资源条件。四十多年来，中国实行改革开放，加快经济发展，居民收入增加，生活水平显著提高，尤其是城市居民生活消费不再仅仅满足于衣食住行，而转向多样化、高层次的文化娱乐生活，回归大自然，向往田园之乐的愿望强烈。因而，广阔的客源市场和旅游需求为乡村旅游的发展提供了强有力的动力。

20 世纪 90 年代以来，随着旅游业的发展和农村条件的日益改善，为乡村旅游的发展提供了可能。世界各国乡村旅游发展的成功经验以及国家宏观调控时期社会资金寻求新的投资领域，也触发了中国乡村旅游的迅速发展。在 20 世纪 80 年代后期，改革开放较早的深圳首先开办了荔枝节，主要目的是招商引资，随后又开办了采摘园，取得了较好的效益。于是各地纷纷效仿，开办了各具特色的乡村旅游项目。如浙江金华石门农场的花木公园、自摘自炒茶园，富阳市的农业公园；福建漳州的花卉、水果大观园，厦门华夏神农大观园，建阳市黄坨乡蛇园、东山县"海上新村""鲍角观赏村"；云南西双版纳热带雨林、傣族的民舍；广西柳州水乡观光农业区；安徽黄山市休宁县凤凰山森林公园；山东枣庄石榴园；吉林净月坛人工林场；四川三台新鲁橄榄林公园；海南亚珠庄园；河南周口市"傻瓜农业园"、睢阳县的绿雕公园；上海浦东"孙桥现代农业开发区"；四川成都市郊区的"农家乐"等。这些乡村旅游基地大多既可观光游览，又可休闲度假，还有许多农业节庆活动相辅，正在逐步形成具有中国特色的乡村旅游基地。

（二）发展特征

与国外相比，当前我国乡村旅游发展的特点如下。

第一，乡村旅游仍处在起步和发展阶段，产品的初级化特征明显。表现在：① 产品类型单一，以农业观光园、采摘果园为主导产品。我国幅员辽阔，乡村自然景观千差万别，民风民俗多姿多彩，为乡村旅游提供了广阔的发展空间，但目前各地的乡村旅游产品主要采用农业观光园和采摘果园的形式。② 产

品粗放经营较明显。由于乡村旅游发展初期处于卖方市场阶段，加之大多由农民自行开发，没有长远发展规划，配套不足、服务落后、管理混乱，大多乡村旅游产品仅在原有农业生产基础上稍加改动而成，缺乏创新设计和文化品位。

第二，乡村旅游消费也呈现初级化特征。我国乡村旅游消费的初级化不仅与产品供给水平的初级化有关，也与游客消费心理的低层次和我国社会经济发展总水平密切相关。当前，在我国低水平的旅游供给、低水平经济收入、低层次综合素质和传统以节俭为主导的消费观念等多重因素影响下，绝大多数乡村旅游者享受到的是较低价位的消费水准、较低档次的旅游服务和较低层次的精神感受，乡村旅游停留在悦目悦身的基本层次。例如，在采摘旅游中，大多数游客更看重水果的价格、质量和数量，而轻视对收获的心理感受。在"住农家屋，吃农家饭"的乡村民俗旅游中，游客注重的也多是低廉的接待费用，而体察乡风民俗、修身养性的成分较少。以休养疗养、艺术创作和商务会议等较高层次的旅游活动在我国乡村旅游中所占比例还较小，从国内乡村旅游的客源市场结构来看，中低收入阶层的城市居民是乡村旅游的主体客源。

第三，乡村旅游大多分布在经济发达大城市郊区或旅游景区周围。这些地区客源丰富，旅游需求很强，具有发展乡村旅游的市场条件。

尽管我国乡村旅游的发展尚处在起步和发展阶段，但广阔的客源市场、丰富的旅游资源为乡村旅游的更大发展提供了条件。

第三节　乡村旅游的构成与分类

根据中国乡村旅游发展的实际情况，并借鉴已有的划分方法，笔者将乡村旅游主要划分为以下几种类型。

一、城郊庭院休闲

是指在城郊地区，利用城乡结合部有利的区位条件和乡村的自然和农业景观，以规模不等的庭院作为休闲场所，提供城市居民休闲度假、健身娱乐和农事操作等。城郊庭院休闲在许多城市周边普遍存在，成都近郊的"农家乐"尤为典型。

二、农业旅游（或观光农业）

农业旅游是目前我国乡村旅游研究中最大的分支，可分为以下五类。

（一）观光种植业

包括观光果园、茶园、花园。指利用现代农业技术，开发具有较高观赏价值的作物品种园地，或利用现代化农业栽培手段，向游客展示农业最新成果。如引进优质蔬菜、绿色食品、高产瓜果、观赏花卉，组建多姿多趣的农业观光园、自摘水果园、农果品尝中心等。

（二）观光牧业

指具有观光性的牧场、养殖场、狩猎场、森林动物园等，为游人提供观光和参与牧业生活的风趣和乐趣。如奶牛观光、草原放牧、马场比赛、猎场狩猎等各项活动。

（三）观光渔业

指利用滩涂、湖面、水库、池塘等水体，开展具有观光、参与功能的旅游项目。如参观捕鱼、驾驶渔船、水中垂钓、品尝水鲜、参与捕捞活动等，还可以让游人学习养殖技术。

（四）观光副业

与农业相关的具有地方特色的工艺品及其加工制作过程，都可作为观光副业项目进行开发。如利用竹子、麦秸、玉米叶等编造的多种美术工艺品；南方利用椰子壳制作的、兼有实用和纪念用途的茶具，云南利用棕榈纺织的人偶、脸谱及玩具等，可以让游人观看艺人的精湛技艺或组织游人自己参加编织活动；观光生态景观农业：建立农、林、牧、渔、土地综合利用的生态模式，为游人提供观赏和研究良好生产环境的场所，形成林果粮间作、农林牧结合、桑基鱼塘等农业生态景观，如珠江三角洲形成的桑、鱼、蔗互相结合的生态农业景观当属典范。

（五）教育农园

这是兼顾农业生产与科普教育功能的农业经营形式，即利用农园中所种植的作物、饲养的动物以及配备的设施（如特色植物、热带植物、水耕设施、栽培传统农具展示等）进行农业科技示范、生态农业示范，向游客传授农业知识。代表性的有法国的教育农场、日本的学童农园、中国台湾地区的自然生态教室等。

三、乡村自然风光旅游

这种以乡野的自然风光为吸引物的旅游活动形式多样，如乡间散步、爬山、滑雪、骑马、划船、漂流等。自然保护区、森林公园的乡村旅游当属这种类型。

四、乡村民俗旅游

乡村民俗旅游以当地民间的建筑、日常生活方式及其文化吸引外来旅游者。由于民族和区域的差别，具有不同的传统文化、风土人情和建筑风格。乡村民俗旅游又可以分为：① 民族村寨。我国最富有特色的民族村寨大多数分布在西南和西北的少数民族地区，因其建筑民居、农业、手工艺品、饮食、服饰和庆典等极富特色，对游客吸引力很大，近年来成为乡村旅游中引人注目的分支；② 特色村寨。或指富有特色的建筑民居群、乡村园林、古村落等，如云南竹楼、江南园林式宅院、四川洛带客家建筑、安徽西递和宏村古村落等；或指富有特色的饮食或手工艺，如豆腐村、辣子鸡村、粽子村、剪纸村等；或兼而有之。

需要说明的是，以上几种旅游类型并不是截然分离的，它们有时是相互含盖的，如城郊庭院休闲往往也包含了农业旅游活动，乡村民俗旅游大多也包含了乡村自然风光旅游。

第二章 乡村旅游资源及保护开发

乡村旅游开发的核心是旅游产品的开发和组织，而旅游资源则是旅游产品的原料和形成基础。乡村旅游业的发展很大程度上依赖于旅游资源的开发利用。

第一节 乡村旅游资源概论

一、乡村旅游资源及特点

（一）乡村旅游资源的概念

乡村旅游资源是指存在于乡村地区的旅游资源，是一系列因其所具有的审美和愉悦价值而使旅游者为之向往的自然存在、历史文化和社会现象。乡村旅游资源不仅仅指农业旅游资源，也不只包括乡野风光等自然旅游资源，还包括乡村建筑、乡村聚落、乡村民俗、乡村文化、乡村饮食、乡村服饰、农业景观和农事活动等人文旅游资源；不但包括乡村景观等有形的旅游资源，也包括乡村经济社会等无形的旅游资源。

伴随着乡村旅游在我国的快速发展，对于乡村旅游资源范畴的研究也在不断深入。大部分学者从内容上对乡村旅游资源进行界定：郑凤娇认为"乡村旅游资源包括乡村农事生产、农村民俗文化和田园风光"；杜江认为"乡村旅游资源主要包括农业生态环境、农业文化景观、农事生产活动"；王兵认为"乡村旅游资源是以乡野农村的风光和活动为吸引物"。

综合以上观点，乡村旅游资源并不局限于农业旅游资源的范畴，但也不能扩大至除城镇外的所有旅游资源的集合，而是大致由乡村地区的自然旅游资源、文化旅游资源和社会旅游资源三部分构成的有机整体。

一是乡村自然旅游资源，包括气候条件、风光地貌、水文条件、动植物资源等，这些天然环境构成乡村旅游的生态本底，例如一些紧邻山河湖海的乡村，具有旖旎的风光和优越的环境，自然而然地形成旅游吸引点。

长久以来，很多乡村地区的环境和气候资源并不被认为是旅游资源，例如我国东北地区冬季漫长寒冷，降雪较多且积雪时间较长，从传统视角来看并不是开展乡村旅游的好时节，但在市场的视角下，这种丰富的冰雪资源对来自其他地区的游客构成极强的吸引力，以雪乡为代表的一批冬季乡村旅游精品应运而生，让特有的冰雪资源得到了充分利用。类似的，我国山地乡村的避暑气候、南方乡村的避寒气候等，也都属于自然性乡村旅游资源的范畴。

二是乡村文化旅游资源，包括民居建筑文化、农事农耕文化、民俗节庆文化、乡村艺术文化四类，形成乡村旅游的独特灵魂，乡村旅游文化资源不仅包括具有观光、访古、探奇价值的古镇古村、名人故居、民族建筑等物质文化元素，非物质的文化元素如地方节庆活动、乡村文化习俗等，也能够成为极具地方性的旅游吸引物，甚至本地人习以为常的事物——如农舍、商铺、物产乃至猪圈等乡村文化元素，经过创意的包装也成为提供独特体验的载体。所以，在市场的视角下，乡村文化的方方面面都有可能成为引起旅游者共鸣的重要资源。

三是乡村社会资源，是由乡村特有的经济活动、社会结构、科教成就等所形成的吸引物构成，兼具一定的生态性和文化性，包括乡村景观风貌、乡村经济成就、农业旅游资源、社会好客精神等。如江苏省华西村的经济水平、云南省摩梭村寨的母系氏族社会、浙江省余村的"两山理论"起源，都成为全国知名的旅游吸引物。值得一提的是，农业旅游资源因农业这种经济活动而产生，也是一种社会性资源。丰富的农业景观、农事活动和农业物产等，可供游人观光、体验和购买，是自然生态基底和人类主动创造的深度结合，也是乡村旅游资源重要的组成部分之一。

需要注意的是，构成乡村旅游资源的三个部分并非截然分开、彼此对立，而是相互融合，横跨自然和人文旅游资源两大类，从而构成了旅游资源大族群中的一个重要分支。

（二）乡村旅游资源的特点

一般而言，旅游资源所具备的多样性、吸引性、不可移动性、非消耗性、可创新性等特点，对于乡村旅游资源也都适用。但由于乡村旅游资源与乡村地区的自然环境、经济水平、社会结构、乡村产业和乡土文化密不可分，又会体现出更加独有的资源特性，对于这些特性的了解，有助于我们更好地发掘和评价乡村旅游资源，并以此为依据进行乡村旅游资源的利用和保护。

1. 乡土性

20世纪以来，乡村和都市的并存构成了社会的重要图景，在中国更是如此。"从基层看去，中国社会是乡土性的。"费孝通先生在他的《乡土中国》中，开门见山地给我们打开了认识乡土性的一扇大门。乡村旅游，是旅游必须紧密地与乡村资源环境、乡村社区环境和生产生活环境相融合，这种有别于城市、专属于乡村的本质属性，也就构成了乡村旅游资源的乡土性。

虽然在制度改革与市场经济的叠加作用下，费孝通教授笔下当年的"乡"与"土"都在发生着深刻变化，乡村地区正在经历深刻转型。但是，长久以来，许多乡村仍然延续了自给自足的生活，秉承日出而作、日落而息的生产生活方式，形成了与城市人快节奏忙碌生活相对应的闲散自由的生活方式。另外，乡土气息浓厚的民间艺术、绿水青山的乡村环境，为乡村旅游打上了更为鲜明的乡土烙印。可以说，乡土性越强，与城市形成的反差也就越强，这样的乡村旅游资源才更加具备吸引力和竞争力。遥远的乡愁、土生土长的乡趣，以及浓稠得化不开的乡情，已经成为都市人心头越来越热烈的向往。

乡土性虽然是乡村旅游资源最专属的特性，但不只体现在乡村地区，还作为中国重要的文化特色，在新型城镇化进程中发挥着重要作用。2013年召开的中央城镇化工作会议上指出，要"把城市放在大自然中，把绿水青山保留给城市居民……让居民望得见山、看得见水、记得住乡愁"。乡土性的保存，已经成为我国城镇化战略的基本共识之一。

乡村旅游资源的乡土性是其吸引力的主要内容，但也容易出现资源替代性强、市场影响力有限等问题。这就需要找到一个突破点，用心用情打动乡村旅游的主体客群，让乡土性成为人们梦中的世外桃源。自称"乡下人"的沈从文在《边城》中精心构建了一个湘西世界的神话，讲述了一个传统意义上牧歌式的乡土故事：在故事的发生地——花垣县边城镇，国内外无数文人骚客前来观光采风，从而带动了当地乡村旅游业的发展。这也让当地政府看到了乡村旅游的潜力，随即在 2005 年将原有的"茶崛镇"正式更名为"边城镇"，从命名的角度，充分体现旅游资源的乡土性，扩大了其资源影响力和独特性。

2.时令性

乡村旅游资源既包括自然旅游资源，还包括人文旅游资源，与农业生产等经济活动也密切相关，自然旅游资源和农业生产常常受到自然条件的周期性影响，如气候变化、水热条件、四季变更等，从而产生明显的周期性。人文旅游资源中的岁时节令、生养婚娶、游艺竞技等也常常集中在某一个时期。正是由于乡村旅游资源的以上特点，导致其在时间分布上呈现出一定的周期变化，这种跟随时令而变的周期性模式，就是乡村旅游资源的时令性。

"掌握季节，不违农时"是农业生产最基本的要求之一。古农书《齐民要术》上就写道："顺天时，量地利，则用力少而成功多，任情返道，劳而无获。"自古至今，节气和时令就与农业生产有着紧密联系，时令性对乡村旅游资源的影响力也不言而喻。在乡村地区，许多景物在一年四季中显露出不同的美。例如有着"世界梯田之冠"美誉的龙脊梯田，就会随季节的更替而变幻无穷，春如层层银带，夏似道道绿波，秋若座座金塔，冬像群龙戏水，有些景点有特殊的时令性，只有在某一特定的时节才会展现出最好的景致，比较出名的有日本的樱花季、婺源的油菜花季、中国雪乡的雪季等。再者，像泼水节、三月三等民族节日，也只有在特定的时间内才可以参加，因而旅游应"当令""当时"。

当乡村旅游资源的时令性作用在乡村旅游产业上，便会使旅游者人数和旅游收入在不同时节体现出不同的差别，即有了旺季、平季和淡季的区分，有的学者将这种差别称为旅游中最容易理解却最难以解决的问题，也有学者认为这种"潮汐式波动"是全球旅游的主要特征。通常来看，旅游资源的多样性越强，可吸引市场的混合度就越高，旅游资源时令性所带来的淡旺季就越不明显。在实践中，各地也常常通过不同时节的资源搭配，最大化时令性带来的优势，降低时令性的负面影响。例如桂林市灵川县海洋乡就充分利用成规模的银杏、桃林、山地等乡村旅游资源，形成"春赏万亩桃花，夏品优质水果，秋看金色杏叶，冬观高山雪景"的四季乡村旅游格局。

3.民族性

我国是一个多民族聚集的国家，共有 5 个少数民族自治区，30 个少数民族自治州。少数民族大部分地处偏远山区、牧区以及高寒地区，即范围广阔的乡村地区，这为乡村旅游的发展提供了其赖以存在的基本物质基础。原始秀美的自然环境、特有的民族文化元素、生态和文化相结合的民族乡村景观，以及淳朴厚重的民族风情，共同构成了乡村旅游资源的民族性特征。

民族性为不少落后地区的发展带来了希望。其一，许多少数民族地区在经济、社会等诸多领域存在着较大劣势。其二，在乡村旅游资源方面具有显著优势。有学者认为，民族村寨是开展民族文化旅游最好的地区，是一种能够全方位、集中展示最真实民族文化的旅游资源，这里的民俗是活着的民俗，是正在发展着的民俗。例如内蒙古自治区的蒙兀室韦苏木就是一个鲜活的案例，在旅游扶贫的带动下，农牧民生活水平得到大幅度提升，从事旅游相关产业的户数占地区总户数的 50% 以上，乡村家庭游经营户年平均收入 10 万 ~ 12 万元，从而实现了脱贫致富。

民族性还为中国元素的国际化做出重要贡献。"民族的就是世界的"这已是人类的共识。越是民族性强的乡村旅游资源，也越具有吸引力。尤其是在传统意义上地处边远地区的少数民族乡村，不仅对国内游客具备独特吸引力，更是吸引国际游客的重要筹码，让国际游客除了到访京、西、沪、桂、广等传统目的地外，也能到极具民族性的乡村地区，体验另一种意义上的中国。在法国巴黎金秋艺术节上，贵州黎平侗族大歌一经亮相，技惊四座，世人方知侗乡在黎平，现如今，被称为"侗乡之都"的贵州黎平，已经拥有 90 多个传统村落，被众多法国游客称为"让灵魂得到释放的地方"。

4. 脆弱性

乡村旅游成为众多游客喜爱的一种旅游形式，重要的一点是游客向往无污染、无破坏的自然生活，乡村地区远离喧嚣，拥有独特的民族民俗风情，散发着自然、原始的味道，是吸引众多游客到此旅游的重要原因。但是，我国高品质的乡村旅游资源大多数分布在偏远地区，原始形态的保留程度较高，如果一经破坏，很难恢复原来的面貌。同时，由于乡村地区经济条件和生活水平相对落后，当地可能会通过一些不合理的更新改造和开发建设来提高生活水平，在很大程度上对乡村旅游资源造成不可逆的破坏，加上乡村旅游资源的规模通常较小，与大规模的山水旅游资源、高恢复力的城市旅游资源相比，显得更加脆弱。

从资源类别的角度来分析，乡村旅游资源的脆弱性又主要表现在两个方面。一方面是乡村生态资源的脆弱性。乡村生态环境是一个自然生态系统与社会系统共同组成的更为复杂的大系统，不仅是旅游活动的客观环境，也是广大农民赖以生存与发展的基础。所以，对乡村旅游资源进行开发利用时，必须遵循生态学的规律，把保护乡村生态环境放在重要位置，始终坚持保护性开发原则。例如怀柔雁栖镇的"虹鳟鱼一条沟"，这里的水系传承着千年的历史文化，同时也是供给当地所有住户生活所需的用水资源，但自从开发乡村旅游后，每天到此游玩用餐的游客就超过千人，拥有上百家集虹鳟鱼观赏、垂钓、烧烤、食宿、娱乐于一体的垂钓园和度假山庄，严重污染了水质，造成当地百姓吃水、用水难的问题。如若不加以规范管控，越来越多的餐饮、旅店等乡村旅游配套产业将会进一步影响当地的生活用水水系，给乡村自然环境带来更大的破坏。

另一方面是乡村旅游文化资源的脆弱性。旅游活动发生发展的过程也是不同性质文化相互接触、碰撞、取舍、融合的过程。城市居民是参加乡村旅游的主要群体，其所携带的文化是"强势文化"，相较而言，乡村地区文化则是一种"弱势文化"。一般而言，"强势文化"会对"弱势文化"产生巨大的冲击。由于文化本身的价值趋同性，在旅游活动的过程中，乡村居民会受到旅游者所携带文化的影响，从而在观念上趋同于城市游客的"强势文化"，丢失原有的一些传统文化观念。例如广西巴马的案例就充分体现了其长寿文化资源的脆弱性：随着乡村旅游的发展，巴马人受外来饮食文化的影响，不再以蒸煮清淡饮食为主，煎炸、膨化食品等油腻食品比重上升，良好的饮食结构被打破，加上从事体力劳动的人口比例减少，益寿习俗逐渐退化，从而对巴马人的健康长寿形成影响。

二、乡村旅游资源的分类

在乡村旅游大发展的热潮中，国内外学者对于乡村旅游资源的分类进行了长期的研究，但由于乡村旅游资源的多样性及时代的延展性，目前对乡村旅游资源的分类尚没有统一的分类标准和分类方法。常见的分类方式是依据当年文化和旅游部颁布的《旅游资源分类、调查与评价》（GB/T 18972—2017）的分类体系对乡村旅游资源进行类型归属。

旅游资源分类的目的是"更好地把握旅游资源所具有的核心竞争力，并更加有效地将潜在的旅游需求转化为现实的旅游需求"，而基于《旅游资源分类、调查与评价》（GB/T 18972—2017）的乡村旅游资源分类方式着眼于乡村旅游资源的自身特性，在乡村旅游资源的多重性，尤其是与市场需求的结合方面显得十分不足。乡村旅游资源是一种复合型资源，多角度地对乡村旅游资源进行分类有助于增强资源的现实效用性。在这里基于旅游规划实践，从资源的保护、挖掘、开发利用等方面对乡村旅游资源进行分类研究，主要是加深对旅游资源属性和价值的再认识。

（一）按照资源属性分类

最为常见的旅游资源分类方式是根据旅游资源自身的属性，将其划分为自然旅游资源和人造旅游资源两大类，这种划分体系最早由 M.彼得斯提出，由于使用的分类依据比较直观，操作起来也比较容易，在这一分类的基础上，根据常见的旅游资源事物的基本属性，结合乡村旅游资源类型，将其划分为三大类，即自然旅游资源、文化旅游资源和社会旅游资源。

1.自然旅游资源

自然旅游资源通常是指那些以大自然造物为吸引力本源的旅游资源，是由地貌、气候、水文、土壤、生物等要素组合的自然综合体，是形成乡村旅游资源的基底和背景。在自然资源各要素的影响下，会形成乡村景观的地域分异规律，如农业类型、农作物分布、民居形式等，是构成乡村旅游资源的重要吸引力之一。现结合乡村旅游资源的现状、成因、美学特征，将自然旅游资源分为以下几种。

（1）气候条件

如光照充足、空气清新、清凉避暑、干爽宜人等。气候条件一方面影响着动植物分布、土地类型、耕作制度及民居类型，对乡村景观起着巨大作用，影响乡村旅游活动的开展，如元阳的壮美梯田、婺源古村的油菜花海等就是受气候条件影响形成的特有景观。另一方面，气候条件是形成乡村旅游资源季节性特征的重要原因，即随四季的变化而形成的农业生产、社会生活的季节性变化规律。

（2）风光地貌条件对乡村景观的宏观外貌起着决定性的作用

其中，海拔的高低、地形的起伏决定了乡村景观的类型，如江南平原地区的水乡景观、山区的梯田景观等，而地貌条件也制约着一些地区资源的利用和开发程度，从而影响各地乡村的社会经济和人们的生活状况，形成不同经济发展水平的乡村景观。

（3）水文条件

水文条件也影响着农业类型、水陆交通、聚落布局等。如位于龙门山构造带中南段的四川虹口地区，水文资源独特，岷江水系的龙溪河和白沙河属常年性自然河，再加上另外一些贯穿于整个地区的山溪小河，使得这个地方成为夏季人们经常光顾的避暑胜地。

（4）动植物资源，各纬度带和高度不同的地区

动植物的品种和生长状况完全不同，除可观赏性外，还有可闻性、可食性、可听性、可感性等特点。植物形成了各具特色的森林景观、农田景观、草原景观等，不同的动物种群又形成了牧场、渔场、饲养场等不同的乡村景观，可满足人们观赏、保健、休养、狩猎、垂钓、考察等多元需求，并进行各种旅游活动的开发。

2.文化旅游资源

我国乡村地区地域特色鲜明，江南民俗、农耕文明、古都风情等保存相对完好，文化旅游资源的优势十分明显。乡村文化旅游资源是乡村地区人们在生产生活过程中积累的精神财富，也是游客在乡村旅游过程中能亲身体会和感受到的重要内容和对象。

依据不同文化资源的表现形态，将乡村文化旅游资源划分为民居建筑文化、农事农耕文化、民俗节庆文化、乡村艺术文化4类。

（1）民居建筑文化

由于地形、气候、建筑材料、生产生活方式与生产力水平不同等诸多因素的影响，我国的乡村民居呈现多种形式，如北方游牧民族的帐篷或毡包、西南少数民族的竹楼、陕北黄土高原的窑洞等。有些地方的民居建筑已成为当地乡村的地标和核心吸引力，如皖南的宏村、浙江的诸葛村、江苏的周庄、福建的客家围屋等，深受游客的喜爱。

（2）农事农耕文化

乡村地区是我国农业发展的主战场，拥有丰富多彩的农事文化。在农业生产中，不同的耕作方式使用的农具各不相同，不同作物的耕种和收获必须按照不同的时令，再加上当下乡村中传统耕作方式与现代高科技耕作方式相混杂，规模经营与农户经营相混杂的局面，充分体现出乡村内涵深厚的农耕文化。现如今，城里人到乡村去体验采摘、养殖、放牧、挤奶、采茶等农事活动俨然已成为一种时尚的生活方式。

（3）民俗节庆文化

我国拥有 56 个民族，民俗风情各有特点，节庆活动也是多种多样，可以说丰富的民俗节庆文化是乡村旅游最为宝贵的资源之一。民俗文化承载的是历史发展长河中人们的精神与情感，是农村深厚的原生态文化积淀，所涉及的范围非常广泛，有文学、音乐、舞蹈、体育竞技、医药、手工技艺、服饰、礼仪、婚俗等方面。节庆除了我国传统的端午节、中秋节、元宵节等节日外，各民族都有别具特色的节庆活动，如藏族的浴佛节、苗族的吃新节、彝族的火把节、傣族的泼水节等，形成了深受游客喜爱的乡村风情。

3. 乡村艺术文化

民间艺术是区域大众生活的体现和特征，在乡村地区流传着许多传统精湛的手工艺制作，如木版年画、剪纸、手编花篮、手工刺绣、皮影、泥塑、蜡艺等，是乡村非物质文化资源的重要载体，正因为民间艺术的这一特性，逐渐成为乡村文化创意旅游的一个重要方面，通过传统艺术创新，不仅丰富了乡村旅游体验，而且强化了旅游目的地的品牌形象。例如吴桥借助杂技这一民间艺术，将杂技文化成功融入美丽乡村建设，成为全国乃至世界的旅游名片。如果说自然资源是乡村旅游发展的基础，那么文化资源就是乡村旅游发展的灵魂，没有文化内涵的乡村旅游是苍白的，我国的乡村凝结了中华民族几千年的文化内涵，具有极大的可挖掘性，要想使我们的乡村对游客具有持久的吸引力，必须重视对文化旅游资源的开发与利用。

4. 社会旅游资源

社会旅游资源是指在特定社会文化区域中，对旅游者产生吸引力的人群及与其生活有密切联系的事物和活动。通常包括能反映或表现旅游接待地区的社会、经济发展成就或特色，从而对旅游者产生吸引的各种事物。社会旅游资源也体现出现代人的创造力，以河南省开封市的"宋都御街"为例，店铺的门面、招幌，店员的服饰，都像北宋画家张择端的《清明上河图》中所描绘的那样，游客可领略到千年以前大都市的市井风情和繁华景象，虽是现代人造景观，却成为开封市社会旅游资源中的精品。常见的社会旅游资源包括以下几个方面。

（1）乡村景观风貌

主要是指具有一定特色的乡村旅游设施、乡村风貌、建设成就等真正富有特色的乡村景观，对各种类型的旅游者都有或大或小的吸引力。例如浙江桐庐，将灵动的富春山水和各个风情村镇巧妙结合，培育了 25 个风情特色村（点），让桐庐乡村"处处是景、时时见景"，成为闻名遐迩的美丽乡村。

（2）乡村经济成就

乡村的经济发展状况包括该地的城乡交流状况、乡村的产业发展、乡村特产（如有机农产品、特产加工品的生产）等。最为典型的是乡村农副土特产品，它具有地域特色强、品种多样的特点，对城市、外地游客来说是新鲜而宝贵的旅游资源。将农副土特产品融入乡村旅游中，不仅是增强乡村旅游吸引力的有效途径，也是促进农副土特产品销售、提高农民收入的便捷途径。

（3）乡村农业旅游资源

乡村农业旅游资源指可被旅游开发利用的农、林、牧、渔等农业资源，源于人们对利用的自然环境要素进行农业生产而形成，相较于一般的自然环境有人工参与的痕迹，是人与自然和谐相处的产物，同时也是我国悠久农耕文化的具体体现。人们在土地上开展的各种生产活动，并由此形成各具特色的乡村旅游资源，如田园风光、草原牧场、渔区景色、林区景观、城郊农业景观等。

马里莫普提是马里尼日尔河岸边的一个村庄，坐落在尼日尔河及其支流巴尼尔河汇合处的 3 个小岛上，因其特有的地域优势和丰富的渔业资源，每户居民家都有船，并可直接在家门口进行捕鱼，成为当地经济的支柱产业，同时成为其独有的景观而吸引各地人们前往。同时，田畴、农舍、篱笆、鱼塘等元素构成宁静舒缓的生活节奏。水车灌溉、围湖造田、采藕摘茶等农事活动充满着浓郁的乡土气息。

（4）社会好客精神

中国素来就是著名的礼仪之邦，孔子云"有朋自远方来，不亦乐乎"，好客的礼仪是中华民族的优良传统。乡村旅游是体验经济与生态旅游相结合的产物，人们选择乡村旅游不仅仅是远离城市体验乡村生活，更是寻找绿色文明以及尚存的传统淳朴的民俗文化氛围，是对具有"亲和力"的生活环境的向往。这种好客文化体现在乡村各种待客礼俗、参与式的民族歌舞乐等各种各样的文化事象之中，典型的代表如藏族的献哈达、苗族的拦路酒等，都可营造乡村旅游中好客的文化氛围。

（二）按照资源可利用性分类

从旅游资源的可利用性角度，可将旅游资源划分为两类：一类为可再生性旅游资源，另一类为不可再生性旅游资源。

1.可再生性旅游资源

可再生性旅游资源是指在旅游活动中被部分消耗或遭受毁坏，但能够通过适当途径进行自然恢复或人工再造的旅游资源。例如垂钓资源，一个地区若因为游客垂钓活动的开展而导致鱼类数量有所减少，但是该地鱼类资源的自然繁衍能力很强，则可通过采取相应的管理措施，使鱼类资源得以恢复，此类资源便属于可再生性旅游资源。再如以主题公园为代表的当代人造旅游景点，其历史价值和文化意义并没有那么重大，可加以仿造或重建，这一类资源也属于可再生性资源。

2.不可再生性旅游资源

不可再生旅游资源是指在自然生成或长期历史发展过程中形成，并保留至今作为旅游资源使用的自然遗存和文化遗存。

乡村旅游资源具有脆弱性和不可再生性，不可再生性体现在一旦某一乡村旅游资源遭到破坏，将很难再生，例如农地肥沃的土壤一旦被破坏，将很难恢复。而乡村旅游资源中的文化资源，例如带有宗教或历史色彩的建筑，在损毁之后，即便可以重修，但其带给旅游者的感知和愉悦程度都会和原来的产生偏差。

此外，乡村旅游在经济发展中也要注意保留乡村本土文化的原真性，防止过度商业化，保证本土文化不被侵袭。没有资源的保护，乡村旅游的可持续发展便无从谈起。所以，对于这类不可再生的乡村旅游资源在开发过程中应在保护的基础上合理地开发利用，挖掘其旅游价值，坚持走"保护—开发—保护"的可持续发展道路。

根据资源的可利用性进行分类，更多的是从乡村的可持续发展角度去考虑的，对于指导旅游区的规划、开发、经营与管理工作具有重要的意义。旅游资源具有脆弱性、易损性特点，假如开发利用不当，极易遭到破坏，尤其是对于不可再生的旅游资源，一旦破坏，将很难恢复。所以，在旅游需求飞速扩张的现代社会，对乡村旅游资源的开发应以保护为前提，而绝不能完全以市场为导向。

（三）按照资源开发现状分类

根据乡村旅游资源的开发现状，可将其划分为现实旅游资源和潜在旅游资源。

1.现实旅游资源

所谓现实旅游资源，通常是指那些不仅其本身对旅游者具有吸引力，而且客观上已经具备必要的接待条件，并且正在接待大批游客前来访问的旅游资源。对于这类旅游资源，其开发重点在于整合提升原有乡村旅游资源的价值，使其更具有旅游吸引力。

2.潜在旅游资源

潜在旅游资源通常是指那些本身可能具有某种令人感兴趣的特色，但由于不具备交通条件或其他接待条件，加之可能尚不为外人所知，目前还无法吸引大量游客前来观赏的资源。通过包装、创意打造、视角变化等方式，此类资源也有可能转化为供游客观赏，并且可供旅游开发的现实旅游资源。

对于乡村来说，存在很多潜在型旅游资源。一是对于当地人习以为常、司空见惯的事物，但对于城市人却相对稀缺的生态文化资源，如青山绿水、蓝天白云、乡村景致，以及传统的慢生活、特有的烹饪方式、特色的火炕住宿、民俗活动等。这些资源并非传统的旅游资源，但对于城市人来说，却具有极大的差异性，能产生很大的新鲜感。二是从审美、艺术、创意的角度出发，目前虽有使用价值，但还不构成资源吸引力的内容，如瓦片、磨盘、水车、古井、古树、棚架等。这类资源只要经过简单的艺术加工，比如调整摆放形式、摆放位置等，就可以体现出浓郁的乡土气息。植物、石材、木、砖、陶等乡土自然材料，通过造景手法处理也可以营造出独一无二的乡土庭院景观，形成特有的乡村景观吸引力。三是以市场的角度看待乡村旅游资源，那些传统旅游资源概念里难以提及，甚至在从前不认为是旅游资源的事物。诸如土特产、农舍、村落、商铺、物产甚至是猪圈等元素，通过创意设计及产品化之后，也会成为能够引起旅游者共鸣的重要资源。

这种划分方法有利于了解乡村旅游资源的禀赋条件，并在此基础上评估旅游资源的可塑性。同时，由于潜在旅游资源的开发成本往往大于现实旅游资源的开发成本，借助这种分类方法可以从开发成本角度有效权衡资源开发的方式和方向。

（四）按照资源等级分类

根据旅游资源管理级别进行分类，将其分为世界级、国家级、省级、市县级四类。这样划分的目的在于掌握一定区域内旅游资源的垄断程度和对旅游者可能产生吸引力的程度。

1. 世界级乡村旅游资源

这类资源主要指乡村类世界遗产地，因其不同要素和景观的组合方式而形成独特的乡村旅游资源，可满足游客亲近自然、体验遗产原真性的需求。世界级乡村旅游资源多以世界文化遗产、5A 级旅游景区的形式出现，汇聚了具有世界性突出价值的民居建筑、乡村聚落、村落布局、产业活动、民间习俗、文化节事等要素，旅游资源独特，吸引力增大，不同于一般乡村旅游目的地，乡村类世界遗产地旅游资源有其独特性与垄断性特征，以皖南古村落——西递、宏村为例，其村落布局独具匠心，村落与山水地貌浑然一体，民宅建筑清雅脱俗，古村落文化底蕴深厚，旅游资源价值独特，成为中国乡村类旅游地的典型代表。

2. 国家级乡村旅游资源

这一级别的旅游资源由国务院审定并公布，主要包括中国历史文化名村、国家级美丽乡村、国家农业公园、国家级现代农业示范园、国家级重点文物保护单位等，具有重要的观赏价值、文化价值或科技价值。

国家级乡村旅游资源大多拥有国家级称号，在全国具有一定的知名度。除了省内游客和周边游客外，对远程游客也具有很强的吸引力，此类乡村均以旅游业为主导产业，旅游产业结构佳，游客量逐年增长，旅游收入效益较好，并能有效带动农民就业。以浙江安吉为例，其建设的最大特点是以经营乡村的理念推进美丽乡村建设，立足本地生态环境资源优势，大力发展竹茶产业、生态乡村休闲旅游业和生物医药、绿色食品、新能源新材料等新兴产业，仅竹产业每年为农民创造收入 6 500 万元，占农民收入的 60% 左右。2017 年"五一"小长假，全县共接待游客 76.2 万人次，旅游总收入 95 750 万元，门票收入为 1 785.7 万元，相较于 2016 年，增幅分别为 17.6%、18.2%、8.2%。

3. 省级乡村旅游资源

省级乡村旅游资源数量众多，主要涉及省级历史文化名村、省级美丽乡村示范村、省级现代农业示范园、省级农业公园、省级休闲农业示范点等。

这一级别的乡村旅游地生态环境优良、交通便利、发展特色鲜明、示范引领作用突出，以城郊休闲为主，重点针对家庭游、亲子游、商务游、周末休闲游等市场进行产品设计，主要吸引"3 小时经济圈"以内的游客，游客出行方式中以自驾为主。例如贵州凤冈县田坝村，通过以茶为主导令经济产业走出了"茶旅一体化"的发展好路子，形成种类丰富、特色鲜明、功能配套、服务规范的多元化乡村旅游体系，荣获 2016 年贵州美丽乡村推荐旅游目的地。

4.市县级乡村旅游资源

这一级别的旅游资源主要为各地的市县级文物保护单位、市县级现代农业示范区、市县级休闲农业示范点等。市县级乡村资源数量繁多，一般规模不大，以吸引城市周边两小时交通圈客群为主，产品丰富多样，但同质化现象较为普遍，因此，特色化与产业化发展成为关键。

三、乡村旅游资源功能与评价

（一）乡村旅游资源功能

1.经济功能

（1）农民增收的重要渠道之一

农业生产的特点是分散性大，周期长，对气候条件依赖性强，易受自然灾害的影响，收益极不稳定，而且农业附加值低，其比较利益总是低于其他产业，特别是在农业经营规模小的国家，农业收入更受到局限，单靠农业很难保证农民生活水平的持续提高，乡村旅游成为农民增收的重要渠道，表现在四个方面：第一，乡村旅游使许多农民成为从业者，农民可以通过打零工、摆摊零售、办旅馆、开餐馆、加工乡村土特产、参与旅游业经营增加其可支配收入；第二，通过乡村旅游项目的投资入股分红等途径增加收入；第三，发展乡村旅游，可以充分利用各种资源，提高资源的综合利用效率，促进农村自然资源、人文资源在旅游开发中价值增值；第四，旅游可以促进农副产品就地消费，降低运输成本，提高市场价格，促进农民增收。乡村旅游为乡村居民创造了新的就业机会，不断拓宽他们的就业途径，直接增加收入，缩小与城市居民的收入差距。

总之，发展乡村旅游业，可以挖掘农民增收的潜力，增加非农产业的收入，使部分偏远地区脱贫致富，是彰显乡村资源特色、实现资源价值、实现"生活宽裕"目标的主要手段。

（2）联动发展效应明显

旅游联动发展，指一定地域空间内旅游地根据旅游资源的内在联系，以方便游客完整性旅游为原则,打破行业界限乃至行政区划界限,进行广泛的联合协作,以统一的旅游形象参与市场竞争,进而增强旅游的整体吸引力,实现旅游地可持续发展的一种经济行为。区域旅游联动发展的内在关联性有两层含义:一是指旅游地间资源类型的相似性。这样便于共同对外宣传促销,共同开发市场。二是指旅游地资源类型的差异性。如果区域内各旅游地之间资源类型完全相同,一方竞争优势突出,往往会抑制区域内其他旅游地的发展,联动发展缺乏必要的基础条件和存在前提。实际上,还应包括旅游地资源的互补性,互补性也是旅游开发的重要基础。

旅游业的综合能力强,涉及消费过程的行、游、住、食、购、娱六大要素,即与交通、住宿、餐饮、商业、景区(景点)经营直接相关,还与工业、农业、制造业以及通信、金融、保险、医疗、安全、环保等产业相关联,其直接和间接影响的细分行业多达100余个,行业、产业的联动作用大。在一些地区的发展中,如在美国洛杉矶地区,就是以旅游业为核心,与旅游相关的酒店、旅馆、商场、银行等周边网络产业迅速配套发展,旅游、影视、娱乐等在该地区产生有效集中、横向拓展的"产业生态系统"现象,形成纵向、横向和环向的产业链,区域旅游合作发展呈现多产业共生协作的特征。

休闲农业为乡村旅游发展提供重要的产品来源和物质基础的同时,休闲农业借助乡村旅游使休闲农业的发展迈上了新台阶,极大拓展了休闲农业的功能。休闲农业和乡村旅游为彼此搭建了平台,创造了良好的发展条件,二者互为基础,互补协调。

文化产业和旅游产业的互动是当下旅游发展的热点问题。文化产业的特殊规律之一,就是"越界—扩散—渗透—联动",能够与其他多个产业包括旅游业实现联动发展,能够促进文化产业链向旅游方面延伸,也能够促进旅游产业获得更多的文化内容和文化附加值。这是中国作为旅游大国和文化大国提高文化资源的利用率、推动文化产业可持续发展的一个重要路径。

发展乡村旅游可以充分利用农村丰厚的地域空间资源和众多的无形资产,无须投入大量资金,只要将现有资源略加整理开发,便可经营。在实际发展中各地政府已经将旅游业作为地方经济发展的新的增长点以及支柱产业,而乡村旅游的收入占当地旅游收入的比重越来越大,众多的农村凭借乡村旅游的发展逐渐走向富裕。由于旅游业的产业链长、行业关联度高,乡村旅游的发展也能为农村其他行业的发展带来极大的促进作用。

通过有效的空间布局，发展乡村旅游业能够获取联动效应。农民将一般的生活资料和生产资料转化为经营性资产，从而带动整个村庄、县，甚至市的经济发展，以达到共同富裕。

（3）乡村旅游产业关联性强

旅游行业是一个交叉性、关联性很强的行业，旅游产品包括食、住、行、游、购、娱等几个方面，乡村旅游开发可以带动道路交通、旅店、餐饮、娱乐、手工艺品等产业发展，产生投资的乘数效应。世界旅游组织资料显示，旅游业的投资乘数为4.3，即旅游业每直接收入1.0元，给国民经济相关行业带来4.3元的增益效益。

作为传统农业的后续产业，乡村旅游的发展可以延长农副产品供需链，有效地带动当地农副产品和手工艺品加工、餐饮服务、交通运输、房地产和商业贸易等相关产业的发展，推进农村地区经济和生产的发展。

乡村旅游对乡村经济的发展起到了一定的稳定作用，促进乡村经济由单一农业经济逐渐向多元化方向发展；为当地企业和服务业的发展提供机会和支持；促进当地基础设施建设，增加当地税收；在一定程度上改善投资环境，吸引外部企业参与发展；有助于当地手工业和贸易的发展等。随着经济条件的改善，农民生活消费水平、文化消费水平也会不断提高。可见，发展乡村旅游，有利于农村产业的全面发展，增加农村经济总量，缩小城乡差距，从而推动农村经济建设。

（4）乡村旅游成为乡村经济新的增长点

以旅促农，培育农村经济新的增长点。随着传统农业经济的衰落，农民增收困难加大，在有条件的乡村发展乡村旅游，为传统农业经济的发展增加了新的活力和动力。乡村旅游的发展可为周边地区的农副产品生产、销售提供发展空间，带来地区经济的发展，培育出农村经济新的增长点，而有的旅游产品就是观光农业或现代高科技农业。

（5）乡村旅游可以促进农村产业结构调整

乡村旅游的发展可以促进农村产业结构的调整，具体包括经济结构的调整、剩余劳动力的转移、农村现代化和城乡统筹发展。

发展乡村旅游会促进以农产品加工和服务为重点的农村第二产业、第三产业快速发展，优化农村经济结构。目前，我国农业仍然是以种植业为主，农业结构不合理，第三产业比例太小，经济效益低下。而乡村旅游作为传统农业的后续产业，有助于促进农村地区经济结构的调整，同时，乡村旅游的发展必然会带动乡村商业、服务业、交通运输、建筑、加工业等相应产业的发展，可形成乡村旅游业带动第三产业，第三产业服务第一、第二产业，而第一、第二产业的发展又对第三产业提出新需求这样一种良性结构。

2.社会功能

（1）有利于农村剩余劳动力转移

乡村旅游的开发提高了农民致富热情，从而促进农村剩余劳动力的就地转化。旅游业整体上是个劳动密集型行业，可以提供大量就业岗位。世界旅游组织发表的报告指出，旅游直接就业与间接就业的比例为1：5。

在我国，就业供求矛盾很突出，大力发展第三产业是解决就业问题的有效途径。作为第三产业的重要支柱，旅游业能有效提供就业机会和解决就业问题。经验数据显示，每一个旅游就业岗位，将关联产生40个相关就业岗位，其强大的扩散效应为旅游带动社会就业提供了现实可能性。发展乡村旅游对促进农村富余劳动力就业与创业具有积极作用。

乡村旅游所提供的就业岗位主要是与农村生产、生活相关的基础性工作岗位，进入门槛低，入职容易，增收效益明显。同时，旅游具有逆向流动（消费方流向供给方）特性，农村富余劳动力可以以较低成本实现就地转移，既解决收入问题，又促进家庭和谐、社会稳定。以旅游就业为平台，推动农村妇女就业问题的解决。旅游岗位的工作强调服务意识和技能，传统农业生产在体力上的男女差异不再重要，客观上可以增加妇女就业，带动家庭就业。乡村旅游是农村妇女扩大自我发展空间的重要舞台，为妇女提供更多的接受培训教育、与社会接触的机会，进而提高她们的社会资本拥有量和经济收入与社会地位，推动解决农村男女不平等、女性贫困化等问题，实现农村社会稳定与和谐发展。

（2）可以促进农村管理民主化

发展乡村旅游能促进农民参与意识的培养，实现新农村建设的管理民主的目标。乡村旅游的发展离不开当地居民的参与，农民为了改变生活面貌也会对发展乡村旅游表现出极大的兴趣，通过一段时间的乡村旅游的开展，从乡村旅游尝到甜头的农民不满足开发初期的仅仅只是按照政府文件办事，会要求参与政府的决策或者至少要求政府主导部门在决策时考虑他们的想法和利益诉求，这样他们参与当地旅游决策的经济条件和思想准备都具备了，农民就成为发展乡村旅游的真正主体，从而大大提高乡村地区农民的民主参与意识，实现新农村建设所要求的管理民主的目标。

发展乡村旅游可以促进农村地区的制度建设、观念更新和管理民主化，现代企业制度理念下的旅游管理机构，在运行过程中可以有效牵动从业者的法制观念、道德观念、民主观念等，把村民引入一个依靠管理和民主化才能解决自身实际问题的视野下，为其他地区的民主建设提供经验。

（3）有利于统筹城乡协调发展

发展乡村旅游有利于统筹城乡协调发展，增加城乡之间互动，主要表现为：第一，缩小了城乡差距。发展乡村旅游，给农村带来了大量的人流、物流、资金流、信息流。通过旅游这个渠道，把一部分城市的消费资金转移到农村，增加了农村的经济实力和农民的收入。第二，促进了农村经济社会协调发展。一些农村发展乡村旅游后，自力更生，集资办起了教育和医疗，提高了适龄儿童入学率和农民参加合作医疗率；还有一些农村建立了社会保障制度，农民达到社保条件后可以按月领取保障金，农民也能像城里人一样享受医疗、教育和社会保障。第三，推动了城乡共同发展。发展乡村旅游，通过城乡交流和沟通，有助于社会各方面对农村进行资金投入和政策支持，促进各种资源、资本和要素向农村、农民和农业倾斜，推动农村的全面发展。乡村旅游的发展拓宽了传统农业的内涵与外延，促进了现代农业体系建设，也推动了农村产业结构的调整。通过发展乡村旅游，可以使当地农民向非农领域转化，部分农民的家庭住房变成了旅游接待的家庭旅馆。一些山场、农田、果园、池塘、老屋成为旅游吸引物，使传统的农村种植经济向服务经济转变。

3. 环境功能

（1）改善乡村环境

在乡村旅游的发展过程中，游客吃、住、行、游、购、娱的行为会促进农村基础设施的完善和发展，改善乡村生活环境。发展乡村旅游可以提高农民保护生态环境的积极性。

乡村旅游是一种城市人回归自然、贴近自然的生态旅游，良好的乡村生态环境是进行乡村旅游开发的前提和基础。吸引游客的前提，必须保护自然资源和生态环境，改善乡村环境卫生条件，为游客创造一个优美的生态环境。随着旅游业的进一步发展，对乡村旅游的服务和接待设施提出了更高要求。为了适应旅游业的发展，获取更多的经济利益，村民会自觉改善内在环境和外在环境，村民的环境意识得以强化，村容的整洁度得以提升。

所以，乡村旅游对于环境卫生及整洁景观的要求，将大大推动农村村容的改变，推动卫生条件的改善，推动环境治理，推动村庄整体建设的发展，出于自身利益的考虑，村民保护生态系统的积极性和主动性必然会大大提高。

（2）加快了农村精神文明建设

新农村建设涉及农村社会经济、文化、教育等各个方面，需要两个文明一起抓。乡村旅游在将非农生产方式带到农村的同时，也将现代文明成果普及到农村地区，促进农民解放思想、更新观念、建立文明的生活方式。第一，有利于增强农民的开放意识。旅游业要依托市场，紧紧围绕市场需求，所以，要求农民必须面向国内外市场，在观念上努力与国际接轨。第二，有利于提高农民的文化素质。旅游业进入门槛比较低，在开展乡村旅游的地区，服务主体是当地居民，因为相对于传统农业，乡村旅游的发展客观上需要从业人员具有良好的服务意识、技能和文化水平。在旅游发展中由于参与了住宿、饮食、娱乐等旅游服务，农民意识到提高自身素质的必要性，促使农民努力学习，在创业过程中积累职业经验，接受相关的专业培训，这些技能将与农民个人的终身发展相生相伴，可提高他们未来的生存能力，使之更好地适应现代社会的要求，从而使村民文化素质和文明程度得到提高。第三，有利于建立文明的生活方式。发展乡村旅游，可以挖掘、保护和传承农村文化，以农村文化为吸引物，发展农村特色文化旅游。同时，通过旅游可以吸收现代文化，形成新的文明乡风，游客把城市先进的政治、经济、文化、意识等信息辐射到农村，使农民不用外出就能接受现代化意识观念和生活习俗，提高农民素质。观念的更新、文化水平的提高，无疑会产生更多的精神需求，使农村的文化娱乐活动也随之日益丰富多彩，农民的精神生活质量得到明显改善，有利于形成文明的乡风、村风。

（3）有利于推进和谐社会的建设

推进和谐社会的建设主要体现在三个方面：第一，推进了农村经济社会的和谐。乡村旅游促进了农村地区经济社会发展，提高了农民的生活水平和质量，促进了农民素质和农村文明程度的提升。乡村旅游的开展提高了农民的科学文化知识、综合素质，同时还增进了村民间的感情，加强了团结，形成了积极向上、健康的民风。为了搞好乡村旅游，提高接待服务水平，村民们积极参加各种培训、外出学习参观、参加技能比赛，使乡村旅游从业人员的整体素质得以提高。同时，一些农村结合旅游业的发展需要建设了图书室、文化室，加强了文化传播，提高了农民的文化修养。农民通过参与乡村旅游，精神世界和文化生活得到丰富。乡村旅游的发展还促使一些农村制定村规民约、卫生公约等规章制度，使农民的文明程度明显提升。第二，促进了人与自然的和谐。乡村旅游使人们走进自然、认识自然，增强了环境保护意识；乡村旅游消耗资源少，环境成本低，一般不会对资源和环境产生直接的硬消耗，有利于改变大量消耗资源支撑经济增长的传统方式，形成以资源环境可持续利用为基础的经济发展方式，保护当地珍贵的资源和脆弱的生态环境。第三，推进农村相关产业之间的和谐。乡村旅游的产业关联度大。据研究，旅游产业对相关产业的拉动比为1∶4，乡村旅游直接或间接地拉动了农业、农副产品加工、手工艺品加工、旅游用品和纪念品、商贸、运输等产业，并与之协调发展。第四，促进人与人之间的和谐。旅游使人们开阔眼界，增长见识，通过增进人与人之间的交流，促进了旅游者与农民之间、旅游者与旅游者之间、农民与农民之间的相互了解。

（4）促进农村现代化

现代化是传统社会向现代社会的转变过程，也是社会多层面同步转变的过程，涉及人类活动的各个方面。在我国，农村现代化是社会现代化中一个非常重要的组成部分，在一定意义上可以说，中国的现代化核心就是实现农村的现代化，这在我国的理论界能够形成比较一致的意见，主要包括农村经济现代化、农村政治现代化、农村文化现代化及农民的现代化。农村的现代化不仅仅等同于物质生活水平的提高，而且也包括农民精神、意识以及文化状态的转变。在开展乡村旅游以前，大多数农村，特别是山区，其生活环境、卫生条件很差，交通和通信十分不便，很难进入，由于乡村旅游的发展，各级政府都加大了对基础设施建设的投资力度，乡村为了吸引游客也在改善环境卫生状况。这些努力使现在一些乡村的道路、通信、供电、供水、垃圾处理、电视接收等基础设施发生了明显改善。

由于乡村旅游的发展，农民有了农活以外的工作，收入增加、生活条件得到改善。旅游发展传播了新的就业观念。乡村旅游经营形式不拘一格，可以实现城乡之间的资金、产品、信息、人员的交换，带动农村产业结构由单一转为复合、立体，实现农村产业结构升级，进而在农村创造多元化、多样化、多层次的就业岗位，扩大就业空间，转变人们的就业理念，从思想深处激发农民的积极性和创造性。发展乡村旅游在给农民带来经济效益的同时，也促进了农村基础设施和居住条件的改善，改变了农民的精神面貌，推动了农村现代化的进程。

（二）乡村旅游资源评价

在乡村旅游理论与实践不断发展的过程中，一个亟待解决的核心问题是如何合理开发和利用乡村旅游资源。而解决这一问题的关键在于建立一套科学性、可操作性较强的乡村旅游资源评价体系。

1.旅游资源评价的概念

乡村旅游资源评价是指按照一定的标准确定某一旅游资源的地位，以确定被评价资源的重要程度和开发利用价值。通过资源评价，有助于了解、认识其旅游吸引力的强弱，明确其市场定位及发展方向。资源评价的准确性直接关系到旅游资源的开发前景，所以，乡村旅游资源评价是乡村旅游发展的重要基础性工作。

乡村旅游的资源评价通常由乡村旅游行业管理者或资源开发者来组织实行，目的是用科学客观的评价结果来指导其招商重点或开发重点。一些政府机关由于资源保护或称号申报的原因，也会组织开展乡村旅游资源评价。此外，还有一些院校和机构出于学术研究的需求，对乡村旅游资源进行评价。

2.乡村旅游资源的评价原则

第一，静态分析与动态预测相结合的原则。旅游业发展涉及旅游主体（乡村旅游者）、旅游客体（乡村旅游资源）及旅游媒体（旅游企业或乡村旅游经营者）三方面因素及其三者之间的关系。所以，在进行评价时，需要对乡村旅游资源与旅游媒介作现实静态的调查分析和未来发展趋势的动态预测。

第二，重点优先和综合考察相结合的原则。乡村旅游资源内容丰富多彩，但相比之下总会有一种或一些突出的旅游资源，这些资源在某一个地方、某一个时间段对某一群旅游者有着极大的吸引力，于是就应当首先着重开发此类旅游资源，以形成自己的优势，减少资源损失和浪费。但同时应注意旅游业最突出的特征之一是综合性，旅游的六大要素之间要相互协调发展，这一切有关行业和部门的发展不能忽视。否则，短缺方面必将会成为乡村旅游发展的"瓶颈因素"。

第三，要注意乡村旅游所带来的经济效益、社会效益和环境效益相结合的原则。

第四，区域产业与旅游业关联度与贡献度相结合的原则。产业的关联效应在现代经济发展中已越来越明显，尤其在第一、第三产业发展过程中，而且正是通过游玩观赏使它与区域经济发展的贡献度紧密结合在一起，因此产业与旅游业结合已成为现代旅游业发展的又一特色。

3.乡村旅游资源评价指标体系建立原则

根据乡村旅游资源与指标体系的特点，在设计指标体系时主要遵循以下原则。

（1）系统性

即指标体系能较全面反映资源系统的总体特征，符合乡村旅游的内涵；同时又能反映指标之间内在的联系，从而使评价目标和评价指标能够有机联系，构成相互关联的整体。

（2）可操作性

即评价体系中所选指标具有可测性和可比性。指标体系应尽可能简化。计算方法简单，数据易于获得，将各种指标集成为简单明了的综合指标，是乡村旅游资源评价研究的重要内容。

（3）动态性与稳定性

该项指标是一种随时间、地域变动而有所不同的参数，不同地区、不同时期下的资源评价体系应有所不同。所以，根据乡村旅游资源的特性将指标划分为核心指标和辅助指标。核心指标反映了指标体系的稳定性，具有相对普适性；辅助指标则反映了资源体系的动态性，反映了不同地区资源特色的差异性。

（4）定量与定性相结合

指标体系要定量与定性相结合，以定量评价指标为主，但考虑指标体系涉及面广，描述现象复杂，无法做到直接量化，许多指标在衡量时还要考虑采用一些主观性评价指标。

4.乡村旅游资源评价的内容体系

根据指标体系框架模型和资源评价相关理论，提出乡村旅游资源的评价指标体系，包括资源要素系统、区位要素系统和设施要素系统三个方面共计58项指标，在这一框架模型下，构建乡村旅游资源评价体系。

乡村旅游的核心在于让游客体验清新的田园风光、浓郁的乡土气息。乡村旅游活动是在特定的乡村环境中进行的，是对乡村环境的生物、水体、山体和文化等要素的使用。优美的自然环境对于乡村旅游的规划、管理和发展至关重要。人类的生存无论物质还是精神都离不开大自然，环境意识觉醒的人们渴望到原始优良的自然中，享受生命的"绿色"之美。乡村自然资源评价指标涉及自然环境、生物多样性几个方面，包括：山体高度、山体植被、山体历史、知名度、适游期、水体纯净性、水体优美性、水域面积、水体温度、水体奇特性、生物种类、生物数量、生物药用价值、生物珍稀性等。

乡村旅游是建立在民俗文化上的旅游，是城乡文化产生巨大差异后形成的旅游。大部分乡村地区拥有很多极具价值的文化资源，特别是当地的传统生活方式和风俗。乡村旅游具有探知我国传统文化、沟通城乡之间现代与传统的文化特性，所以，乡村人文资源是乡村旅游资源的核心。这一部分指标涉及六个方面，包括：乡村遗址的面积、数量、建造年代、代表性、完整性和知名度；乡村建筑的面积、建筑年代、完整性、特色性和古朴性；民俗文化的民族性、原生性、独特性和历史性；乡村生活方式的传统性和地方性；乡村餐饮的地方性、传统性、卫生性和种类多样性；农作物种类多样性、观赏性，农业文化的历史性、代表性、地域性等。

我国乡村地区大多地理位置较为偏远，经济较为落后，可进入性不强。正是由于这些原因，乡村地区往往聚集了或毗邻着一些著名的风景名胜区、自然保护区、森林公园等，因此乡村的区位条件和外围吸引物的发展状况会给乡村旅游发展带来很大的影响，区位要素系统主要评价乡村的可进入性和外围吸引物，具体指标包括道路等级、交通工具类型、与中心城市距离、与交通主干道距离、车站与中心区距离；外围吸引物与乡村资源的差异性、外围吸引物的知名度、外围吸引物与乡村距离、外围吸引物的平均日游客量。设施要素系统主要评价餐饮设施、住宿设施、游览设施和环保设施的卫生性、地方性、特色性和完善性。

第二节　乡村旅游资源保护与开发

一、乡村旅游资源保护及开发原则

（一）开发与保护相结合的原则

旅游资源只有经过人类有意识地开发，至少要具备"进得来，出得去，散得开"的可进入性，有了基本的并同环境相协调的接待设施，才能被旅游业所利用。

乡村生态环境相当脆弱，尤其是西部地区目前一些旅游地的生态环境不够理想，人与自然环境也不够协调，因此发展乡村旅游时应千万注意生态环境的保护与建设，增强策划者、管理者、开发者、旅游者全面的生态环境保护意识。在乡村旅游资源开发过程中，要将保护工作放在首要地位，切实加强保护措施，通过开发有力地促进旅游资源的保护，保护的成果又会使旅游资源质量提高，吸引力增大，旅游资源的开发取得良好效益，促进区域旅游业的持续发展。

（二）独特性原则

地域分异规律导致各地区旅游资源之间具有差异性，从而形成不同的特色。独特性原则要求在开发过程中不仅要保护好旅游资源特色，而且要挖掘当地特有的旅游资源，尽可能突出旅游资源的特色。

独特性原则要求乡村旅游资源开发过程中必须突出乡村社区民族特色、民俗特色，包括各民族的建筑风格、艺术品位、文化情趣、审美风格、民风民俗等要素特色；突出乡村所特有的自然景观及文化景观特色，从而形成鲜明的个性和浓厚的吸引力。

当然，独特性原则，并不是旅游资源的单一性开发。旅游资源开发在突出特色的基础上，还应具有多样化特点，以丰富旅游活动，满足游客多样化的需求。

（三）以市场为导向，以资源为基础原则

所谓以市场为导向，以资源为基础，就是根据旅游市场的需求内容和变化规律，以现有的资源为基础，确定旅游资源开发的主题、规模、层次，这是市场经济下的一条基本原则。

本原则要求在开发旅游之前，一定要进行市场调查和市场预测，准确掌握市场需求及其变化规律，结合资源特色，积极寻求与其相匹配的客源市场，确定目标市场，以目标市场需求为方向对资源进行筛选、加工和再创造。其基本模式是：市场—资源—产品—市场。

需要指出，因乡村旅游具有季节性特点，其景观会有较大变化。此时，仍可根据市场需求，合理配置开发资源。

（四）经济效益、社会效益与环境效益相统一原则

乡村旅游资源开发的目的，是发展乡村旅游，活跃乡村经济，促进乡村经济发展，即实现一定的经济效益。但经济效益只是乡村旅游资源开发所追求的目标之一，与此同时，还要考虑开发活动不能超过社会和环境的限度，否则会造成资源破坏、环境质量下降、社会治安混乱等负面影响，不利于当地旅游业的持续发展。

（五）当地居民参与旅游活动的原则

人是组成乡村旅游资源最活跃的因素，在发展乡村旅游时一定要组织当地居民参加旅游服务，安排具有地方特色和民族特色的民俗文化旅游项目，使外来游客体验到原汁原味的乡村文化氛围。要加强对旅游从业人员的培训，熟悉旅游业务、学习行为规范、遵守旅游法规、提高服务质量、树立品牌意识和精品意识，吸收国内外发展乡村旅游的成功经验，建设一批具有示范作用的乡村旅游基地，并逐步推广。

（六）整体开发原则

乡村旅游资源既形式多样、丰富多彩，又是区域旅游资源的一个组成部分，要把乡村旅游资源的开发利用纳入区域旅游开发的系统工程中去，从区域旅游的角度出发，进行统筹安排、全面规划，形成统一的区域旅游路线，促进区域经济的发展。

二、我国乡村旅游资源开发中存在的问题

（一）观念问题

要实现乡村旅游的快速发展，首先要解决的是观念问题。由于我国的城市化进程相对于发达国家比较缓慢，76%的人是农民，人们对农村环境比较熟悉。且长期以来，人们认为农业仅为满足温饱而存在，对农业的多种用途未加以考虑，所以很多人认为农业与旅游是不相关的。即使在旅游业界的决策层中，一些领导人对乡村旅游也是漠然处之，这极大地限制了我国乡村旅游的开发进程。同时也要转变游客的旅游观念，让游客体会到旅游不仅是游山玩水、访名胜古迹，更重要的是获取知识、陶冶情操。在不同的季节，到广阔的乡村游览，既欣赏了美丽的田园风光，又丰富了农业及动植物生长发育等很多知识，可谓一举多得。

（二）产品类型单一，以农业观光园、采摘果园为主导产品

我国幅员辽阔，农村自然景观千差万别，农业景观多种多样，民风民俗多彩多姿，为满足游客观光、购物、求知、尝鲜、休闲、度假、参与实践等多种旅游需求提供了广阔的发展空间，但目前各地的乡村旅游产品主要采用农业观光园和采摘果园的形式，产品雷同、重复较多，不能满足游客多层次、多样化和高文化品位的旅游需求。

（三）产品粗糙加工、粗放经营较明显，影响乡村旅游发展后劲

由于乡村旅游供给尚处于卖方市场阶段，导致乡村旅游开发者片面追求效益，忽视游客的满意度、旅游形象塑造和长远发展设计，在配套不足、服务落后、管理混乱的情况下，草草推出了在原有农业生产基础上稍加改动、缺乏创新设计和文化品位的乡村旅游产品，损伤了游客的旅游感受和乡村旅游的形象，大大影响了乡村旅游的可持续发展。

（四）乡村旅游消费表现出初级化特征

我国乡村旅游消费的初级化与产品供给水平的初级化有关，也与游客消费心理的低层次性和我国社会经济发展总水平密切相关。当前，在我国低层次的旅游供给、尚不富足的经济收入、一定的文化水平、传统以节俭为主导的消费观念等多重因素影响下，绝大多数游客的乡村旅游享受到的是较低价位的消费水准、较低层次的精神感受、较低档次的旅游服务。目前，我国国内大多数乡村旅游者仅停留于悦目、悦身的较低层次，较少达到悦心、悦志的高层次感受，较少体验到陶渊明"采菊东篱下，悠然见南山"的恬静悠闲。

（五）食宿设施落后

乡村旅游地食宿的落后在很大程度上影响着游客对乡村旅游地的选择，其不足之处主要表现在以下几个方面。

第一，食宿设施的卫生条件达不到游客的需求标准。乡村旅游地的经济发展水平普遍较为低下，当地居民的文化素质也不是很高，由于农事活动的需要和家居生活习惯，造成环境不卫生，脏乱随处可见。许多用于接待游客的农户的室内家具和当地的专门接待设施都得不到适当的维护和保养，厨厕环境和用具更是如此，卫生条件恶劣，满足不了游客的正常需要。

第二，食宿设施的基本项目达不到游客的需求数量。乡村旅游地的食宿设施大都较为简单，许多游客生活所需设施都不能提供，有的住房连卫生间和淋

浴设备都没有，一般集镇的公共建筑、公用设施活动场所都很不完善，这一切使游客的生活极为不便，影响了游客的旅游情趣。

第三，食宿设施的基本内容达不到游客的需求档次。尽管有的乡村旅游地资源丰富、风光宜人，但食宿设施的档次却达不到游客的需求，这是乡村旅游地一个较为显著的特征，经常成为游客的抱怨对象，影响着他们对旅游地的选择。另一个极端的情况就是旅游地的食宿设施过于豪华，一般的乡村旅游者消费不起。

（六）资金问题

资金问题也是制约我国乡村旅游开发的一个重要因素。乡村旅游投资较少，见效快，但并不是说不需要资金，特别是要搞上规模的乡村旅游区，要对外宣传促销，必须有一定的资金保障。

三、我国乡村旅游资源保护开发对策

（一）加强行政指导与"三农"和扶贫工作结合

乡村旅游具有独特的产业功能、很强的关联带动作用和潜移默化的教育作用，应把乡村旅游纳入社会主义新农村建设的规划之中，将其作为社会主义新农村建设的重要组成部分加快发展。另外，为深入贯彻中央关于建设社会主义新农村的战略部署，充分利用"三农"资源发展旅游业，全面拓展农业的功能和领域，积极促进农民增收致富，扎实推进社会主义新农村建设，通过发展乡村旅游，增加农民收入，改善农村人居住环境，加快城乡统筹发展，为新农村建设和构建和谐社会做出贡献。

（二）编制发展规划，实现可持续发展

在乡村旅游开发中，要通过系统规划，有机整合乡村旅游资源，认真科学地策划好旅游开发项目。第一，增强乡村旅游的文化内涵，加强文化内涵建设，以乡土文化为核心，提高乡村旅游产品的品位和档次。第二，保持本色，突出特色。对乡村旅游的开发，要注意保持乡土本色，突出田园特色，避免城市化倾向。第三，在乡村旅游开发中要注意资源开发与环境保护协调的问题，防止旅游开发造成环境污染和资源破坏，加强与生态资源的有机结合，坚持在旅游资源开发中"保护第一，开发第二"的原则，走可持续发展的道路。

（三）加大宣传力度，提高旅游热情

加强旅游宣传，努力提高服务质量。没有宣传促销就没有客源，没有客源，就没有旅游业。要使游客认识乡村旅游这种新的旅游产品，就应该采取多种促销方式、加大宣传力度。首先应考虑花钱少、效果好的宣传，如印制介绍乡村旅游资源、旅游项目、旅游路线、旅游设施、风土人情等画册或宣传页，录制一些风光片，通过新闻媒体进行报道和介绍，邀请记者、旅行商、游客进行访问体验，扩大影响，提高知名度。同时，要提高旅游服务质量，提高旅游从业者的综合素质，以良好的旅游形象扩大影响，吸引更多的游客前来消费，从而形成良性循环。

（四）完善道路网络，提高旅游质量

动员各方积极力量，充分发挥政府主导和政策引导作用，紧紧依靠地方政府、农村群众及社会力量，坚持"国家投一点、地方筹一点、群众自愿出一点"的多元化筹资机制，各地交通部门要积极主动加强与相关部门沟通协调和密切合作，形成多方支持建设农村公路的合力。要尊重农民的选择，不修乡村不需要和不愿意建的路，不搞强行摊派和集资，决不能增加农民的负担。积极发展乡村客运，把乡村客运网络作为支农、惠农、兴农的实质性举措加快发展。充分发挥乡村公路效益，按照"路、站、运"一体化发展原则，修建简便、经济、实用的停靠点或招呼站；积极进行乡村客运公交化试点，推进城乡客运一体化进程，让广大旅客得到更多的方便和实惠。

第三章 乡村旅游发展规划

乡村旅游凭借农业资源系统的良性循环模式，向游客展示了一个农村地域生产和生活的时空整体。但如何更好地把握并驾驭这一基础系统，实现乡村旅游的有序发展，这就势必要求做好乡村旅游的规划。乡村旅游规划是根据乡村旅游发展规律和市场制定目标，以及为实现这一目标而进行的各项旅游要素的统筹部署和具体安排。乡村旅游规划不仅是一项技术过程，而且是一项决策过程。它不仅是一种科学规划，还是一种实用可行的规划，二者必须同时兼顾。在新时期，乡村旅游规划应该顺其自然、顺应潮流，做到既能持续地吸引游客，又能使乡村地区在保持原来生活方式的基础上逐步发展，并能使当地居民从中获益。

第一节 乡村旅游规划的特点及理念

一、乡村旅游规划的特点

乡村旅游规划的特点主要体现为以下几个方面。

（一）战略化

乡村旅游规划的编制关系到乡村旅游区未来的发展方向，是乡村地区经济发展中的一个重要环节。因此，乡村旅游规划应立足于战略的高度，协调好旅游规划区长远利益与眼前利益的关系，注重乡村旅游产业长期竞争力的培植与提升。

（二）寻求差异性

不断攀升的国民生产总值，不断丰富的人民物质生活，形成了旅游业发展和繁荣的大环境。城市居民希望摆脱高楼峡谷、水泥森林，缓解工作高负荷的压力，满足怀旧和对自然向往的需求，带动了乡村旅游的飞速发展。乡村旅游需求市场是一个差异化市场，规划中应该根据需求市场差异化进行市场开发，以适应市场的需求。

（三）多元化

乡村旅游规划的多元化特征是由旅游规划的学科特征所决定的，主要表现在旅游规划编制组成员、旅游规划的技术方法和手段的多元化上。

（四）偏重休闲旅游

乡村旅游与休闲度假旅游具有类似的特点。注重休闲和娱乐、健康身心等需求，同时乡村旅游在很大程度上存在重复消费的特点。尤其是针对单位团体高端旅游，可以根据实际情况和客户需求量身定制产品。

（五）系统化

乡村旅游规划不是一项独立的工作，它与乡村旅游地经济社会发展的各个方面有着密切的联系，如旅游规划专家组与本地旅游业界和学术界的关系、乡村旅游区各利益相关者之间的关系等。因此，乡村旅游规划是以系统化的观点进行编制的。

二、乡村旅游规划的理念

乡村旅游规则的理念主要有可持续发展思想、动态发展思想、社区参与思想、生态旅游思想这几个理念。

（一）可持续发展思想

在规划哲学理念上，可持续发展已经成为全世界的共识。在乡村旅游规划中，更应该倡导可持续发展思想，因为乡村环境和乡村文化本身的脆弱性特征，要求在可持续发展原则的指导下，有效地开展乡村旅游规划工作。基于乡村旅游资源开发的分散性、脆弱性及可持续发展本身对乡村旅游资源的合理开发及科学利用所具有的重要影响，近年来，国内外不少地区在发展自身的乡村旅游业时均十分重视可持续发展方式在其中的影响与运用，并为促进乡村旅游业的可持续发展作出了自己的贡献，如桂林阳朔。

作为我国乡村旅游业发展最早的地区之一，广西桂林市的阳朔县地处市区南面，陆路距桂林 65 千米，水路距桂林 83 千米。境内气候温和、四季宜人，不但有众多景色秀美的喀斯特岩溶地貌，而且漓江水系纵贯全境，"山清、水秀、峰奇、洞美"，风景名胜，天下闻名。据统计，全县共有奇异山峰 20 000多座，大小河流 16 条。

这里既有世界奇观莲花岩、壮族歌仙刘三姐抛绣球定情的千年古榕、令人叹为观止的月洞奇观，以及被誉为"小漓江"的遇龙河，又有其他许多风姿各异的山水和田园风光。不仅如此，阳朔的人文旅游资源既丰富又很有特点，尤其是许多颇具特色的古老村寨，更使阳朔的民俗风情旅游享誉国内外。除了丰富的乡村旅游资源，阳朔各级政府及相关社区群众也采取了不少行之有效的乡村旅游发展对应措施。第一，大力推行乡村旅游资源可持续开发及环境保护政策。乡村旅游的最大特点就是其不同于城市和其他旅游景区的乡土气息和民俗民族文化特色，旅游资源的合理开发与对景区景点环境的保护具有重要意义。阳朔兴坪镇渔村使用低碳的沼气，少烧或不烧高碳的秸秆。由于沼气在保护环境，尤其是景区的空气保护方面具有自身的优势，因此近年来阳朔不仅关掉了 20 多家砖厂、化工厂、淀粉厂、糖厂等高碳排放企业，还大力发展了沼气。为促进环境的进一步改善，近几年阳朔又加快了低碳旅游试验区建设步伐，继续扩建人造林、沼气池、太阳能路灯、增添低碳电瓶车等。同时，还巧用人工湿地过滤治污，结束污水直排漓江的历史。上万辆观光用的零碳自行车也成了亮丽的风景。第二，乡村旅游景区景点建设不断推陈出新。为了吸引更多的旅游者来阳朔旅游观光，政府和村民十分注重对乡村旅游景区景点内涵的挖掘，注重改造老景点，引进外资建设新景区，注意开发新景区和推出新线路。例如，古榕公园过去只提供旅游者观赏"一棵树"，现阶段则充分挖掘"刘三姐"人文资源，开发了一些具有民族特色的表演及旅游者参与项目，丰富了其内涵，旅游者十分喜欢，景区也取得了很好的经济效益。第三，十分关注旅游景区景点社区居民的利益。乡村旅游能否获得可持续发展的动力，社区居民的理解、认同与积极参与意义巨大。在乡村旅游发展过程中，阳朔相关政府部门及企业十分关注对社区居民利益的维护，想方设法使社区居民支持乡村旅游业的发展。第四，重视文化乡村旅游营销与经营监管。在乡村旅游业发展的市场营销方面，阳朔县的旅游和宣传部门经常热情邀请中央电视台及全国旅游、经济较发达省市的电视台、电台、报刊等新闻媒体到阳朔采访拍摄，全方位宣传阳朔。同时在主动走出去宣传促销方面也做了许多工作。实践证明，上述行动对促进阳朔乡村旅游业的可持续发展起到了很大作用。

（二）动态发展思想

乡村旅游规划动态发展的思想主要表现在两方面：第一，目标和内容的动态演进。乡村旅游规划是一种控制和管理系统，其发展目标和规划的内容要随着系统内资源、市场、区域和乡村条件的变化而作出相应的调整、改变。第二，乡村旅游规划具有一定的弹性，并且随着时间的推移而增大，当然，近期性的规划则应该具有一定的稳定性和可行性，而远期性的规划则更需要体现动态发展的思想。

（三）社区参与思想

社区参与乡村旅游发展是以乡村居民为中心的本质要求。世界旅游组织早在1997年就曾经明确提出将居民作为旅游业发展的关怀对象，并把居民参与当作旅游发展进程中的一项重要内容。社区居民作为乡村旅游业发展的主要利益群体，有权对旅游规划的制定与实施发表意见甚至直接参与决策。传统乡村旅游规划大多偏向考虑旅游市场需求、环境因素、社会宏观条件等方面内容，乡村居民的意见和利益在规划中不能被体现，乡村居民成为乡村旅游规划的边缘人，在没有任何双向交流的情况下被动接受政府的旅游规划。而社区居民参与乡村旅游规划，居民主动收集、提供资料，政府与居民直接交谈；居民主动，政府积极，双方参与程度高；多方和谐，多方支持，阻力小，效果好。印度尼西亚巴厘岛在制定旅游发展规划之初，专门邀请当地土著居民为旅游发展提出建议，旅游规划均参考当地居民合理意见，当地土著居民一直以主人翁的姿态贯穿旅游发展全过程。

在乡村旅游规划中实施社区参与能够协调社区居民与当地政府、开发商、旅游者等之间的关系，实现各方的利益诉求，也有助于规划设计与当地环境、社区和文化协调一致的产品。同时，社区公众参与旅游规划有利于提高游客体验的真实性，使旅游者欣赏到原汁原味的自然生态和民俗文化。

（四）生态旅游思想

20世纪末，全球范围内兴起了以保护人类自身生存环境为主题的绿色化浪潮。在此背景下，生态旅游作为"回归大自然"的"保护性旅游"概念应时而生。生态旅游修正了传统大众旅游对资源及环境的认识误区，其目的在于为传统旅游业的可持续发展寻找一条通道，进而成为促进生态、经济和社会的可持续发展的基本保障。生态旅游的兴起，是人们对自然环境的兴趣不断提高牺牲环境为代价，与自然环境相和谐的旅游，是以走近保护区、亲近大自然为主题的旅游。生态旅游是以大自然为舞台，以生态学思想为指导，以休闲、保健、求知、探索、保育为目标的一种可持续、可循环发展的旅游模式，它强调生态效益、经济效益和社会效益的统一，提倡旅游者的参与，是一种促进生态建设的健康型旅游活动。

第二节　乡村旅游规划基础分析

基础分析是规划编制中各项工作得以顺利开展的保障。科学、客观、翔实的基础资料整理和分析，能够为规划的后续工作打下坚实基础，是项目与产品能够落实到规划地区的关键。编制乡村旅游规划，第一步是对发展旅游的基础条件进行研究分析，包括规划地区的概况陈述、区位条件、发展条件、旅游资源调查、旅游市场调查以及旅游容量的分析。

一、概况陈述

概况陈述就是对规划地区的基本情况和背景的介绍，包括对乡村旅游规划区所处的行政区域的经济、社会、人文、历史等多方面的综合考察，以及对当地旅游产业发展状况的全面把握。其主要依据是现有的资料，如通志、地方志、年鉴、政府报告、统计年报、地区总体规划、周边地区历史地理文化资料。资料的占有应该尽可能全面，准确可靠。

概况陈述的内容，主要有以下几个方面。

第一，自然地理情况，包括地理位置、气候特征、地形地貌、土壤性质、水文分布、植物种类和分布、动物种类和分布等。这些资料是确定资源开发、规划布局、功能分区、环境保护所必备的。

第二，人文历史情况，包括历史沿革、民俗风情、民族宗教、衣食住行、建筑源流、名人活动，以及包括口头非物质民间文化在内的文学艺术等。一个地区的历史文化传统是它的文脉。挖掘当地的历史文化，详细陈述人文历史情况，是规划人文类旅游的依据。

第三，社会经济情况，包括人口变迁、民族分布、建置沿革、经济水平、产业结构等。

第四，旅游业发展现状，包括现有旅游业的产业规模、发展过程、产业特点、存在问题等。现状是发展的基础，只有深入掌握现状，才能从基础出发继续前行。

二、区位条件分析

区位主要指旅游地的空间环境。区位分析是通过对旅游地社会经济条件的分析，明晰旅游目的地和旅游客源地的空间关系。区位条件是乡村旅游选址的最重要因素，它直接关系到乡村旅游区的兴衰。乡村旅游目的地竞争力的大小取决于其客源腹地，而客源市场的规模正是区位条件的表现。在新农村建设中，不是所有的乡村都能够发展旅游业，发展旅游业要求乡村要具备一定的区位优势和资源优势。

乡村旅游规划的区位分析，应该着重注意以下几个问题。

（一）乡村旅游地所在区域的宏观环境

开发一个村、镇、县的乡村旅游，不能就村、镇、县来谈村、镇、县，而要把它放在一个相对比较宽广的空间范围里来分析区位条件，包括整个区域的历史背景、经济发展水平、政治文化条件、交通通达情况，以及整个区域在国内外的知名度。区位分析，首先要分析宏观的整体环境。

一个旅游目的地良好的政治、经济和社会文化环境，会促进当地旅游业的快速发展。反之，若地方政府、政策不支持旅游业的发展，或当地的社会文化氛围较差，排斥外地人的进入，就会极大地阻碍旅游业的发展。而自然环境很大程度上就是乡村旅游资源禀赋的状况，显然拥有生态环保质量高、优美独特的自然环境条件，会提高目的地的吸引力。

（二）乡村旅游地在区域环境中的地位

宏观环境是乡村旅游的外部诱因，区位分析还要着重分析乡村旅游地在区域中的地位，包括地形特征、资源特点、产业特色，以及在区域中经济发达程度的排位，当地居民的社会人均收入、文化教育程度等。其中，根据各乡村旅游地资源的特点，通过制定乡村旅游特色业态的标准来鼓励发展特色产品形态，有助于乡村旅游的可持续发展。北京旅游行政部门针对这一发展趋势，前瞻性地制定了乡村旅游特色业态标准，对北京市乡村旅游实现产品差异化、错位经营发挥了重要的作用。

（三）乡村旅游地和中心城市、依托城市和城镇的关系

城镇是地区政治、经济、文化、交通的中心地和集散中心，不仅具有较高的知名度、较为完善的基础设施和服务设施，而且也往往是交通的枢纽，因此城镇是乡村旅游的人流集散中心、基础保障基地。

中心城市应该成为乡村旅游的窗口，城镇是乡村的后盾和保障，形成互动关系。进行区位分析时要十分重视该地区城市和城镇的旅游功能，以及对乡村旅游的支撑和带动作用。

（四）乡村旅游地和交通干线的关系

交通是旅游发展的关键性因素，旅游者能否"进得来、出得去、散得开"，是旅游业能否发达兴旺的关键。一个乡村旅游地是否拥有便捷的区际交通网络、可进入性优劣程度，直接影响到乡村旅游的客源吸引范围，进而影响到乡村旅游的竞争力。在分析乡村旅游地和交通干线的关系时，应该分析大交通（外部交通）的种类、布局、网络化程度，小交通（内部交通）的种类、布局、密度、等级，大交通和小交通的衔接以及公交化程度。分析交通关系，不但要分析内外交通的现状（包括优势和瓶颈两方面），还应分析国家和地区交通发展对本地区旅游发展所带来的潜在的机遇或威胁。一般来说，区位与交通越优越的乡村旅游地对旅游者的亲近度也越高，这决定着一个旅游目的地旅游资源的相对价值、市场规模、旅游发展前景，进而影响其空间竞争力。

（五）乡村旅游地和相邻旅游区的资源比较

每一个地区在开发旅游产品时，都要突出自己的特质及与相邻地区的区别，乡村旅游也不例外。梳理本地区的旅游资源，为的是挖掘自身的个性，有意识地凸显与相邻地区的不同特质。不同地点的乡村旅游都突出自身的物质特性，就可以形成自己的特色，相互之间形成错位经营、联动经营。

三、发展条件分析

发展旅游业必须具备一定的主客观条件。在编制乡村旅游规划时，应该对本地区发展乡村旅游的相关条件进行实事求是的分析。这种分析的方法，以SWOT的分析法最为常用。

（一）SWOT 分析法

1. 内部优势（strength）分析

根据旅游产业的各项要素，客观地分析乡村旅游地自身在区位、资源、产业基础、市场、经济水平、政策保障等方面所具备的优势。这些优势应该足以保证旅游业的吸引力和正常运转。乡村旅游的发展应该建立在这些优势的基础之上，规划应对这些优势整合开发提出对策和提供依据。一般而言，乡村旅游的优势主要体现在乡村旅游产品的特色性，而且有最稳定的客源主体。就乡村旅游产品而言，其包括乡村景观资源和乡村意境以及乡村旅游吸引物体系。乡村旅游资源由表层部分和深层部分构成。能够被所有旅游者感知的包括乡村自然风景、动植物、农产品、村落风貌、村民农事活动、日常饮食起居、礼仪祭祀等，器物层面的旅游资源是表层的乡村旅游资源；而只能被一部分人感知的诸如乡村景观的美学价值、环境生态价值、社会伦理价值、道德美学价值、历史文化价值和地方文化价值等，是深层次的乡村旅游资源。由于乡村旅游的这些独特资源是其他传统旅游所不具有的，特别是乡村景观意境，更是乡村旅游所独有。这些独特的旅游资源能够对目标群体产生强烈的吸引力，从而为我国的乡村旅游带来稳定的客源主体。

2. 内部劣势（weakness）分析

目前我国乡村旅游还处于发展初级阶段，存在很多问题。第一，定位不明，盲目跟风，缺乏模式创新。第二，脱离"乡村性"，呈现"飞地化"特点。第三，空间布局不合理，整体风貌不协调。第四，旅游内容不丰富，产品单一。目前多数乡村旅游产品还停留在"吃、购"方面，"游"的元素比较少。乡村旅游主要体现的是"农"的特色、"家"的体验、"乐"的感受，但目前许多乡村旅游项目在内容设计方面偏离了方向，导致乡村旅游景点内容千篇一律，游客对乡村旅游景点出现了"审美疲劳"。第五，人才匮乏。乡村旅游企业由于不在城区，因此，在引进高端人才方面存在先天不足。同时，一般服务人员由于来自周边农村，缺乏系统培训。因此，管理人才和服务人才匮乏成为目前乡村旅游企业急需解决的问题。

3. 外部机遇（opportunity）分析

外部机遇为旅游业发展提供大环境。内因是根据，外因是条件，但一个良好的外部机遇往往是发展旅游业成败的重要因素。外部机遇包括国内外的整体宏观环境、国家的宏观经济形势和政策走向、国家和地区（省、市）的产业导向等对本地区旅游业发展可能产生的影响。这些因素可能并非属于旅游产业范围，但同样是编制乡村旅游规划的重要依据。

4.外部风险（threat）分析

旅游业是一个十分敏感的产业，政治经济、国际国内外形势等都会对旅游业带来波动和影响，尤其对乡村旅游市场会产生相当大的影响。乡村旅游规划应对可能产生的风险作出客观预测，并为回避这些外部风险提供对策和提出依据。

（二）以河南乡村旅游发展为例的 SWOT 分析

发展条件分析，是对一个地区发展旅游业的最基本的可行性分析，也是旅游业发展规划最重要的基础分析之一。河南是农业大省，地形条件复杂，气候类型多样，多条江河水系交汇于河南，形成了各具特色的农业生态类型及景观区域组合，再加上动植物资源丰富多样，盛产苹果、梨、桃、枣、葡萄、樱桃等多种温带水果和各种蔬菜及花卉，这些对城市旅游者都形成了强烈的吸引力。下面就以河南乡村旅游发展为例，采用 SWOT 方法对其发展条件进行分析。

1.优势

（1）资源丰富，民俗多样

河南得天独厚的地理位置和悠久的历史文化，使其有着较为丰富的乡村旅游资源。河南地处中原，是华夏文明的发祥地，形成了许多历史文化名村镇，这些村镇及其蕴含的丰富文化构成了独具特色的乡村民俗文化旅游资源。较为典型的有位于郏县的临洋寨，素有"中原第一红石古寨""古村寨博物馆"的美誉，是河南引以为豪的中国历史文化名村。禹州的神重镇、淅川县的荆紫关、开封的朱仙镇也是我国著名的历史文化名镇。这里有风格古老而独特的乡村建筑，以及传承多年的乡村节庆、农作方式、生活习惯和趣闻传说等。此外，随着农业科技和现代化的发展，在中原大地上出现了一些高新科技农业示范基地，这为乡村旅游的发展增添了新的亮点。河南省已建和在建的高科技农业观光园有河南省农业高新科技园、郑州黄河农业科技示范园、南阳台湾现代农业示范园、河南省正阳县旱作农业示范园和安阳市生态农业示范园等，为乡村生态旅游的发展增添了新的亮点。这些异彩纷呈的文化习俗和现代农业科技，对城市旅游者有着强烈的吸引力。

（2）区位优势明显，陆空交通便利

河南素有"九州腹地、十省通衢"之称，自古以来就是我国南来北往、东去西行的必经之地，优越的交通运输条件使河南成为全国重要的内陆交通运输枢纽。公路网四通八达，实现了村村通公路。铁路方面，省内基本形成以郑州为中心，由京广、焦枝、京九三条纵线和焦荷、陇海、溪阜、宁西四条横线，以及 15 条地方铁路和中央各支线铁路构成的铁路网。四通八达的公共交通，为人们进行乡村生态旅游提供了便利条件。交通条件的日益便利，大大增强了旅游业的活力，特别是县乡交通条件的改善增强了乡村旅游景区的可进入性，为乡村生态旅游的发展提供了良好的基础条件。

（3）充足的客源和广阔的市场

乡村旅游的客源目标市场在城市。河南省人口众多、密集度大，省内市场前景广阔。截至 2017 年年底，河南共下辖 17 个地级市、1 个省直辖县级行政单位、52 个市辖区、20 个县级市、85 个县，省会郑州市，常住人口 9 559.13 万人，居中国第 3 位。上千万的城市人口渴望远离城市的喧嚣与紧张，极易产生去乡村旅游的动机。近年来，河南经济增长速度高于全国平均水平。2018 年第一季度，河南省生产总值同比增长 7.9%，实现地区生产总值 10 611 亿元，同比增长 7.9%，比 2017 年全年提高 0.1 个百分点，高于年度预期目标 0.4 个百分点。2018 年前 5 个月，河南全省固定资产投资增长 9.3%，高于全国平均水平 3.2 个百分点。根据河南省统计局的数据，2017 河南省居民人均可支配收入 20 170.03 元，比上年增长 9.4%，增速同比提高 1.7 个百分点，高于全国 0.4 个百分点。按常住地分，城镇居民人均可支配收入 29 557.86 元，比上年增长 8.5%。农村居民人均可支配收入 12 719.18 元，比上年增长 8.7%。居民人均消费支出为 13 729.61 元，比上年增长 8.0%，增速同比提高 0.6 个百分点。人均用于旅游、电影门票、体育健身等文化娱乐支出比上年增长 17.6%。由此可见，河南省的大中城市，已具备良好的出游条件。这为以城市居民为主要服务对象的乡村旅游提供了巨大的客源市场。

（4）旅游政策的推动

《中共中央国务院关于加大统筹城乡发展力度进一步夯实农业农村发展基础的若干意见》明确提出，积极发展休闲农业、乡村生态旅游、森林旅游和农村服务业。同时这也是由不断扩大的市场空间决定的，即工业化带来了更多的城市人口，带来了逃离工业环境、回归乡村、体验传统生活方式的需求。河南旅游发展的落脚点在乡村。2017年9月1日，《河南省旅游产业转型升级行动方案（2017—2020年）》对外发布，提出河南省旅游产业发展目标为力争到2020年，全省接待国内外游客量达到9亿人次、旅游综合收入突破1万亿元。其中，该文件就乡村旅游方面提出，支持农村集体经济组织在不改变原有规划用途的前提下，依法使用非耕农用地，多种形式开办旅游企业。另外，大力展开乡村旅游升级行动。一是实施乡村旅游扶贫攻坚。开展乡村旅游扶贫重点村环境整治行动，全面提升通村公路、供水供电、网络通信基站、垃圾污水处理等基础设施水平，实现与交通干道全连接。二是大力发展乡村旅游。依托绿水青山、田园风光、传统村落、民俗文化等大力发展观光农业和休闲农业，积极培育创意农业、定制农业和会展农业等新型业态。创新乡村旅游组织管理方式，推广乡村旅游合作社模式。

2.劣势

（1）层次较低，内涵挖掘不够

河南的乡村旅游发展速度较快，但整体开发层次较低，目前还主要以吃农家饭为主，大部分还仅仅停留在单纯的农业观光层面，忽视了乡土文化、乡村民俗，对乡村生态旅游的文化内涵挖掘不够，尤其依托大城市形成的乡村生态旅游资源没有得到统一的整合，大多是以农家自营为主，各自为政。

（2）管理混乱，法规不完善

在以往的乡村旅游发展中，政府的主导作用没有充分发挥，宏观管理力度差。其旅游接待活动基本上都是由各家各户自主进行，政府没有进行很好的宏观管理，致使出现了价格混乱、交通拥堵等不和谐的现象。乡村旅游发展如同其他旅游类型的发展一样，需要做到有法可依，统一管理。

（3）乡村生态旅游景点分散，盲目建设问题频出

河南乡村旅游的发展普遍存在投资与经营规模小、地区分布与组织形式散、项目低水平重复设置、市场竞争秩序乱的现象。

（4）基础设施不完善，乡村环境卫生条件亟待改善

目前，河南乡村旅游点或村功能比较单一，整体基础设施不完善，乡村环境净化不到位，排污排水通道不畅，餐厅、厨房、卫生间等卫生状况不佳，食品安全还存在很大隐患。这些因素在一定程度上影响了客源的可进入性。

3.发展机遇

近年来，河南经济获得了飞速发展，居民生活水平大幅度提高，居民消费能力也逐步增强，旅游需求明显增大。同时，开发旅游资源所需的大量建设资金也有了相应的保障。

从全国来看，国家制定和实施了建设社会主义新农村的政策，提出了"新农村、新旅游、新体验、新时尚"的口号。为了拉动河南省旅游市场，河南省政府出台了一系列优惠、扶持政策，全省各地通过各种渠道，积极筹措资金，加大乡村旅游资源开发力度和基础设施建设力度，在全省范围内形成了重视旅游、发展旅游的局面。以促进河南由旅游资源大省向旅游产业强省的跨越。

旅游业作为中部六省竞相发展的产业，是中部崛起的重要突破口。为了更好地促进中原崛起，同时充分利用好"中部崛起，旅游先行"这个战略背景，河南省应积极树立新形象，利用区位、交通等优势强化乡村旅游。

河南省作为文物大省，悠久的历史和灿烂的文明是发展旅游的基础。从河南省本身来说，城市个体诸如郑州、洛阳、开封等，都拥有悠久的历史、灿烂的文明，但在过去的发展中缺乏整体合作。如今，河南正在尝试解决这个问题，选择郑州、洛阳、济源、焦作、新乡、开封、许昌、平顶山、漯河9个城市，以"中原城市群"命名，合纵连横，通过逐步实现资源共享、产业互补、生态共建、各具特色和协调发展，来构筑中原城市群经济隆起带。目前，以郑州为中心的"黄金十字架"的雏形正在初步形成，对河南省发展乡村旅游精品路线和打造各具特色的乡村旅游产品具有巨大的推动作用。

4.面临威胁

（1）竞争威胁

在经济利益的驱动下，更多的投资者在开发乡村旅游。河南与湖北、河北、山东、山西等省份在旅游资源方面相似，客源市场相近，不可避免地存在对旅游客源市场的争夺问题。

（2）城镇化威胁

目前，我国各地的乡村旅游发展尚处于一种自发状态。在增加农民收入和缩小城乡差别的同时，也存在无序发展、乡村城镇化以及破坏地方传统文化等问题。

（3）生命周期威胁

随着人们对旅游需求层次的改变，对未来乡村旅游产品的形式和内容需求也会逐渐增加，河南省的乡村旅游如不能及时按照游客的需求生产更多的旅游产品，那么众多雷同的旅游产品就会缩短生命周期。

四、旅游资源调查分析

（一）旅游资源的调查

发展旅游业的驱动力，有"资源说"，有"市场说"。"资源说"认为资源是旅游业发展之本，有什么样的资源才能发展什么样的旅游；"市场说"认为市场才是旅游业发展的命脉，有市场才有旅游产业。其实，资源和市场同是旅游业发展的两个"车轮"，两者缺一不可。

旅游资源是指能够开发利用、对旅游者产生吸引力的各种物质的和非物质的事物，包括自然旅游资源、人文旅游资源和社会旅游资源，这是发展旅游业的依据。乡村旅游规划必须对本地区的旅游资源进行调查和分析，弄清楚可供利用开发的资源"家底"。

对旅游资源的调查，包括：全面系统查明各类可利用的自然旅游资源、人文旅游资源和社会旅游资源的数量、规模、类型、质量、分布、价值以及它们的组合；了解各类旅游资源的存在环境及开发现状；对历史上曾经存在过的各类旅游资源进行校对、核实，尽管这一部分资源也许已经不存在，但它们很可能通过复制、仿造、重建，而成为今天重要的旅游吸引物；调查邻近地区的相关旅游资源的分布，这是决定旅游产品开发，避免重复、撞车或进行错位经营、联动发展的依据。

旅游资源调查的方式：广泛收集现有的历史资料和现状资料，包括各种图文资料、数据、图纸；对现场进行实地勘察而取得第一手资料；进行走访、座谈，包括对相关部门的走访和对本地区老领导、老居民的访谈；在有条件的情况下，可通过各种科学仪器深入调查，如遥感、航拍、摄像、物探等。

（二）旅游资源的评价

在对本地区旅游资源了然于心以后，要对资源进行梳理评价，包括对旅游资源的分类、评级。分类是评价的基础，对资源正确合理的分类，有助于对资源的整合利用。旅游资源所包含的面很广，自然资源、人文资源、社会资源，几乎含盖了天、地、人各个方面，自然资源中又包括地表、水体、生物、气候、天象等，所以分类是一个很复杂的过程。2003年原国家旅游局（现：文化和旅游部）颁布的《旅游资源分类、调查与评价》（GB/T.18972—2003），把旅游资源划分为 8 个主类、31 个亚类、155 个基本类型，应该是比较客观、比较科学的旅游资源分类。乡村旅游资源几乎包括了自然资源、人文资源、社会资源的方方面面，要充分发掘乡村旅游资源，打造具有吸引力的旅游产品，应该根据《旅游资源分类、调查与评价》给本地区的旅游资源进行准确的分类。

旅游资源的评价是在资源分类的基础上进行的。首先要评判旅游资源自身的固有价值，它带有很大的客观性，比如评价水体，水库的面积、容量、枯水季的平均水量以及水库岸边的绿化植被，可以通过具体的技术参数确定分值；又如植物品种、珍稀度、覆种面积等，可以用分值来衡量；一些人文类的资源，同样可以用打分来确定分值，比如老宅建筑，它的历史年代、保存完好度、单体或联体的数量、建筑内饰物的精美度等，都可以量化测定。关键是要制定一个评分标准，把各种指标量化，然后才可以区分层次等级。其次，要评价资源的吸引力，吸引力反映的是社会需求和社会认可度。这种评价带有相当大的主观性，更多的是定性评价，比如，植物的可观赏性，牵涉审美的问题，很可能因不同的人、不同的审美角度而得出不同的分值；又如衡量一项资源的开发价值，如水面、村落、建筑，往往也带有相当大的主观性；区内资源的比较排序，也有相当大的弹性空间。所以，要尽可能选择客观的、可比的、能量化的评价因子。

通过建立评价体系或评价标准，对各项旅游资源评级打分，对本地区的旅游资源进行评价，并和国内、区内的资源进行比较，为确定如何开发旅游资源奠定坚实的基础。

（三）旅游资源的分析

对旅游资源的评价，侧重于通过存在于旅游资源内部的评价因子进行分析比较，但旅游资源的多样性、综合性、差异性，使得许多旅游资源不具有可比性，不能不依靠规划编制者的经验比较和主观评判。对旅游资源的主观分析永远是需要的，认为用技术指标可以完全取代主观认识是不切实际的。

旅游资源分析是对资源的可开发情况进行综合性的评价。这种分析评价主要集中在四个方面：一是资源质量分析，包括对资源的规模性、优美性、特殊性、科学性、人文性、组合性，以及自然和人文的融合性等的分析；二是资源环境分析，不但包括对自然环境的环境容量、安全性、舒适性以及环境的脆弱程度等的分析，还包括对经济环境、社会环境、市场环境的分析；三是开发利用条件分析，包括对资源所处地理环境、距基地的距离、集聚离散程度、基础条件设施、交通可进入性以及开发的难易程度、建设条件等的分析；四是资源开发效益分析，包括对资源开发可能产生的旅游资源的分析，也是旅游业发展的可行性分析之一。通过对资源的分析，确定旅游业发展的范围、布局、特点、重点，同时也为规划产品的开发提供依据。

五、旅游市场调查分析

乡村旅游要争取和扩大客源，选择目标市场，制定和实施有乡村旅游规划编制工作的重要环节。

（一）旅游市场调查的内容

旅游市场调查，就是从客观存在的市场实际出发，广泛收集所需信息，为旅游规划和旅游决策提供依据。为编制乡村旅游规划而进行的市场调查，主要有五个方面。

第一，乡村旅游市场现状，主要包括乡村旅游景区（点）、住宿、交通、配套服务设施的数量、类型、容量、经营情况，特别是它们在市场上的占有率。

第二，乡村旅游市场需求。调查应针对市场的现实需求和潜在需求两方面，包括游客人次、旅游者的人均消费、人均停留天数、旅游者的出游率和重游率等。

第三，乡村旅游市场环境。包括政治环境、经济环境、社会文化环境等。

第四，乡村旅游者及其旅游消费行为。包括旅游者类别、旅游者的地域分布、旅游者的旅游动机和旅游方式、旅游者的消费能力等。

第五，乡村旅游产品及其销售。包括乡村旅游产品的开发和更新、旅游产品的品牌影响和知名度、旅游产品的市场占有率、旅游产品的价格和销售、旅游者对旅游产品的评价以及旅游产品的组合等。

（二）旅游市场调查的方法

市场调查信息的获取，有些是规划编制者亲身从市场向旅游者专门收集的，有些则可以通过查阅现有档案、文件、资料获取，一般分别称为第一手资料和第二手资料。

编制乡村旅游规划所必需的重要资料，必须由规划编制者组织力量通过专项调研，亲自去收集第一手资料。获取第一手资料的方法主要有问卷调查、访谈、现场考察。开展问卷调查，事先要根据需要了解的问题设计好问卷、确定调查对象。调查对象既要有普遍性，又要有代表性。问卷调查的关键是设计好问卷，所有问题要围绕调查主题，简洁明了，没有歧义，同时也应该注意文字洗练，不要过多耽误被调查者的时间。访谈可以是登门拜访，也可以是个别约谈，还可以是电话访谈，或者召开小型座谈会等。访谈成功的关键是选择好访谈对象，要选择真正熟悉情况的人作为访谈的对象。访谈时要善于把握过程，既要让访谈对象不受拘束，尽量自由发挥，又要围绕主题引导访谈过程不断深入。现场考察由规划编制者对感兴趣的目标、现象直接进行观察，或借助仪器进行观察，常用于调查游客的行为规律和市场的现状走势。

通过对第二手资料的分析，获取所必须了解的各项背景材料和数据。一些基本的数据都可以而且应该通过现有的档案、文件、资料取得，从这个途径获取信息，不但比较简捷，而且信息、数据也比较可靠。第二手资料的主要来源有：政府部门、行业协会、城乡调查队等专业调研机构发布的公报、年报、统计年鉴；政府工作报告、工作计划、专项材料等档案文件；管理部门和企业的档案；相关媒体刊发的资料和研究报告等。第二手资料可以尽量宽泛些，但要有相当的可信度和权威性。运用第二手资料，要有一个资料筛选、鉴别和验证的过程。

（三）旅游市场分析

通过市场调查获取的信息、资料、数据，应该经过整理、处理和综合分析，才可应用于编制乡村旅游规划。这种分析一般要注意以下两点。

第一，根据旅游市场的四大要素，即人口、购买力、旅游愿望和旅游权利，从消费者的需求角度，区分不同的旅游动机、旅游行为、购买特点等，把具有类似消费行为的旅游者划分为不同的层面。在乡村旅游规划中，要分析本地的旅游资源和旅游产品适合哪些层面的旅游者，从现状来看哪些旅游者来得最多，他们还需要些什么，自身的资源和产品组合可以做哪些调整，从而决定究竟是开展农业观光游还是"农家乐"，或者农业高新技术园区等，并决定自己的市场方向。

乡村旅游主要是为了满足现代城市居民返璞归真、回归自然、对乡村好奇或怀旧等需求而发展起来的一种旅游形式，其客源市场主体为城市居民，根据年龄这一人文因素，又可将城市居民分为少年儿童、青年、中年、老年四个细分市场（表3-1）。

表 3-1　乡村旅游产品及其目标市场

乡村旅游产品	特征	目标客源市场
乡村自然生态观光游	展现独特田园风光，如油菜花田、农场牧景等。一般分布在城市近郊	少年儿童修学游市场；追求生态环保的青年市场；怀旧、返璞的中老年市场
各种参与农事活动的体验游	是乡村自然生态观光游的延伸，如摘水果、种菜及制作各种简单的手工艺。突出了游客的参与性与娱乐性	少年儿童修学游市场；追求生态环保、体验多彩生活的青年市场；怀旧、返璞的中老年市场；喜好绿色的都市居民旅游市场
乡村民居建筑游	如福建土楼，综合显示出地方的建筑特色及传统历史文化	对建筑及文化感兴趣且受教育程度较高的中老年市场
展现乡村独特的民风民俗、风土人情、土特产的旅游产品	独具地方特色，并在一定的地域范围内占据垄断地位	以体验城乡差异为主要动机的城市文化旅游者
高科技农业技术类乡村旅游产品	可供观赏兼学习	青少年儿童修学游市场；前来学习交流的旅游者
乡村度假旅游产品	在乡村旅游产品中价格较高	城市中青年阶层中收入较高的人群及其家庭

第二，根据所掌握的本地区旅游市场发展的过去和现在的信息资料以及旅游业发展的一般规律，用科学的调查统计方法来推测旅游市场发展的未来和趋势。

乡村旅游目标市场确定及市场规模预测，原则上存在因时因地的差别。一般来说，在目标市场的确定方面，除了特色旅游可能有特定的目标市场外，各地乡村旅游有比较多的共性。在市场规模的预测方面，它通常与当地及周围人口的文化素质及社会经济状况成正比，而与距离成反比。但是各地乡村旅游规模与特色差异以及开发时间的先后，决定了不同地区的乡村旅游市场各具特色，因此依然要做认真的市场调查与分析。第一，当地居民的调查。乡村旅游发生在乡村，其资源依托地在乡村，旅游吸引物也以其乡村性为主，往往乡村居民淳朴的自然生活形态本身就是一道旅游风景线。所以，开发乡村旅游，进行乡村旅游市场调查，首先应该对当地乡村居民进行调查。对当地乡村居民进行旅游市场调查以面谈、电话等问询方式为主。问询法简单方便、灵活自由，可随机提出一些相应问题，对不清楚的可补充阐述；被调查者还可充分发表意见，相互启发，把调查问题引向深入，有利于获取较深入的有用信息。如可以请熟悉当地风俗、文化的居民面谈，请他们对乡村旅游人文景观的开发现状和市场情况提出一些意见或建议。用问询法调查，信息量大，回收率高，可信度大，是乡村旅游市场调查的常用方法。第二，外围乡镇的调查。对乡村旅游资源处于"养在深闺人未识"的乡村旅游区来说，其乡村旅游客源市场调查宜以当地乡村居民的调查为主，而对已开发、游客市场已初具规模或相当规模的旅游区来说，乡村旅游市场调查则可以针对旅游区外围游客进行市场调查，其基本对象是针对客源市场的游客，他们对旅游区景观、环境、基础设施、产品价格等印象的反馈，对指导旅游区的下一步开发建设意义重大。第三，相关部门及周围城市居民调查。到当地相关部门和周围城市进行周围城市居民调查，也是乡村旅游市场调查的有效途径之一。一方面，政府和相关部门能提供翔实的官方数据和资料；另一方面，政府和有关部门对乡村旅游市场的判断较敏锐、准确，对乡村旅游市场开发的意见或建议具有前瞻性、权威性和战略指导意义。开发乡村旅游需要林业局、水利局、环保局等提供的相关数据和资料，旅游区市场规模预测、旅游区旅游环境容量确定等也需要到相关部门收集资料，地方部门往往熟知可以推出的旅游产品、能吸引游客的地域范围、游客群体，以及客源市场规模。调查人员对这些资料的收集对旅游区开发建设意义重大。对地方相关部门的旅游市场调查一般以面谈访问为主，着重对旅游市场需求、旅游市场供给情况的调查，可以是个别谈话，也可以是开会集中征求意见，这种方式可信度会更高。对城市居民的调查可以从居民的旅游需求着手。

六、旅游容量分析

乡村旅游容量的概念不能简单地理解为乡村旅游地在一定时间、一定空间范围内所能容纳的游客数量，乡村旅游地与风景名胜区、文化遗产地、主题公园等一般的旅游地不同，是乡村居民生产、生活的空间，在旅游容量的规划上，涉及的因素有很多。因此，乡村旅游容量是指在维持旅游地可持续发展和保证旅游活动吸引力的前提下，所能接受的旅游活动量，应包括供需这两个方面的内涵。从乡村旅游地可持续发展的角度来说：第一，乡村旅游容量是旅游地区域范围内原居民所能接受的旅游活动量，影响居民可接受程度的因素包括原居民的文化水平、宗教信仰、生活方式、经济水平等；第二，乡村旅游容量是在保持乡村旅游资源质量的前提下，一定时间内旅游资源所能容纳的旅游活动量；第三，乡村旅游容量是一定时间内，在旅游地区域范围内的生态系统所能承受的旅游活动量，也就是说，旅游活动不会导致生态系统的退化。从乡村旅游地旅游吸引力的角度来说，乡村旅游容量是在保证旅游者基本旅游舒适度，不降低旅游活动质量，不破坏游兴的范围内，旅游区域所能容纳的旅游活动量。

所以说，合理测算并控制景区点的容量，确保旅游业的可持续发展，已经成为编制旅游规划的一项重要任务。在编制乡村旅游规划时，通常有以下几个指标经常被关注。

（一）旅游资源容量

即在保持资源质量的前提下旅游资源空间规模可以承载的旅游活动量的综合上限。测定旅游资源容量，最简捷的方法是用下列公式进行计算：

极限容量 = 资源的空间规模 / 每人最低空间标准 × 每天开放时间 / 人均每次利用时间

这个公式考虑的仅仅是地域空间所能容纳的旅游活动量，没有考虑旅游者个人的心理感受。

（二）旅游生态容量

通常指在一定时间内一定旅游地域所能承载的旅游活动量。旅游生态容量测定的公式：

每天接待游客的最大允许量 = 旅游区每天能净化吸收的各种污染量的累计 × 各种污染物的自然净化时间 / 一位旅游者每天产生的污染量的累计

一般情况下，旅游活动产生的污染物数量会超过生态系统自然净化的能力，所以旅游区都要对旅游污染物进行人工处理。于是，实际上的旅游生态容量都会超出常规测定的旅游生态容量。

（三）旅游地域社会容量

旅游地域社会容量主要指旅游接待地的社会环境，包括人口构成、宗教信仰、民族风情、风俗习惯等影响当地居民容纳接受外来旅游者的因素所能容忍的旅游者数量的极限。

（四）旅游经济发展容量

旅游业的发展需要一定的经济基础作为支撑，如要求基础设施、配套服务设施、交通服务设施、人力资源甚至副食品补给能力等都能相应跟上。旅游经济发展容量就是指旅游接待地的经济发展水平所能接纳的旅游活动量。其中最直接、最敏感的因素是食宿供给条件和娱乐购物的设施条件，以旅游日容量为例，它就与旅游区的供应能力和住宿设施密切相关：

旅游日容量＝旅游区对旅游者需要和消耗的各种主副食品的供应能力／旅游者每天需要和消耗的各种主副食品的总量

旅游日容量＝各类住宿设施所能提供的床位总数

在测定经济发展容量时，还要充分考虑到旅游业发展的淡旺季节不平衡而造成对设施设备和物资供应的悬殊需求。此外，乡村旅游中常见的"农家乐"活动，无论在副食品供应还是住宿设施供应方面，都有一个就地消化的隐性因素，乡村旅游规划中测定容量时应该给予相应的足够的估计。

第三节　乡村旅游规划的编制程序梳理

旅游规划是一个循环系统，是一个预测—实施—出现偏差—校正偏差—再预测—实施—出现偏差—纠正偏差……的不断修正提高的过程，每个循环中通常包括几个阶段：准备、确立目标、可行性分析、制订方案、方案的评价与比较选择、实施、监控反馈和调整策略。在制定乡村旅游规划时，依此基本步骤与方法进行。

一、乡村旅游规划的编制技术路线

乡村旅游规划作为旅游规划的一种特殊类型，必须遵循旅游规划的一般技术路线。规划技术路线是规划过程中所要遵循的一定逻辑关系，其中包含了规划的主要内容和制定规划的基本步骤。到现在为止，国内外还没有专门针对乡村旅游规划的技术路线，而针对一般的旅游规划技术路线，很多专家提出了众多方案，这些方案各具特色，但基本思路大体一致，如图3-1所示。

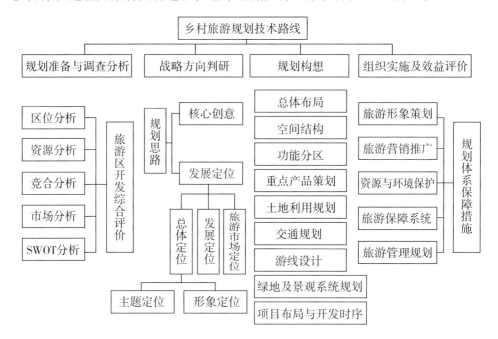

图3-1　乡村旅游规划技术路线

需要指出的是，规划受到当地社会经济发展水平、政府部门结构、行政级别等因素的影响，特定地方的规划可以跨越其中的某些步骤。

二、乡村旅游规划编制的流程

根据旅游规划的一般性要求以及对乡村旅游规划的实际需要，乡村旅游规划的程序一般分为以下几个阶段。

（一）评估立项

编制乡村旅游规划，首先要对本地区要不要发展旅游、能不能发展旅游有一个基本的认识。只有具备发展旅游的必要性和可能性，才需要编制旅游规划。而发展旅游与否的认识，来自对本地区的旅游资源和市场作出基本估计，以及对发展旅游业的积极影响和消极影响的基本判断。这个工作一般由当地政府主管部门完成。明确了发展旅游业的基本方向，就可以进行立项，物色、确认规划编制单位。目前，规划编制单位往往是通过招标来确定的。

（二）准备工作

编制单位接受委托着手编制规划以前，必须做好充分的准备。

1.确定目标

这是编制规划的第一步工作。应根据立项要求，明确本规划的性质、类型、范围以及具体任务。只有明确了规划目标，才能有针对性地组建规划编制班子，制定具体的工作细则。

2.组织队伍

根据规划的内容，组织相应的规划编制组队伍。不同的旅游规划，由于规划的目的不同，涉及的地域不同，编制的内容也不同，应根据不同的规划要求聚集不同学科等的专业人士组成规划编制组。

3.准备资料

包括基础资料和专业资料两部分。基础资料的具体内容主要有，区划政区资料、地理地质资料、气象资料、水文资料、动植物生态资料、历史人文资料、社会文化资料、经济统计资料等。专业资料包括国内外宏观形势分析、发展动态和预测、相关课题研究、国内外的案例等，这些资料主要由规划编制组收集准备。

4.编制工作计划

工作计划不但应对规划的目标、成果、完成期限提出明确的规定，而且应对阶段目标、操作方法和技术路线都有具体的描述，以保证整体运作有条不紊。

（三）调研分析

调研分析的工作主要包括以下几方面。

第一，乡村旅游地总体现状分析，如乡村旅游地自然地理概况、社会经济发展总体状况、旅游业发展状况等。

第二，乡村旅游资源普查与评价，可以利用国家颁布的旅游资源分类与评价标准对乡村旅游资源进行科学、合理的分类，并做出定性和定量评价，将人们对乡村旅游资源的主观认识定量化，使其具有可比性。

第三，客源市场分析，通过调研客源市场，详细分析客源流向、兴趣爱好等因素，为市场细分和确定目标市场打好基础。

第四，乡村旅游发展 SWOT 分析，在以上三个方面科学分析的基础上，对当地发展乡村旅游进行全面的综合考察，找出发展乡村旅游的优势和机遇，并摸清存在的劣势和面临的威胁。

（四）定性定位

定性定位，即确定总体思路。通过以上分析乡村旅游发展的背景和现状，剖析乡村旅游与乡村地区横向产业之间（尤其是农业）和纵向行业之间的关系，诊断其发展中存在的问题，再联系国家和地区有关旅游业发展的政策法规，最终确定乡村旅游发展的目标。

（五）规划设计

这一阶段是乡村旅游规划工作的主体部分，是构建乡村旅游规划内容体系的核心，主要工作就是根据前几个阶段调查和分析到的结果，并根据发展乡村旅游的总体思路，提出乡村旅游发展的具体措施，包括乡村旅游产业发展规划和乡村旅游开发建设规划，此外还有乡村旅游支持保障体系方面的建设。需要注意的是，在制定详细规划内容时，必须考虑规划区域的乡村社区建设和社区居民的切身利益。根据定性定位进行具体的规划设计，主要包括以下几个方面。

1.结构布局

根据规划的目标任务，依据规划区的资源和社会经济现状特点，从旅游业发展的功能要求出发，进行结构布局。结构布局的要求是突出主体形象，集聚单元功能，协调各部分关系，以确保实现规划所提出的目标。

2.单项规划

作为一部完整的规划，应该对产品体系、支持体系和保障体系分别作出规划。产品体系是旅游规划的主体结构，包括旅游吸引物、旅游接待、旅游线路、旅游营销等方面的规划；支持体系是通过对社会经济体系各项基础设施、服务设施的协调和规划，使旅游体系合理运行；保障体系包括对管理体制、环境保育、文化保护、容量核算等方面进行规划。

3.项目设计

这是对旅游产品体系中吸引物规划的细化和强化，使整个规划更具可操作性。

结构布局和单项规划是对规划总体思路和定位的分解和落实。规划的总体思路和目标定位确定了旅游发展的方向，并通过结构布局和各个具体项目的设计得以体现和落实。

（六）评审优化

规划方案毕竟是规划编制小组提出来的，应当进一步集思广益，以优化规划。优化的途径主要有以下几种。

1.方案比选

对于一些比较重大的课题或项目，可以提出两个以上方案，吸收各方面意见进行比选，这是一个相对简单可行的方法。

2.专家咨询和职能部门反馈

在规划过程中应该不止一次地听取专家咨询和职能部门的意见，这些咨询往往是事先的、局部的，个人色彩较浓。在方案整体完成以后，应再次征询专家和职能部门的意见，让专家和职能部门针对规划组的思路和成果提出咨询，这种咨询的针对性将会非常强，对规划方案的优化效果也更明显。

3.社会评议

我国编制规划大多走专家路线，从国内外一些地方的经验来看，对重大项目的规划进行公示，鼓励公众参与，接受社会评议，是完善、优化规划的有效措施。

4.评审

规划委托方组织的专家审议或政府有关部门的审查，也是优化规划的重要环节。评审本身包括评议和审查两个方面，是对规划从形式到内容的全面检查。通过评审专家的评审，落实评审专家的评审意见，是对规划的一次集中优化。

乡村旅游规划最终是要付诸实施的，在实施过程中可能还会发现一些新情况、新问题，而且时势也在不断地变迁，所以每过一段时间还要对规划进行修编。

（七）组织实施

依据乡村旅游规划方案和实施细则，结合乡村地区实际发展情况，精心组织、落实和具体实施乡村旅游规划的项目、内容和任务。要根据经济、社会、环境效益情况，对规划实施的效果进行综合评价，并及时做好信息反馈，以便对规划内容进行适时的补充、调整和提升。

第四章 乡村旅游设施建设

"工欲善其事，必先利其器。"良好的乡村旅游设施建设是促进乡村旅游健康发展的重要保障。与当前我国乡村旅游快速发展的现状相比，我国乡村旅游基础设施的建设还不够完善且较为滞后。这一现状会严重影响乡村旅游的健康发展，制约乡村旅游竞争力的进一步提升。因此，在今后发展乡村旅游业时，要高度重视乡村旅游设施的建设。

第一节 乡村旅游设施建设的基本原则与总体要求

一、乡村旅游设施的内涵

（一）乡村旅游设施的含义

在乡村旅游业的发展中，乡村旅游设施是不可或缺的物质基础。所谓乡村旅游设施，就是为了适应旅游者在乡村旅行游览过程中的需要而建设的各项物质设施的总称。

（二）乡村旅游设施的构成

通常来说，乡村旅游设施可以细分为以下几类。

1.乡村旅游交通设施

从某种程度上来说，没有交通也就没有乡村旅游，而且交通通达深度、交通设施的完善程度、交通服务质量是乡村旅游业发展的前提条件，也在很大程度上决定着乡村旅游能够吸引的旅游者数量。因此，在乡村旅游设施中，交通设施占有十分重要的地位。乡村旅游交通设施包括乡村外部交通（即从旅游客源地到乡村旅游目的地所依托的中心城市之间的交通）、乡村内部道路（即乡村旅游目的地内部的交通）、停车场、服务驿站、特色风景道、指引系统等。

2.乡村接待服务设施

乡村接待服务设施涉及住宿、餐饮、娱乐、购物等多个方面，

可以说是乡村旅游者使用量最大的一类乡村旅游设施。乡村接待服务设施的建设情况，将会对乡村旅游者的旅游体验产生重要的影响。

3.乡村环卫设施

乡村环卫设施是乡村旅游便利性的重要保证，而且乡村环卫设施的建设情况在很大程度上影响着旅游者的旅游体验。一般来说，供水设施、供电设施、给排水设施、垃圾收运设施、旅游卫生间等都属于乡村环卫设施。

4.乡村信息服务设施

乡村信息服务设施是乡村旅游目的地为了使旅游者及时对乡村旅游信息进行了解而建设的，主要包括导览标识系统和通信设施两大类。在当今的信息时代，必须高度重视乡村信息服务设施的建设与升级。

（三）乡村旅游设施的重要性

在乡村旅游的发展中，乡村旅游设施有着十分重要的作用，具体表现在以下几个方面。

1.乡村旅游设施影响旅游者的旅游体验

乡村旅游景点的设施如果不够完善，那么旅游者在整个旅游过程中的体验会变差。如此一来，旅游者对该乡村旅游景点的认可度便会下降，再次前来的可能性也会大大降低。而旅游者的减少，又会导致乡村旅游景点的收入减少，从而影响乡村旅游业的进一步发展。

2.乡村旅游设施是乡村旅游品质的重要载体

乡村旅游设施涉及的内容是十分广泛的，而且在很大程度上影响着乡村旅游的品质。乡村旅游设施只有具备较强的功能性和独特的个性，才能使乡村旅游的高端品质得到有效凸显。

3.乡村旅游设施展现乡村旅游的风貌

乡村旅游设施是乡村旅游整体形象和细节特色即"乡土味"的重要展现。

而乡村旅游设施与乡土特色的结合，对于展现乡村旅游风貌具有重要作用。

二、乡村旅游设施建设的基本原则

乡村旅游设施建设所追求的并不是豪华、舒适，而是能够与当地农民的生活进行有机融合，能够最大限度地保持和突出当地的特色，并具有自然、朴素的特点。同时，在进行乡村旅游设施建设时，必须注重满足乡村旅游者的需要。要实现这一点，在建设乡村旅游设施时必须切实遵循以下几个原则。

（一）闲置性原则

乡村有着极为广阔的地域且变化十分缓慢，因此在乡村发展过程中出现的宗祠、农舍、水井、水塘、简易生活设施等闲置的文化遗存，通常能够长时间保留。而在发展乡村旅游的过程中，可以充分利用这些闲置的文化遗存来建设乡村旅游设施。这不仅能够减少乡村旅游建设的成本，提高乡村闲置文化遗存的利用率，而且能够尽可能减少乡村旅游设施的人工痕迹，提高旅游者的乡村旅游体验。

近年来，随着大量的农村劳动力进城务工，乡村的闲置空间不断增多，包括房舍、仓库、田地等。此外，乡村本身就具备不少的基础设施，如对外联系的道路、餐厅、步道、凉亭、路标、垃圾桶等。这些设施物都是乡村旅游设施的重要组成部分，重建的话不仅需要大量的资金，而且人工化的痕迹浓重。若是通过利用、改善原有的设施物来进行乡村旅游设施建设，如将仓库改作乡村旅游服务中心，则不仅花费少、对环境的冲击小，而且能够与自然有机融合。

（二）乡村性原则

乡村旅游设施并不是刻意雕琢的人工景观，而是注重将乡村风貌与乡土文化进行有机融合，以展现出人与自然的和谐相处。因此，在建设乡村旅游设施时，必须遵循乡村性原则，具体体现在以下几个方面。

第一，在建设乡村旅游设施时，可以对乡村老房子的建筑方式进行借鉴。这是因为，乡村老房子的建设成本比较低，而且建筑材料容易获得、方便施工。

第二，在建设乡村旅游设施时，要切实以乡村环境为依托，以便旅游者能够在旅游过程中充分体验浓郁的乡土气息，以及乡村整体环境的和谐美感。

第三，在建设乡村旅游设施时，要切实体现一个"农"字，即乡村旅游设施要能够充分体现农家氛围。

（三）自然性原则

自然性原则指的是在建设乡村旅游设施时，要注重人与自然的有机融合，尽可能保证乡村旅游设施的建设材料要么直接从自然中获得，要么通过农民的生产获得，如木头、砖块、麦秸等。此外，在建设乡村旅游设施时，所选择的建筑材料要做到无毒、无腐蚀性，且能够回收利用。

（四）经济性原则

在进行乡村旅游设施建设时，要在充分考虑自身经济状况的基础上，尽可能降低建设的费用，并要确保建设好的设施能够为乡村旅游的发展带来良好的经济效益。这便是乡村旅游设施建设的经济性原则。

在建设乡村旅游设施时，之所以要遵循经济性原则，一个重要的原因便是乡村旅游设施的建设费用主要来自乡村旅游的投资商以及融资所得，而不论是进行乡村旅游投资还是融资，最终目的都是获得经济效益。在当前，随着乡村旅游业的迅速发展，越来越多的投资商进入这一领域，并出现了外商投资、负债融资、权益融资、股权融资、社会集资等投融资模式，从而使乡村旅游的投融资逐步进入了发展的"黄金期"。同时，乡村旅游投融资的进一步发展，使得可用于乡村旅游设施建设的资金比重逐年提高，乡村旅游设施得以顺利建设。而乡村旅游设施的顺利建设，必将带动乡村旅游的健康发展，继而使乡村旅游的投融资获得回报。

三、乡村旅游设施建设的总体要求

在进行乡村旅游设施建设时，除了要遵循一定的原则，还要符合以下几个总体性的要求。

（一）乡村旅游设施建设要注意多做"减法"，少做"加法"

一提到乡村旅游设施建设，绝大多数人们首先想到的是要新建哪些设施，很少会想到现有的设施是否存在冗余的情况，是否需要适当拆除一些。事实上，在已有的乡村旅游设施中，不乏对自然环境有害的、重复建设的。对于这些乡村旅游设施，必须要予以剔除，以确保乡村环境的保护以及乡村旅游业的可持续发展。

也就是说，乡村旅游设施建设要注意多做"减法"，少做"加法"。

（二）乡村旅游设施建设的基调必须是单纯朴实的

在进行乡村旅游设施建设时，应自觉地追求单纯、朴实、自然的基调，切不可将乡村旅游设施建设得过于豪华与富丽堂皇，过于"洋气"。只有这样，才能确保所建设的乡村旅游设施与乡村旅游的内涵相统一，才能有效保护当地的资源和环境，才能使旅游者在旅游过程中切实获得返璞归真的体验。

（三）乡村旅游设施建设必须注重保护乡村环境

自然生态是乡村旅游产品的核心，厌烦了城市喧嚣的城市居民到农家就是为了亲近自然、享受自然。因此，在进行乡村旅游设施建设时，既要设计出有特色的乡村旅游设施，又要注重对乡村环境的保护，尽可能做到与自然环境有机地融为一体。

第二节　乡村旅游给排水与垃圾收运设施建设

一、乡村旅游给排水设施的建设

在乡村中，水是非常重要的一个要素，事关乡村的生存与发展。因此，在进行乡村旅游设施建设时，给排水设施的建设应特别注意以下几个方面。

（一）要优先实施区域供水

区域供水指的是水源相对集中、供水范围覆盖多个区域、管网连成一片的供水系统。

城乡统筹区域供水，可以确保水资源得到有效利用，并能有效保障农村供水的水质、水量。因此，在统筹城乡建设工作中，统筹城乡区域供水被认为是一项重要的工作。靠近城镇和区域供水管网的村庄要优先选择区域供水管网延伸供水，加快推进供水管网进村、入户。在测算用水量时，应当考虑旅游接待旺季时的需求。

（二）要保障饮用水安全

在进行乡村旅游的给排水设施建设时，要切实保障饮用水安全，为此要注意做好以下几方面的工作。

第一，要做好集中式给水工程的建设，以确保饮用水的供给充足。若是无法实现集中式给水工程的建设，则要选择单户或联户分散式给水方式，采用手动泵或小型水泵供水。

第二，要确保水源周围的环境卫生，而且给水厂站生产建筑物和构筑物周边30米范围内应无厕所、化粪池和畜禽养殖场，且不得堆放垃圾、粪便、废渣和铺设污水管道，以免饮用水被污染。

第三，要确保生活饮用水都经过了消毒处理，同时所有与生活饮用水接触的材料、设备和化学药剂等应与国家现行有关生活饮用水卫生安全规定相符合。

第四，饮用水的供水管材应选用 PE 等新型塑料管或球墨铸铁管，并要及时更换失修或漏水严重的管道，以免对饮用水造成污染。

（三）要做好雨水的收集与排放

在进行雨水的收集与排放时，可以充分利用地形，以自流方式及时就近排入池塘、河流等水体，也可以根据实际采用沟渠、管道收集或就地自然排放雨水。

一般来说，在采用管道收集雨水时，管材可采用混凝土管、硬聚氯乙烯塑料管、高密度聚乙烯塑料管等，管径一般为直径300～400毫米，每隔20～30米设置雨水检查井。在选择沟渠排放雨水时，断面一般采用梯形或矩形，可选用混凝土或砖石、条（块）石、鹅卵石等材料砌筑。此外，要注意做好排水沟渠的日常清理与维护工作，防止排水沟渠被生活垃圾、淤泥等所堵塞。

乡村旅游的发展，尽管为农村带来了可观的旅游收入，却也为农村带来了大量的污水。而大量污水的存在，不仅会影响农民的日常生活，而且会制约乡村旅游的可持续发展。因此。在进行乡村旅游给排水设施建设时，必须做好污水处理工作，具体可从以下几方面着手。

第一，城镇周边和邻近城镇污水管网的村庄，应优先选择接入城镇污水收集处理系统统一处置。

第二，村民居住相对集中的规划布点村庄，可以通过建设小型污水处理设施的方式，对污水进行相对集中的处理。通常来说，村庄小型污水处理设施的处理工艺应经济有效、简便易行、资源节约、工艺可靠。一般宜采用"生物—生态"组合模式，推荐选用"厌氧池—自流充氧接触氧化渠—人工湿地""厌氧池—脉冲生物滤池—人工湿地""厌氧池—风帽滤池—人工湿地"等工艺。

有条件的村庄也可选用"水解酸化—好氧生物处理"等处理效率较高、运行费用较高的传统生化处理工艺。位于环境敏感区域并对排放水质要求高的村庄，可选用膜生物反应器等工艺。

第三，村庄若是处于复杂的地形地貌环境，村民分散居住且难以对污水进行集中收集，则可以采用相对分散的方式对生活污水进行处理。

第四，在进行污水处理时，不可对海洋、河流等水源造成污染。

第五，所建设的污水处理设施，其规模与性质应与乡村旅游的发展规模以及乡村旅游的游憩功能相适应。

二、乡村旅游垃圾收运设施的建设

随着乡村旅游的开展，大量的旅游者涌入农村，不可避免地会对农村的自然环境造成一定的影响。比如，乡村旅游景区的旅游者会带来大量的垃圾，而这会给当地的环境保护带来巨大的压力。因此，在进行乡村旅游设施建设时，要重视垃圾收运设施的建设。通常来说，乡村旅游的垃圾收运设施建设要包括配置收集设施、建立保洁机制和引导分类利用三部分内容，这里着重阐述一下前两个方面。

一般来说，垃圾收集设施主要包括两类，即垃圾桶（箱）和垃圾清运车。

（一）垃圾桶（箱）的配置

1.垃圾桶（箱）的配置

第一，垃圾桶（箱）的数量要充足，一般 5 ~ 10 户设置 1 个垃圾桶（箱），服务半径一般不超过 70 米。

第二，垃圾桶（箱）的设施地点应隐蔽，以免影响旅游者的旅游体验，破坏环境。

第三，垃圾桶（箱）的容积由容纳服务范围和清运周期内的垃圾投放量确定，一般以 200 ~ 500 升为宜。

第四，垃圾桶（箱）要注意加盖，以免影响周围的环境卫生。

第五，垃圾桶（箱）选址应方便村民投放，并尽可能布置在村庄主次道路旁，位置相对固定，方便村民使用。

第六，垃圾桶（箱）要尽可能保持完好的形状，以免影响旅游者的观感。

第七，垃圾桶（箱）的所在地面应十分坚固，以免产生的废水等污染地面水或是饮用水。

2.垃圾清运车的配置

第一，垃圾清运车应根据服务范围、垃圾产量及车辆运输能力等来配置。

第二，垃圾清运车的数量要根据村庄的人口来确定，原则上总人口3000人以下的村配1辆，总人口3000～5000人的村配2辆，总人口5000人以上的村配3辆。若采用人力车清运垃圾，可在此基础上适当增加清运车辆。

第三，垃圾清运车可以是专用人力收集车、专用机动三轮收集车，也可以是专用运输汽车。

（二）建立保洁机制

在进行乡村旅游垃圾收运设施建设时，建立有效的保洁机制也是十分重要的，具体内容如下。

第一，提倡由清运车直接收集运输的垃圾收运模式，尽量减少设置村庄垃圾收集点。这样既可节约投资，也可防止因渗滤液漏出、蚊蝇滋生而带来的二次污染。

第二，鼓励农村发展生活垃圾源头分类收集、资源再利用，实现就地减量。一般来说，生活垃圾可分为有机垃圾、可回收垃圾、有毒有害垃圾和其他垃圾四类。其中，有机垃圾可生物降解，宜分类收集后就地处理，也可结合粪便、污泥及秸秆等农业废弃物进行资源化处理。资源化处理包括堆肥处理、结合沼气工程厌氧消化处理、生物转化等方式。设置人畜粪便制沼气的村庄，可将有机垃圾粉碎后与畜禽粪混合加入，以增加沼气产量。

第三节　乡村旅游的绿化设计

一、乡村旅游绿化设计的重要性

在发展乡村旅游的过程中，进行绿化设计有着十分重要的意义，具体表现在以下几个方面。

第一，植物绿化可以美化乡村旅游环境，并在维系大自然生态平衡、调和自然环境（如调节气候、涵养水源、增加生物多样性等）方面发挥重要的作用。

第二，植物绿化通过适当的空间配置方式，可以使旅游景区获得不同的气氛与惊喜，如为旅游者提供私密感觉、为旅游者的游览进行引导等。

第三，植物绿化可以将乡村旅游区营造出不同的视觉感受，包括美感、季节与时间上的表征、框景以及多层次景观的视觉感受等，从而使旅游者获得更多的游憩体验。

第四，植物绿化可以在一定程度上降低天然的灾害危险。

二、乡村旅游绿化设计的影响因素

在对乡村旅游的绿化进行设计时，会受到多方面因素的影响，其中较为重要的有以下几个。

（一）乡村旅游区的发展定位与特色

乡村旅游区的发展定位与特色，不仅会对乡村旅游区的品质、乡村旅游区的吸引力产生重要的影响，而且会影响整个乡村旅游区的绿化建设计划。因此，在设计乡村旅游的绿化时，首先要明确乡村旅游区的发展定位与特色，即以何种模式作为诉求，如有以花草类型为主、有以乔木或果树类型为主。以花草类型为主的乡村旅游区内，宜栽种大面积四季花草作为乡村旅游区内的发展特色，甚至区内餐饮食材也会标榜以当地植物为主，植栽计划以花卉为主，少量乔木及灌木为辅，诉求特色在于满足旅游者的视觉需求。以大量乔木或果树为特色的乡村旅游区内，让一般旅游者享受如森林般的清静与自然，或者使旅游者体验亲身采果的乐趣。

（二）乡村旅游区存在的环境问题

在乡村旅游景区内，不可避免地会存在一些环境问题，而且这些环境问题主要是由乡村旅游景区内外的一些必不可少的建设所导致的。因此，必须采取有效的措施来解决这些环境问题。其中，绿化建设可以说是一个有效的解决策略。因此，在对乡村旅游的绿化进行设计时，要明确乡村旅游区内到底出现了哪些环境问题。

通常来说，为了解决乡村旅游区内存在的环境问题，如乡村旅游地因地理条件欠佳、建设后产生不良的景观（如挡土墙、排水沟等），或是为了避免游客破坏乡村旅游区内部分设施等问题，使用的植物种类多以开花、有香气的植物或是利用悬垂性植物居多；为了解决乡村旅游区外存在的环境问题，如某些视觉角度景观不佳等问题，可以用乔木或灌木进行绿化，以确保乡村旅游区内的各项环境品质。

（三）特定的目的

在进行乡村旅游绿化设计时，很多时候是为了实现某一目的。这一类型的乡村旅游绿化属于较为积极的做法，即通过绿化建设手法在乡村旅游区内营造各种不同的空间，借以提供旅游者感受具有丰富性的游憩体验，或提供利用绿化建设将远方美景纳入眼底的小空间，或者提供沉静冥想的小场所，或者提供休憩、聊天、停留的小空间等，而这些绿化建设的选择多半以具有特色的种类为主。

三、乡村旅游绿化设计的内容

在进行乡村旅游绿化设计时，以下两方面的内容要特别予以注意。

（一）选择合适的绿化地点

乡村旅游的绿化建设适当，能够使乡村旅游区增添环境正面效果，并有效改善环境问题。若是乡村旅游的绿化建设不当，则不仅不会带来正面的效果，还会导致一系列的环境问题。因此，在进行乡村旅游绿化设计时，需要选择恰当的绿化地点，以便通过绿化来彰显主题特色，达到吸引旅游者到访的目的。具体来说，在进行乡村旅游绿化设计时，可以选择以下几处地点。

1.入口处及旅游者主要动线地区

旅游者在进行乡村旅游时，最容易产生第一印象的地方，便是乡村旅游区的入口处以及旅游者主要动线地区。因此，在选择乡村旅游绿化的地点时，入口处及旅游者主要动线地区是绝不能忽视的，并要通过绿化展现这些地方最美好的一面。

在对乡村旅游区的入口处及旅游者主要动线地区进行绿化时，要特别注意以下两个方面。

第一，在乡村旅游区的入口处，要注意栽种有观赏价值的植物，且所栽种的植物要注意灌木、乔木的合理搭配，以便给旅游者产生视觉上的冲击。

第二，在乡村旅游区内的旅游者主要动线地区，要注意以绿篱作为"引导"手法，避免旅游者在区内迷失方向，同时绿化所用的树种要以具有开花特性的灌木或直立型乔木为主。

2.可及性高的主题区域

在乡村旅游景区内，可及性高的主题区域，也就是能够展现乡村旅游区的特色且旅游者最常到达的区域。在对这一区域进行绿化时，要注意让旅游者在心理层面上获得安全稳定的感觉，并要注意展现出区内的特色。比如，区内以花卉为主题特色，配置方式则以四季花草为主，乔木与灌木为辅，且以花卉主景为中心，周边则配置乔木以供游客乘凉或起地标指引作用，或配合灌木高低层次变化，形成"凹"形的地景地貌，可促使乡村旅游区内特色主题更为明显，让旅游者逛游主体更为聚焦。

3. 乡村旅游区内的不良景观处

这里所说的"不良景观处"，就是指环境中因颜色、造型无法与乡村旅游区环境相呼应的设施或景观，或者区内不可避免的设施物，以及可能造成旅游者心理不安的场所和区域，如挡土墙、设施物墙面、废弃物堆放处、设施或场所有"锐角"的地方、潜在危险地区等。对于这些"不良景观处"，必须要通过必要的绿化设计，使其被掩饰或被美化，继而使旅游者能够获得更好的游憩体验。

（二）选择合适的绿化树种

在进行乡村旅游绿化设计时，选择合适的绿化树种也是十分重要的。在这一过程中，应特别注意以下几个方面。

1. 根据绿化的目的来选择树种

在选择乡村旅游绿化的树种时，绿化目的是不得不考虑的一个方面，即要通过绿化的特殊性来达到营造气氛的目的。比如，在乡村旅游景区内，可以向日葵、薰衣草等为主题，设置小径及步道，让旅游者有身临其境的感受。

2. 尽可能选择原生地树种

植物的生长深受环境的影响，且不同的植物有其特定分布区域。因此，在选择乡村旅游的绿化树种时，要尽可能选择对当地的气候、环境等条件已能良好适应的原生地树种，以确保进行乡村旅游绿化的树种能够有较高的成活率和良好的生长。此外，在进行乡村旅游绿化时选择原生地树种，能够减少绿化管理的成本，更好地保持生态平衡，并进一步凸显当地特色等。

3. 根据旅游区内各空间规划的属性来选择树种

植物的类型是多种多样的，而且不同的植物在外观、生理构造等方面存在较大的差异。从植物的生长高度来看，既有十分低矮可以作为绿篱的灌木，也有高达 3～4 米的可以界定空间、提供绿荫的大乔木；从植物的特殊性来看，植物既有重在观花的，也有重在赏叶的。因此，在对乡村旅游绿化的树种进行选择时，要充分考虑到旅游区内各空间规划的属性。

在乡村旅游景区的入口处，要尽可能选择杜鹃、桃金娘、雏菊、海棠等具有观花价值的低矮植物，以营造一种喜庆的氛围。在乡村旅游景区的主要动线地区，要尽可能选择罗汉松、龙柏、七里香等直立型植物或是绿篱，以便对旅游者的游览产生一定的"引导"效果。在乡村旅游景区内，若是想给旅游者提供乘凉场所，则要尽可能选择樟木、重阳木等开展型植物。

4.要尽可能选择鸟饵植物或蜜源植物

在生态系统中，植物往往会扮演着一定的角色，或是生产性的角色，或是支持性的角色。具体来说，植物在生态系统中，既要为草食性动物提供食物，也要为动物的栖息、藏身提供一定的空间。因此，在选择乡村旅游绿化的树种时，要注意考虑动物的栖息与觅食习性，选择适合当地物种的鸟饵或蜜源植物，以便在实现绿化目的的同时，为鸟类、昆虫类或其他动物提供栖息环境与食物。

第四节　乡村旅游网络信息平台构建

互联网信息技术的发展和网络营销手段的不断更新，促进了智慧旅游时代的到来。在这一时代，乡村旅游要想获得健康发展，必须要做好网络信息平台的构建，以便及时收集相关信息，对环境影响、乡村生态旅游发展效应等进行及时评价，并及时反馈，提出调整建议。

一、乡村旅游网络信息平台构建的背景

乡村旅游网络信息平台与其他的旅游网络信息平台相比，从网站的构建技术角度来看，在本质方面并没有什么区别，但就平台服务的对象，平台发挥的功能和作用，以及网络信息平台的信息单元组成而言，乡村旅游网络信息平台较一般旅游信息平台更具独特的原始自然性、新奇性、欣赏愉悦性、自主参与体验性、探险性等重要特性。因此，构建乡村旅游网络信息平台对于增大乡村旅游的份额、提高乡村旅游产品的品位、拓宽乡村旅游服务的客源市场前景具有极其重要的作用。

当前，我国的旅游者大多属于产品消费者，一些新奇的娱乐场所、海滨避暑胜地、名声较大的观光景点和名胜古迹等较符合旅游者的需求，他们希望花较少的钱和时间参与最多的旅游活动，这使得国内旅游产品的开发有了紧迫感，同时给旅游产品的集聚性和规模性提出了挑战。由于乡村旅游浓郁的乡土性、旅游资源的丰厚性、旅游主体的大众性、旅游形式的包容性、生态体验与教育功能的集成性、农村资源的可整合性、乡村生态环境优势等显著的旅游特征，使社区农民受益所产生的社会效应和经济效应明显增加。因此，乡村旅游的发展受到了越来越多的关注。

伴随着乡村旅游的发展，数字旅游也在国内蓬勃发展起来。在此影响下，乡村旅游业信息化建设成为乡村旅游发展的一个重要课题，乡村旅游网络信息平台构建也得到了越来越多的关注。构建乡村旅游网络信息平台，既可以及时发布乡村旅游的相关信息，也可以为旅游者定制特色旅游服务项目，从而吸引更多的旅游者，促进乡村旅游的可持续发展。

二、乡村旅游网络信息平台构建的重要性

进行乡村旅游网络信息平台的构建具有十分重要的作用，具体表现在以下几个方面。

（一）开拓乡村旅游产品的营销市场

乡村旅游网络信息平台的构建，能够为拓展乡村旅游产品的营销市场提供广阔的机遇和挑战，为乡村旅游资源可持续开发、利用、保护、科普教育提供科学数据和决策依据。具体来说，通过乡村旅游网络信息平台，可以对乡村旅游产品进行跨区域营销，从而使乡村旅游产品被更多的旅游者所认识，继而产生消费该乡村旅游产品的想法。如此一来，乡村旅游景区便能不断吸引新的旅游者，从而获得可持续发展。

（二）促进乡村旅游的规范发展

对乡村旅游网络信息平台进行积极构建，能够为旅游承载力、旅游线路可视化选择提供信息发布平台。与此同时，借助于乡村旅游网络信息平台，可以对乡村旅游管理措施、条例、法律制度和安全环境等进行有效规范，最终切实打造出一个有序、文明、安全的乡村旅游产品良性循环的信息环境。如此一来，乡村旅游便能不断得到规范发展。

（三）构建乡村旅游的特征信息库

利用乡村旅游网络信息平台，能够恰如其分地描述乡村旅游的信息特征，如乡村旅游项目的新奇性、乡村旅游环境的原始性等。而在收集了乡村旅游的信息特征后，便可以进一步构建乡村旅游的特征信息库，并结合数字化技术实现乡村旅游景点的网络宣传、传播，挖掘乡村旅游产品网络营销的市场潜力。具体来说，乡村旅游的特征信息库必须能够提供以下几方面的信息。

1.乡村旅游区域的生态环境特征信息

旅游者打算要游览的区域是否具有独特的生态气息、浓郁的生态环境，这对旅游者来说是极其重要的旅游愿望之一。因此，乡村旅游网络信息平台需要提取与之相关的信息，如乡村旅游区域自然风光覆盖范围、人居环境适宜程度、空气污染指数、生态环境指标、相对原始状态指标的对比信息等。将景区的这些能表征乡村旅游区域生态环境的信息通过信息技术的处理，利用网络信息平台充分地展现在旅游者眼前，吸引更多的旅游者。

2.乡村旅游区域原生文化环境的特征信息

了解、观察、体验有别于他们本土文化模式的异文化（如本土文化、民族文化等），是旅游者选择去某地旅游的共同心理特征。

因此，在乡村旅游的特征信息库中，必须要包括乡村旅游区域内人群所具有的历史文化特征和现实文化特征的相关信息，如人居生活方式、习俗信息、文化模式的原始状态以及保留程度等。而旅游者通过获取这些信息，可以先做好去旅游目的地出游的相关计划、思想和物质方面的充分准备，继而在游览过程中获得更多的旅游体验和心理满足。

3.能够让旅游者自主参与的旅游项目信息

旅游者在参与乡村旅游的过程中，往往希望能够自主去参与、亲身体验，因此在构建乡村旅游的特征信息库时，应该包括能够让旅游者自主参与的旅游项目信息。比如，在允许的范围内，给旅游者提供关于旅游项目或旅游线路自由增减、自由组合、自助旅游等方面的信息；提供有偿交通工具或自备交通设备、自备架拆帐篷、参与餐食准备、组织娱乐活动等自选活动；提供贴近自然、富有挑战性的旅游方式，如徒步、登山、潜水、漂流、攀岩、探洞、滑雪、热气球旅行、骑自行车、自驾车船、乘伞滑翔等；提供参与排除事先安排的"险情"或偶尔出现的"危险"等活动；提供安全设施以及导游人员，乃至保安人员等。

旅游者在获取了可以自主参与的旅游项目信息后，很容易产生这样一种感觉：这些自己设计的或特制的旅游项目能够充分发挥自身潜力、施展自己的才干等。在此推动下，旅游者便会催生强烈的旅游体验愿望，并最终实现这一愿望。

总的来说，乡村旅游的特征信息库所提供的以上三种信息，构成了它区别于常规旅游信息系统的特色旅游。尤其是在人们越来越注重自身价值的开发、旅游者审美层次不断提高、社会经济文化水平迅速发展的今天，乡村旅游将呈现出蓬勃发展的生命力，在旅游业中的作用和影响也将快速充分地表现出来。

三、乡村旅游网络信息平台构建的思路

乡村旅游网络信息平台多是基于 Web 的乡村旅游信息网络，在具体的构建过程中，必须做好以下几方面的工作。

（一）网站网页的设计

在进行乡村旅游信息网站网页的设计与制作时，应切实注意以下几个方面。

第一，在设计乡村旅游信息网站的网页时，必须确保其具有自身鲜明的特点。

第二，在设计乡村旅游信息网站的网页时，要确保栏目编排有序清晰，网页层间的规划逻辑性强，网页内容突出行业特色。

第三，在设计乡村旅游信息网站的网页时，要确保浏览者能够准确、灵活、简捷地进入网页。

第四，在设计乡村旅游信息网站的网页时，要尽可能具备全面、强大的功能，以更好地符合旅游者的需求。

第五，在设计乡村旅游信息网站的网页时，要确保页面形象品质好，页面设计理念和制作技术到位，色彩协调且丰富。

第六，在设计乡村旅游信息网站的网页时，要注意不断完善信息发布功能，确保行业管理条例、法律法规内容，以及最新旅游信息等都能得到及时准确发布。

第七，在设计乡村旅游信息网站的网页时，要注意设置会员管理功能，以便网站被更多的人员所认可与使用。

第八，在设计乡村旅游信息网站的网页时，要注意不断对网页内容进行更新，以便用户能够在网页上做较长时间的停留。

第九，在设计乡村旅游信息网站的网页时，要切实抓住用户的上网心理，制作吸引用户的页面。

第十，在设计乡村旅游信息网站的网页时，必须要提供先进的客户端网络组件和安全的网络技术保障，以便用户可以安全地浏览相关网页。

（二）Web 数据库的设计

在进行乡村旅游网络信息平台构建时，Web 数据库的设计也是一个十分重要的环节。Web 数据库是乡村旅游网络信息平台的后台支持，在具体的设计过程中要注意做好以下两方面的工作。

1. 明确数据库的框架

乡村旅游网络信息平台的数据库，通常来说需要包括以下几部分内容。

（1）旅游业务信息库

在乡村旅游的旅游业务信息库中，需要包括以下信息。

第一，旅游路线信息。

第二，旅游目的地附近的城市信息。

第三，旅游目的地的生态环境、本土文化、习俗信息。

（2）旅游业界综合信息索引库

在乡村旅游的旅游业界综合信息索引库中，需要包括以下信息。

第一，与旅游以及乡村旅游发展相关的最新管理条例、法律法规的信息。

第二，最新旅游项目或产品的信息。

第三，最新旅游产品销售网络交易的信息。

（3）旅游者及会员信息库

在乡村旅游的旅游者及会员信息库，需要包括以下信息。

第一，用户论坛信息。

第二，会员管理信息。

第三，旅游人才信息。

第四，旅游者反馈信息。

2. 选择合理的数据库开发技术

针对乡村旅游网络信息平台需要完成的特定服务功能和媒体信息展示等技

术难点，所选择的数据库开发技术应具备以下几个特点。

第一，提供完善的模糊查询功能。

第二，数据库的信息上传、下载、删除、修改等功能呈动态管理状态。

第三，大数量记录检索、查询速度提高到微秒级别。

第四，成熟的多语言翻译平台支撑，至少支持中英互译功能。

第五，媒体数据库数据格式支持流点播技术。

第六，数据库管理权限、口令、操作模块等分配明确严格。

第七，数据库系统的监控、数据交换具有安全、周密的技术保障。

第八，Web 数据库配置有防火墙，能抵御外部攻击。

第九，数据库扩充升级性能高。

（三）功能的划分

乡村旅游网络信息平台从总体上来说，需要划分为一定的功能模块，其中较为合理的有境内外旅游项目自主设计模块、多媒体旅游景点可视化展示模块、旅游规模发展模块、旅游规划决策支持模块、旅游管理条例法规和最新产品发布模块、资源远程共享模块、乡村旅游发展模式 BBS（电子公告板）模块、乡村旅游产品网络营销虚拟市场模块、资源远程共享模块、系统界面设计模块以及系统后台数据的管理、更新和维护模块。

乡村旅游网络信息平台各个模块完成的功能集成在一起，将实现乡村旅游的特色旅游服务功能，实现乡村旅游资源的可持续发展及协调利用。

第五章 乡村旅游住宿、餐饮及娱乐开发与设计

第一节 乡村旅游住宿开发与设计

客房是游客临时的家，乡村旅游经营者为游客提供住宿接待服务，要让游客感觉舒适、安静、方便和卫生，有宾至如归的感觉。在乡村旅游住宿开发中，要彰显客房的特色，给人以良好的第一印象，所以从外观到内部装修都要尽量凸显出当地的特色和自己的风格。

一、走进乡村旅舍

据统计，欧洲每年旅游总收入中农业旅游收入占 5% ～ 10%。在重视乡村旅游的西班牙，36% 的人季节休假都是在乡村旅游地的房屋里度过的。随着现代人对"返璞归真"的追求，渐成时尚的乡村旅游为乡村旅舍提供了广阔的空间。乡村旅舍发展作为乡村旅游的重要载体，对整个乡村旅游产生着巨大的影响。

随着回归和乡愁思潮的不断加深，乡村旅舍越来越受青睐，它除了能解决最基本的住宿外，还隐含着体验当地乡村生活的想象意义，游客们渴望感受、体验、交流和回归。如今，乡村旅舍已经成为承载张弛有度、放松身心、自由洒脱、绿色健康的生活方式的载体。乡村旅舍无须高档、豪华装修，自然、简洁即可。

（一）乡村旅舍的概念

乡村旅舍是指利用村（居）民合法的空闲住宅房间，结合当地人文与自然景观、生态、环境资源及农林渔牧生产活动，以家庭副业方式经营，为旅客提供乡野生活的住宿场所。它包括农家客栈、家庭旅馆、家庭旅社、乡村旅馆、生态农庄住宿设施等。

乡村旅舍与一般旅馆的差异体现在如下方面。

1. 硬件设施

乡村旅舍，单纯而朴实，简约而整洁。旅舍设备以干净卫生为主，不追求城市旅馆豪华的设施设备。

2. 软装饰

指装修完毕之后，利用那些易更换、易变动位置的饰物与家具，如窗帘、工艺品等，对室内进行的二度陈设与布置。

乡村旅舍的软装饰能够体现出乡土特色，一张农民画、一串红辣椒、木质拖鞋、盆栽花卉、棉麻布艺等，或许就能体现出主人匠心独运的人情味和亲切感。

3. 空间设计

乡村旅舍空间设计以农家居住方式为主，并配有一些较为特殊的建筑物，如小木屋、小竹楼等，空间设计较为简单。

（二）乡村旅舍设施内容

乡村旅舍的基本设施虽然不能用星级宾馆的标准来要求，但游客所需的基本设施必不可少，在房间规格、房间内部陈设、床铺、公共活动场所，以及周边设施等方面，仍需明确设立并精心安排。越标准、越精致、越有品牌，就越有吸引力、越有回头客。

1. 房间规格

乡村旅舍的房间通常以家庭式、套房甚至通铺为主，但房间面积大小、数量多少等迄今尚无统一规定。例如，多少平方米才符合最低标准？多少间乡村旅舍才算合理？乡村旅舍结构选用水泥结构还是砖木结构？等等。总之，乡村旅舍开发时应寻求与他人经营的唯一性和差异化，切忌同质化。

一般来说，乡村旅舍应体现出农家屋宽敞的特点，必须有独立的洗消间和布草柜，房舍人均居住实际面积不宜小于 5 平方米，卫生间面积不能小于 4 平方米，客房标准间的高度净高不能低于 2.4 米。如果按标准间的规格来建，可以参照中国星级饭店评定标准规定，客房净面积（不含卫生间）不能小于 14 平方米。

2.内部设施

乡村旅舍的内部装潢应以简约、朴素为主，无须富丽堂皇。乡村旅舍配有旅客需要的基本设备设施，让游客感到舒适方便即可，如除简单的床具外，附有一两把椅子、一个小茶几、一个小衣柜等。此外，照明设备的标准、开窗与否、紧急逃生设备如何，也是房间内部设施所需考虑的重要内容。

3.客房运转规格

客房设施设备只有在正常运转的状态下，才能为客人提供合格的服务。乡村旅舍的设备设施可以简单一些，但其使用时都应该是正常的。例如空调失灵、坐便器漏水、冷热水的开关失灵等，都将给客人带来烦恼，影响客房的服务质量。

4.客房卫生规格

乡村旅舍客房的陈设可以简朴，但卫生间以及卧具不能不洁净。也就是说乡村旅舍的装修布置档次可以低，但其卫生条件不能降低。因为客房是否清洁卫生，是客人选择住宿的首要条件。

乡村旅舍的客房只有符合以上四个方面的基本要求，才可以说具备了与客人进行商品交换的最基本条件，客人也才会得到最低限度的满足。

（三）客人对乡村旅舍住宿的具体要求

乡村旅舍的住宿不仅影响着游客的滞留时间，也从直观上彰显了乡村旅舍的风格和特色。自然、整洁、安全的住宿环境能进一步增添游客的兴致，促使游客更愿意选择乡村旅舍。

1.住"自然"

要体现出自然的感觉，乡村旅舍的住宿设计就一定要和当地特色相结合，与周围的环境融为一体，做到简单而不简陋。也就是让游客住进乡村旅舍，能感觉到自然的、乡土的气息和咱庄稼人的热情。

游客可以在乡村旅舍小院体验到日出而作、日落而息的自然生活起居。晨曦，花香鸟语，鸡鸣狗吠；夜晚，河风徐徐，月色溶溶。久违的草囤、柴垛、石磨、篱笆、炊烟、独轮车、稻草人、斗笠都能让他们浮想联翩。

此外，乡村旅舍住宿的特色也要一目了然，给游客以良好的第一印象。比如，提供具有农家特色的土炕，游客们盘腿坐在上面，不仅可以品尝农家菜，还可以说古道今、品头论足；在院落的屋檐下挂满了老玉米和干辣椒，这不是单单为了宣传而点缀的，这是朴素生活的写照；那糊着纸的窗棂，记录着世代居住这里的信息；屋里的老墙柜，代表了收藏在平常百姓家的"万贯家财"。

游客们在欣赏自然美景的同时，住农家、睡土炕、吃野菜、品粗粮，远离都市钢筋混凝土"鸽笼"的禁锢，体验农家小院的幽静和自然，满足了他们体验返璞归真、领略田园风光的心理需求。

2. 住"整洁"

虽说游客们希望在乡村旅舍住得自在、自然，但并不是说乡村旅舍经营者就可以忽视游客们对住宿卫生条件的要求。乡村旅舍既要让游客住得自然，还要住得整洁、舒适。

一般只要满足以下十个条件，就基本可以达到上述目的。

第一，住宿建筑修缮完好，接待客人应有两间以上客房。

第二，庭院整洁干净，无污水、杂物，无乱建、乱堆、乱放现象，绿化完好，植物与景观搭配得当。

第三，家禽、家畜无疫情，并有圈养设施。

第四，有专门放置垃圾的设施并保持封闭。

第五，客房通风良好，空气清新、无异味。

第六，室内要有防蟑螂、老鼠、蚊子、苍蝇等措施。

第七，客房配有床、桌椅、床头柜等家具，照明充足。

第八，客房宜配有电视机、空调、取暖设备。

第九，每个乡村旅舍应设有足够数量的卫生间、浴室，并保持干净和热水定时供应。

第十，客房、卫生间、浴室每日清理一次，床上用品应保证一客一换，保持整洁舒适。

3. 住"安全"

虽说农村远离市区，流动人口较少，犯罪率较低，但乡村旅舍经营者仍然要尽可能排除威胁到游客生命安全的各种事故隐患。特别是在防火、防盗等问题上绝不能有半点马虎大意，要让客人住得安全、住得放心。因此，要认真做好以下工作。

（1）管好钥匙

为保证客房安全，严格的钥匙管理措施是必不可少的。比如，客房钥匙丢失、随意发放、私自复制或被偷盗等都会带来各种安全问题。所以，要为客房配备专用钥匙，只能开启某一个房间，不能互相通用，且仅供客人使用。

（2）进行巡视

对客房走廊的巡视也是保证客房安全的一个有力措施。巡视中，应注意在走廊上徘徊的外来人员、陌生人、可疑人员；注意客房的门是否关上及锁好，如发现某客房的房门虚掩，可敲门询问，如客人在房内的话，提醒他注意关好房门；如客人不在房内的话，就直接进入该客房检查是否有不正常的现象。即使情况正常，纯属客人疏忽，事后也要及时提醒客人注意离房时锁门。有条件的乡村旅舍还可以安装闭路电视监视系统，用现代化的设备进一步监视或采取行动来制止不良行为或犯罪行为。

（3）提醒服务

在客房内的桌上应展示专门有关安全问题的告示或须知，告诉客人如何安全使用客房内的设备与装置、出现紧急情况时所用的联络电话号码及应采取的行动。另外，告示或须知还应提醒客人注意不要无所顾忌地将房号告诉其他客人和陌生人。

（4）客房内的各种电器设备都应保证安全

卫生间的地面及浴缸都应有防止客人滑倒的措施。客房内的茶具及卫生间内提供的漱口杯及水杯、茶壶等都应及时清洁、消毒。如果卫生间的自来水未达到直接饮用标准，应在水龙头上标上"非饮用水"的标记。平时还应定期检查家具，尤其是床与椅子的牢固程度，以免客人遭到伤害。

（5）预防火灾

定期检查防火、灭火设备及用具，培训员工掌握使用及操作的知识和技能；房门背面应有遇火灾时的安全通道出口指示图；在房内清扫时，应注意可能引起火灾的隐患，并特别提醒客人不要在床上吸烟；制订火警时的紧急疏散计划，包括如何引导客人疏散、保护重要财产等。当然，有条件的乡村旅舍还可以在客房内安装烟感报警器。

（6）注意照明

乡村旅舍经营者还应注意客房走道的照明正常及地面是否平坦，以保证客人及员工行走的安全。

（7）管好家犬

农村几乎家家都有看家护院的家犬，还会有流浪犬。城里来的妇女和小孩很怕受攻击和森人的吠叫声。所以一定要把家犬看管好，预先保护和安抚客人。要考虑好应急方案和措施。

（8）客人伤病的处理

乡村旅舍工作人员应接受有关急救知识及技术的专业训练。在遇到客人出现伤病的时候，能协助专业医护人员或独立对伤病客人进行急救。乡村旅舍还应备有急救箱，箱内应装备有急救时所必需的医药用品与器材。

（9）应对自然灾害

威胁乡村旅舍安全的自然灾害有水灾、地震、暴雨、暴风雪等。针对乡村旅舍所在地区的地理、气候特点，经营管理者应制订出预防及应付可能发生的自然灾害的安全计划和紧急疏散计划，同时准备各种应付自然灾害的设备器材，并定期检查，保证其处于完好的使用状态。

（10）定期与当地公安部门联系

了解当前治安状况，学习处理突发刑事或违法案件时的方法措施，保持信息交流通畅。

二、乡村旅舍住宿设计及创意开发

乡村旅游最大的吸引力在于乡土特色和乡村味道。乡村旅舍的住宿不仅是影响游客滞留时间的重要因素，也是决定"农"味和"家"感的重要因素，因而从直观上彰显了乡村旅舍的风格和特色。

乡村旅舍的住宿功能全面与否，是乡村旅舍发展的重要指标。乡村旅舍的住宿功能应与乡村旅舍自身的类型、定位相结合，发挥本土优势，结合当地资源，开发出创意十足的住宿功能。设计时，大到建筑风格，小到一套卧具的配置，都要仔细考究，与乡村环境及乡土风情相协调、相一致，从而提升乡村旅舍整体层次，吸引更多游客参与及重游。

（一）乡村旅舍住宿设计的原则

乡村旅舍注重发展定点式的深度旅游，强调以好山好水好空气的住宿品质来招徕游客，从而延长游客的停留时间。乡村旅舍住宿的设计原则如下。

1.旅舍民居化

乡村旅舍的设计应结合所处的地理环境，因地制宜，就地取材，或利用一座古民居，或盖一座砖瓦房，或搭建一座帐篷，或造一座小木屋，或盖成小青瓦粉红土墙，或垒砌一座石头屋，凸显农舍的居民化。另外，室内装修要突出农家特色和乡土文化及自然风格。睡在农家的木床上，盖上农家干净的轧花棉被，感受乡间夜晚的蛙鸣或静谧，体验与城市不一样的乡村野趣。这些个性十足、乡土气息浓郁的住宿设施，对游客有着强烈的吸引力。

2.装饰民俗化

乡村旅舍的装饰应与当地民俗文化紧密结合，突出乡村情趣，令城市人体味不一样的感觉。如农舍的门上贴以对联、门画、门笺；堂屋贴以农民字画、年画，陈设香案；窗户、顶棚、箱柜贴以剪纸；窗帘、枕头、枕巾、床单、桌布等采用地方刺绣、挑花绣或轧染、印花布、土织花布条等工艺；屋内房间可适度陈设土陶茶壶、桐油灯、铜镜、乡土服饰等；也可根据农舍所在地的自然条件与农耕文化特点，与果、茶、药、花、菜园等相结合，设置木篱笆等。此外，院落应充分体现乡村生活的自然变化，圈养的鸡、鸭、鹅、猪、牛、羊、兔、狗及鱼塘的鱼等，是一个"天然大课堂"，别致独特，让游客耳目一新，感受农舍的自然美。总之，挂几串稻谷、花生及几个斗笠，贴几副春联、特色剪纸，客房内的摆放亲切温馨，房间装修简朴大方，这些都会让游客游兴勃发、兴趣盎然。

3.内部设施简洁化

乡村旅舍的内部装潢以简约、朴素为主，无须富丽堂皇，只要有游客需要的基本设施设备，让游客感到舒适即可。一般来说，客房之间不直接连通，具备有效的防噪声及隔音措施，房间应有良好的自然采光和通风设备；客房每日全面清理一次，保持清洁、整齐；客房卧室应安装遮光窗帘，配有电风扇或空调、彩色电视机，提供毛巾、牙刷、香皂等日常用品，床单、枕套、被套等卧具应干燥、整洁，一客一换。尽量给所有的客房配备卫生间，内设坐便器、淋浴器、晾衣绳、换气扇等，所有卫生间24小时供应冷水，每天供应18小时淋浴热水。

4.外部环境幽静化

乡间的夜晚静谧而富有诗意，许多城里人来乡下住宿就是为了体验乡村夜晚的魅力。因此，在建设乡村旅馆的时候，需要考虑到它的外部环境，尽量选择安静且环境幽美的地方，使居所被绿色环抱。这样，游客躺在镶嵌于山水林木之间的旅馆内，听着窗外虫儿的低吟浅唱，嗅着窗外浓郁的花果醇香，睡着后连梦都是甜的。早上醒来，阳光洒满了整个床铺，鸟儿在窗外叽叽喳喳地嬉戏打闹，这样超凡而脱俗的意境，定能让城里人如痴如醉、流连忘返。

（二）乡村旅舍住宿的布置

乡村旅舍接待的客人追求的是一份恬静和舒适，住宿环境要宁静清幽不嘈杂，空气清新景观好，让客人透过窗户就能观赏到优美的田园风光，收获一份愉悦放松的心情。

住宿装饰要"俗"气，室内装饰布置要简单明了，突出乡土特色，营造出民俗氛围。可以搜集民间古物装饰，可以利用乡村特有的材料，巧妙地设计制作一些地方特色物件装饰室内。

1.用民间的古物装饰

如搜集乡土特色的家具（红板柜、矮炕桌、梳头匣等）、民间瓷器等物品来装饰室内。

2.用民间的剪纸装饰

将剪纸贴在窗上、门上，制成镜框挂在墙上，构成一个统一的剪纸装饰氛围。要注意：贴在玻璃窗上的剪纸，用普通的红纸材料易褪色，可以用红色不干胶纸代替；装剪纸的镜框应采用木质材料或有民俗特色的镜框，铝合金材料的镜框不适合装剪纸；剪纸的大小要视装饰空间的大小来定，装饰的面积大则剪纸宜大，面积小则剪纸宜小；剪纸的外形要视装饰面积的形状来定，例如方形的窗子适合贴圆形剪纸、圆形的窗子适合贴方形剪纸。

3.用乡村农作物装饰

乡村的农作物有：麦穗、谷穗、黍子穗、高粱头、葵花头、豆荚等。如砍一把长短不一的高粱头，用麻绳捆好插入一个老木桩内，将捆好的谷穗插入葫芦里，将绑好的黍子插入绑在一起的竹筒里，然后摆在客房内的墙角里、柜子上，就成为一盆体现乡村特色的盆景。又如将葫芦瓢做成的漏勺扣着固定在高粱秸秆做的篦子上，在漏勺的眼内插上豆荚枝、麦穗、谷穗等就是一个独具特色的壁挂，挂在客房的墙上别具乡村风味。

作装饰的农作物应在成熟之前进行采集，因为成熟作物容易掉粒，影响饰物的美观。在作装饰物之前，还要对农作物进行简单的防腐处理。

4.用乡野的植物装饰

乡野的植物有山花、蒲棒、野草等。

5.用藤编、草编制品装饰

山野的藤条，可以编成形态各异的筐篓，可以做成奇形怪状的壁挂。老玉米的皮、河边的蒲草，可以编成草墩，可以打成坐垫。这些东西可以放在炕上、摆在桌上、挂在墙上，既有一定的使用价值，又能营造出乡村旅舍的乡土氛围。

（三）乡村旅舍住宿创意开发

1.以整体创意打造乡村旅舍的住宿功能特色

住宿功能的发展空间大，发展样式多。其中，最直接、最有效的便是根据乡村旅舍的整体定位，打造与旅舍品牌相称的特色住宿服务。

如我国台湾的宜兰香格里拉休闲农场海拔 250 米，四面环山，景色清丽，气候宜人，年平均气温 25 摄氏度，四季如春，终年适合游玩。农场兼具采果、休闲、度假、生态等多种功能，设有欧式森林小屋，周边遍植山花，住宿功能与农场定位相当契合，打造出仙境般的住宿环境，产生了强烈的品牌效应。休闲农庄内设有清新雅致的住宿设施，共 106 间不同档次的乡野套房。旅客在房间内可以一览农场的美景，而且还会收到农场赠送的景观果园门票，并可免费参加民俗活动。其住宿功能不局限于提供夜宿，更甚于将住宿功能与体验、产品功能相结合，整合出具备高度品牌意识的特色休闲旅游。

2.以文化创意开发农庄住宿功能的类型

乡村旅舍类型多样，不同类型的旅舍有不同的文化背景和定位，在对其各功能的创意进行开发时，要根据其自身的文化内涵与格调量身定做不同的个性化方案。

（1）自然景观文化型

该类型乡村旅舍远离城市，自然生态良好，是城市游客回归自然的好去处。其特点是空气指数好、污染指数低、环境淳朴自然。

在住宿功能的创意开发中，不能破坏自然生态的优势。客房外墙可种植攀缘植物，让住宿环境与自然环境融汇在一起。

客房外走道处摆放园林特色盆景。客房内部陈设小型花卉、盆景。卫生间内摆放绿色植物以清新空气。客房内墙可贴园林特色的花卉、苗木墙纸，环保又自然。该类型乡村旅舍一般依山傍水，周围自然景观便是最大的特色。根据这一文化特点，其住宿功能也兼具景点介绍，可在客房内放置大量旅游景点的介绍、交通等攻略。

（2）农田景观文化型

此类型乡村旅舍以花卉、盆景、苗木、果品为特色项目，提供农家菜品、果品、农特产等吸引游客前来观光、赏景、休闲。此类乡村旅舍别墅型住宿可采用小木屋形式，客房周围布置以小片农田围绕，别有一番风味。在客房内盛放些当季现摘的水果供游客食用，让住客感受到主人的热忱。在果品收获旺季，可提供创意果品（如水果馅饼）作为早餐提供给住客。

（3）餐饮养生文化型

该类型利用当地的农副产品吸引游客前来品尝农家菜，达到养生健身的目的。这类乡村旅舍重在餐饮养生，因而抓住该特点在客房内放置养生菜品介绍，提供点菜送餐等贴心服务，也可将养生特色菜制成半成品装入礼盒供住客外带。

针对乡村旅舍的购物等功能，应在客房内设有多柜多箱以及购物清单等便民措施。对需冷藏的农产品，应提供冰柜等冷藏服务。这类乡村旅舍多为多功能旅舍，游客一般为中高层消费者。在住宿功能上要相对丰富，在客房外部设计与旅舍相统一的同时，客房内部设计可相对奢华。

（4）民俗风情文化型

该类型以民俗风情村寨为特色，利用当地民俗文化、民族文化和村寨建筑吸引游客。该类型休闲农庄民俗特色与众不同，文化内涵深刻。因此将深刻的文化底蕴融入住宿功能，定会收获丰盛。

住宿客房的设计须与民俗风情相统一，客房走道以民俗小品作装饰。客房内部以民俗挂饰、风景画作装饰。在对住宿功能进行个性化设置的过程中，应以介绍当地乡村文化、自然风光为主。房内可摆放景点宣传册等刊物。住客退房时赠以民俗配饰作礼物，既可让住客留念并加深印象，提高重游率，又可增加潜在游客。

此外，为提高游客的重游率，吸引不同层次的游客，住宿标准可分层分类。根据各自具体的文化特征，划分不同级别的住宿功能。客房不必千篇一律，可各有主题、各具特色。例如，将住宿区划分为四区，分别以"春、夏、秋、冬"四季当地观赏植物的特征作为客房特色，可用这些植物作摆设、小礼品、挂饰等。

3.以科技创意提升乡村旅舍住宿功能的内涵

乡村旅舍作为乡村旅游的重要组成部分，必须依靠现代科技的力量，才能让旅舍经营得更好。将现代科技与住宿功能的创意开发相结合，可以吸引更多的年轻游客。

（1）现代网络科技

如今网络已经走进千家万户，走入我们的生活，成为我们生活中不可或缺的一部分。所以网络营销将是一种趋势，会成为企业宣传的一种重要途径。在互联网时代，只有会正确、准确地利用互联网的人，才能在未来的竞争中抢占先机。在移动互联网时代，"在线"已成为无数年轻人的习惯。当一天的游玩观赏结束之后，躺在客房内的游客，特别是年轻游客，会使用手机或者其他移动终端进入网络，发微博、朋友圈，分享一天的游乐心得与感想，这种人际关系网络的分享，在吸引游客方面会发挥巨大的作用。另外，应在客房内提供多插口插座，让客人可以同时为自己的手提电脑、数码相机充电，以免给客人重复充电带来麻烦。

（2）现代农业科技

一个有创意的住宿环境，也可以将农业用材融入科技。例如某些柴草气化热水器，只需用农村废弃的废木材、枯树枝、棉花秆、秸秆、玉米芯、果核等可再生的资源为燃料，通过气化燃烧原理，点火就能有热水，随用随烧。柴草气化热水器的适应性强、安全性高，节能高效且成本低。这一定会让在城市中不曾使用过柴草热水器的游客感到既惊喜又兴奋。

4.以艺术创意拓展乡村旅舍住宿功能的形式

艺术是提升乡村旅舍水准的必经之路。艺术作为一种文化现象，能满足主观与情感的需求，也是日常生活进行娱乐的特殊方式。各种乡村旅舍之间的住宿功能要形成差异化、个性化，可依托艺术的不同表现形式来塑造。

（1）音乐创意

根据不同类型、不同文化内涵的乡村旅舍，在客房入口处与走道播放与该乡村旅舍特色相符的音乐，让耳朵也进入大自然的怀抱，从而使整个心神都走进旅舍。但需注意：背景音乐不要常年只播放同一首曲子，应有更多的选择，让客人的情绪随音乐放松。

（2）建筑创意

乡村旅舍的住宿建筑，应根据不同类型设计成不同风格，而不是单调的结构。如树屋、水上小屋、蒙古包，甚至帐篷等。

（3）绘画创意

结合乡村旅舍的特色，在住宿内、外立面上进行绘画创作，也可作为饰品、摆设添置于客房内外的走道两边，以激发游客对乡村旅舍的情感与归属感。如在住宿的外墙涂上与乡村旅舍风格相一致的民间涂鸦，可以是农家鸡鸭等形象，也可以是农家过节欢聚愉快氛围的写实，画风及主题都结合了"农"字的特色，却不失创意个性，能给人留下深刻的印象。

三、乡村旅舍客房接待服务

接待服务是满足乡村旅舍入住客人普遍的、重复的、有规律的基本需求的日常服务工作，是向客人承诺并在客房服务项目中明文规定的服务。接待服务是乡村旅舍的生命，更是乡村旅舍的主要产品。只有不断提高服务质量，才能赢得更多的客人。总之，高水平的服务是乡村旅舍生存和发展之本。

客房服务包含哪些内容？概括地说，要能满足客人两方面的需求：一是物质需求。即提供清洁、美观、舒适、方便的居住空间，配备高质量的生活设备和用品；二是精神需求。即通过提供全方位高质量的服务，使客人感受到服务人员的热情、好客，体贴入微的关怀，找到回家的感觉。只有能同时满足上述两种需求的服务，才称得上是完整的客房服务。而在具备能满足客人需求的基本设施和物资的基础上，服务人员的服务活动可谓起着主导作用。服务是客人最期望得到的商品，由服务人员热情礼貌、细致周到的服务态度，体贴入微、恰到好处的服务方式，训练有素、灵活熟练的服务技巧，以及内容丰富的服务项目所组成的服务活动，不仅具有特殊的使用价值，而且比设施物资更重要、更有意义。

乡村旅舍客房服务人员不仅要树立"宾客至上、服务第一"的观念，乐于服务、热情服务，还要全面掌握服务的技能技巧，迅速服务、善于服务，使客房服务质量达到较高的水平。

（一）接待服务的要求

1.真诚主动

客房服务人员对客人的态度，通常是客人衡量一个乡村旅舍服务质量优劣的标尺。真诚是他们对客人态度好的最直接的表现形式。因此，客房服务首先要突出"真诚"二字，提供感情服务，避免单纯的任务服务。我们通常所说的提供主动的服务，就是以真诚为基础的一种自然、亲切的服务。主动服务来源于细心，即在预测到客人的需要时，把服务工作做在客人开口之前。如客人接待朋友时，主动送上茶水。这些看似分外的工作，却是客房服务人员应尽的义务，更是优质服务的具体体现。客房服务人员要把客人当作自己请来的朋友一样接待，真诚地想客人之所想、急客人之所急。如果能做到这一点，也就抓住了最佳服务的实质。

2. 礼貌热情

喜来登饭店管理集团曾花巨资对饭店顾客进行了三年的专项调查，结果发现客人将员工是否"在遇见客人时先微笑，然后再礼貌地打招呼"列为对饭店服务员是否满意的第一个标准。由此可见，礼貌热情在客人眼中的重要性。

礼貌待客是处理好客情关系最基本的手段，在服务人员的外表上表现为整洁的仪容、仪表；在语言上表现为自然得体的话语及悦耳动听的语音语调；在态度上表现为落落大方的气质。热情待客会使得客人消除异地的陌生感和不安全感，增强对服务人员的信赖。客房服务人员应做到：客来热情欢迎、客住热情服务、客走热情欢送，并把面带微笑始终贯穿于服务的全过程。这样才能表现出服务人员自身的良好素质，为旅舍塑造良好的形象。

3. 耐心周到

客人的多样性和服务工作的多变性，要求服务人员能正确处理各种各样的问题，并能承担起委屈、责备、刁难，耐心地、持之以恒地做好对客服务工作。服务人员要掌握客人在客房生活期间的心理特点、生活习惯等，从各方面为客人创造舒适的住宿环境。通过对客人方方面面的照顾、关心，把周到的服务做到实处，才能体现"家外之家"的真正含义。

4. 舒适方便

舒适方便是住客最基本的要求。客房是宾客入住乡村旅舍后长时间逗留的场所，因此宾客对客房舒适、方便的要求也是最高的。如服务人员应定期翻转床垫，以保证床垫不会产生局部凹陷。应留意宾客用品的日常摆放，以方便客人使用。这也是乡村旅舍为宾客提供一个"家外之家"的前提。

5.尊重隐私

客房是客人的"家外之家",客人是"家"的主人,而服务人员则是客人的管家或侍者,尊重主人隐私是管家和侍者应具备的基本素质。作为乡村旅舍的工作人员,有义务尊重住客的隐私。在尊重客人隐私方面,客房服务人员应不打听、不议论、不传播、不翻看客人的书刊资料等,做到为客人保密。

6.准确高效

准确高效是指为客人提供快速而准确的服务。效率服务是现代快节奏生活的需要,是优质服务的重要保证。服务质量中最容易引发客人投诉的就是等待时间长,因此国际上一些著名的酒店对客房的各项服务往往都有明确的时间限制。比如,著名的希尔顿酒店就要求客房服务员在25分钟之内将一间客房整理成符合卫生标准的房间。

(二)客房日常接待服务

客房接待服务一般分为迎客服务、住客服务和送客服务三个环节。

1.迎客服务

客人到达前做的准备工作,是接待服务过程中的第一个环节,要求做到充分、周密和准确,并在客人到达乡村旅舍前完成。只有这样,才能为整个住宿接待工作的顺利进行奠定良好的基础。

(1)了解情况

询问客人是散客还是团体,了解客人的生活习惯、人数、性别、活动日程安排等信息。

(2)布置好房间

在客人到达之前,根据客人的风俗习惯、生活特点和接待规格,调整家具设备,铺好床、备好水、水杯、茶叶、水具及其他生活用品和卫生用品等。布置好客房后,要进行一次细致的检查。如有破损的,要及时修理和更换。前一天没有人住的房间,卫生间水龙头须放水,直到水清为止。对客人在宗教信仰方面忌讳的用品,要及时从客房撤出来。例如,接待伊斯兰教客人时,客房内如有用猪毛做的衣刷等都必须收藏或调换为其他的代用品,这点绝不能疏忽,以免给客人造成不好的影响。

(3)迎接客人

客人到达时,要微笑问好,帮助客人提拿行李引领入房。进房后应征求客人意见摆放行李，并向客人简要介绍一下房内的设备。需要注意的是，向客人介绍房间设备时，为避免过多打扰客人或避免客人产生误会，服务员应根据经验把握这样一个原则：特殊设备一定得介绍，语言得体，简明扼要。最后，向客人道别并祝客人旅行愉快。

2. 住客服务

客人住店后，会有各种需要，而且要求快。客房服务员要做大量琐碎的、看起来很不起眼的工作。但是，"服务无小事"，若这些都做不到、做不好，就会影响接待的服务质量，甚至影响乡村旅舍的形象。

（1）送水服务

乡村旅舍的客房若没有配备热水装置，客房服务人员则要为住客提供送水服务。该服务的要点是：服务员每天给客人送两次水，早晚各一次。客人有时会要求送茶水，服务员应及时提供服务，并问清楚客人是要哪一种茶。注意观察，当有人来拜访客人时，要主动问客人是否需要送茶水，及时提供适时的服务。

（2）其他服务

除了整理房间、送水服务外，有的乡村旅舍还提供擦鞋、缝补等其他服务。其目的是为客人提供更多便利，进一步提高自家旅舍的服务质量，提升自身形象。以擦鞋服务为例，遇到雨雪天气，客人从外面归来，鞋上往往会沾有泥土。如果服务人员主动上前帮助客人将鞋子擦干净，就会令客人内心非常温暖，同时也可以避免弄脏房间的地毯。

客人住在乡村旅舍期间，要严格执行已制定的服务规范和标准。服务质量控制以预防为主，发现质量问题及时纠正，避免重复发生。

3. 送客服务

客人离开乡村旅舍前后的服务是接待工作的最后一个环节。对重要客人或常客，乡村旅舍的经营者应主动征求意见，掌握客人离开的准确时间，并提醒客人检查自己的行李物品，以免发生遗漏。协助客人提拿行李，引领并把客人送到车上或大门口，与客人热情道别。

在这一环节，要特别注意善后工作。客房服务人员要迅速进房仔细检查，如有遗留物品，应立即派人归还。一定要一丝不苟地、忠实地替客人办理好这些事情，体现善始善终对客服务的良好态度和行动。另外，还应检查客房设备和用品有无损坏和丢失。如发现损坏和丢失现象，应及时上报。检查完毕后，客房服务人员即可开始清扫客房，以便重新出租。

（三）如何做好客房的细致服务

1.了解客人兴趣爱好

"投其所好"的服务是在规范服务基础上的升华，是让客人对乡村旅舍产生信任和认同感的有效手段。因此，服务人员应该在工作中眼观六路、耳听八方，及时发现并准确判断出客人的兴趣爱好，以便为客人提供恰到好处的服务。

（1）眼观六路，洞察客人兴趣

客人的兴趣爱好多种多样，服务人员要善于发现，才能做好有针对性的服务。例如，当了解到某位客人有某一方面的兴趣（音乐、运动、烹饪等），在与该客人进行交流时，可以主动谈及该类话题。在一些特别的日子里，可主动赠送客人一张客人喜爱的音乐 CD、一件与运动有关的小饰物、一本关于烹饪的书等。

（2）耳听八方，捕捉客人爱好

要做好客房的细致服务，不仅要善于"看"，还要善于"听"，即通过与客人的交流发现客人的爱好，并为之提供相应的服务。例如了解到某位客人平时喜爱吃某类水果或常饮某类酒水饮料，在每次给该客人送水果或赠送酒水饮料时可适当加入客人喜爱的品类。若乡村旅舍平时无法提供该类水果或酒水饮料，也可以在某个特别的日子专门为该客人奉上。

2.尊重客人的生活习惯

客人房间任何一点细小的变化和摆设都可能是服务员发现客人生活习惯的源头，而根据客人生活习惯提供个性化服务无疑会让客人感受到不一般的惊喜。通过客史档案和日常服务中的观察，了解客人生活习惯，主动为客人提供个性化服务，让客人获得尊重的需求得到最大程度的满足。

（1）根据客人意愿调整客用品的配置

客房客用品配备有一定的数量标准，但根据客人需要可以适当增减。如果客人会在房间办公或有写信的习惯，应主动增加信纸、信封；如果客人常泡某种茶，服务员在每次补充茶包时，应适当增加此种茶包的配备量。

（2）根据客人要求安排清扫时间

每位客人作息时间不一，清扫客房时一定要根据客人的需求，事先征求客人的意见。如果客人有午睡的习惯，那么每天都应在中午前优先整理好该房间，以便客人午休。

（3）根据客人情况调整服务规范

服务规范是根据客人共性需求制订出来的，但遇到具体客人时还需要加以变通。例如按规范，服务员把客人引领进房时，应向客人介绍客房的设备设施，但如果是常客就可以不用介绍。

3.做好服务的延伸

服务的延伸是优质服务的必备条件。服务要恰到好处，延伸是对服务员服务水平的一个考量。例如，当见到床头柜上客人看的一本书倒扣着，服务员应主动给夹上一张小书签或便条纸，标明该处书页的页数。这一延伸服务带给客人的惊喜，自然是不言而喻的。

第二节　乡村旅游餐饮开发与设计

一、乡村餐厅的建设

常言道："美味在民间，好菜在农家"。现代城市人钟情于野菜杂粮和民间小吃，这给乡村旅舍的经营者带来了无限生机。如今，健康、绿色、保健、美味的特色餐饮，成为乡村旅舍招徕游客的杀手锏。随着人们对休闲旅游的要求越来越高，游客在就餐时越来越关注包括空气质量在内的就餐环境、舒适程度、餐饮品种、科学营养等问题，于是对乡村餐厅提出了更高的要求。它不仅要拥有自然生态的就餐环境，更主要的是靠绿色食品来吸引消费者。

（一）乡村餐厅的硬件配置与基本标准

1.硬件配置

乡村餐厅在硬件设施的配置上，可参照卫计委推行的食品卫生量化分级管理要求，结合乡村餐饮服务的特点以及餐厅的规模大小，分间或分区设立粗加工区、切配区、烹调加工区和就餐区。规模较大者可分间设立，规模较小者可分区设立。

（1）粗加工区

乡村餐厅的粗加工区可配备洗菜池3个和洗拖把池1个，洗菜池分别用作蔬菜、肉类、水产品的清洗。

（2）切配区

乡村餐厅的切配区可配备切配台、切配工具和足够数量的冷藏和冷冻设施。

（3）烹调加工区

乡村餐厅的烹调加工区可配备烹调设备、排油烟设备、餐具消毒柜、保洁柜和餐具洗消水池。为了保持乡土性，在可能的情况下以农家土灶为佳。

（4）就餐区

就餐区一则要求"三防"设施要到位，做到无蝇蚊、无蟑螂、无鼠迹；二则卫生间必须配备水冲式厕所，有流动水的洗手设备，饮用水水质符合国家卫生标准。

2. 基本标准

（1）厨房布局整体合理

第一，一字型。这种设计是所有工作都在一条直线上完成，主要是因空间不大、走廊狭窄。建议工作台不宜太长，高度一般为 75 ~ 85 厘米，以感觉舒适为准，以免降低效率。

第二，L 型。这种设计是将清洗、配膳、烹调三个中心依次连接，空间运用比较经济。要注意的是，L 型的一面不要过长，灶具也不宜靠窗，以免风吹灶火而引起火灾。

第三，U 型。U 型布局要求厨房的空间较大。可将配膳和烹饪分开设计，水槽最好放在 U 型拐弯处，冰箱应摆放在工作时方便取物的位置。因其空间大，可增加一些日常饮食中常用物品的收藏柜，以便清洁卫生，也会使厨房整体看上去干净、整洁。

第四，走廊型。以两边平行线为分配标准，将清洗区、配膳区安排在一起，烹调区独立。

另外，在厨房空间小的布局设计下，可利用墙壁的合适、空余位置挂置一些烹饪用具、调料挂篮等。注意操作间与实物库存房间要分开，使用面积要与接待能力相适应。

（2）厨房排烟设施

厨房最好采用自然风窗，应与夏季主导风向一致，保证厨房油烟不四处扩散、不污染餐厅。但仅靠自然通风是不够的，还必须借助换气扇等通风排烟设施。

（3）厨房消防设施

乡村一般消防意识比较薄弱，一旦发生厨房失火事件，往往很难控制。所以厨房需要配备灭火器、防火毯、黄沙等消防设施，一旦出现险情就可马上得到解决。

（4）厨房墙面装饰

厨房的墙壁应该平整光洁，无裂缝凹陷，经久耐用且易于清洁，以免藏污纳垢。由于厨房墙壁和天花板一样处于湿度较大的环境，因此为了便于清洁和防止霉变，厨房墙面至天花板应铺满瓷砖。

（5）消毒设备

厨房里需要有专用的碗、筷餐具消毒设备，最好有专用的消毒柜。洗完碗、筷后要直接放入消毒柜中，直到第二天消过毒后为客人提供服务。

（6）冰箱

厨房里应配备有冷藏及冷冻功能的冰箱和冰柜，用来贮存需要保鲜的原材料和食品。特别是在夏季，由于气温高，食品和原材料容易腐烂变质，所以要配备专用的冰箱。

（二）乡村餐厅环境的营造

乡村餐厅的环境从空间布置到营造都应以乡村生活为主题，如采用传统的四合院、茅草屋等造型来进行开发与设计，门上挂有极富传统农家气息的对联，庭院中饲养鸡、鸭等家禽，鱼池内养殖肥美的鱼虾，菜园种植野菜山蔬，餐厅一角展示传统的农耕器具，如锄头、牛车、斗笠、蓑衣等，甚至连餐厅使用的桌椅餐具也是具有乡村风味的板凳和碗筷。这种主题性餐饮的乡村餐厅乡土文化浓郁，使用的餐具也有不同于饭店餐厅的格调。因此慕名而来的游客，"吃"成了次要目的，首要目的在于品味"乡土"特色。于是，乡村的风味成为最吸引人的"一道菜"。自然的家庭氛围、质朴的生活方式、文明的休闲内容，是乡村旅舍吸引城里人的特色。乡村餐厅要吸引客人，用餐环境必须干净整洁，最好是有专门的餐厅，条件不好的也可以将自家庭院开辟出来。但一定要注意，如果将庭院作为餐厅则需要做好灭蝇、灭蚊、防尘、防风沙等工作。

1.餐厅布置

餐厅布置一般包含餐厅门面（出入口）、餐厅空间、座席空间、光线、色调、音响、空气调节及餐桌椅标准等。乡村餐厅在布置时，需注意以下事项。

第一，餐厅出入口根据餐厅主题或所在地域乡村特色来布置，凸显餐厅的经营形态；

第二，餐厅内部布置尽量运用农业及乡村文化特性来塑造气氛；

第三，餐厅场地布置要有令人温馨、愉悦、自在的感受；

第四，用餐区的地板、桌椅及墙壁、天花板、灯饰、纱门窗要保持清洁；

第五，餐厅的光线无论是采用自然光还是借助灯光，都要让客人有明亮舒适的感觉；

第六，避免厨房的嘈杂声与味道传到餐厅用餐区。

除一些具有以前乡村特色的桌椅外，其余的桌椅应尽量符合一般人的高度来定做。

2.环境要求

第一，厨房天花板距离地面宜在 2.5 米以上，并选择能通风、减少油脂、吸附湿气的材料；

第二，厨房墙面铺满瓷砖（贴瓷砖高度不低于 1.5 米）；

第三，厨房地面用防滑耐用、无吸附性以及容易洗涤的材料铺满。铺设时注意斜度，一般为 1.5 ～ 2 厘米，这样利于排水；

第四，餐厅远离禽畜圈养、屠宰等区域 25 米以上，符合防止环境污染等要求；

第五，厨房排水沟的宽度应在 20 厘米以上，深度不小于 15 厘米，水沟尽量避免弯曲；

第六，有足够通风设备与采光，通风排气口有防止虫媒、鼠媒或其他污染物质进入措施。

（三）厨物管理

1.器具统一化

与居家自用不同，游客用餐讲究的是协调与舒适。但许多乡村餐厅使用餐桌、餐椅、餐具并不统一，经常可以在一家餐厅看见颜色式样各异的桌子和椅子，在一个餐桌上看到大大小小的盘子、高高低低的碗，塑料的、搪瓷的、铁质的一起上，给人以不整洁之感。因此，乡村餐厅需要根据自身的接待能力配备相应数量的餐具和器皿。如果能使用具有地方特色的餐具，效果会更好。

2.食品原材料管理

"巧妇难为无米之炊"，厨房的原材料管理是乡村旅舍经营者要重点关注的。要做到真材实料，主要还得从原材料的准备、保管和使用三个方面入手。

（1）原材料的准备

乡村餐厅要重点对原材料的来源、渠道和质量进行把关。原材料以乡村特有的绿色蔬菜、山野菜、当年新粮、新鲜果品、肉食品为主，要提前准备充足。城里人吃的就是乡村饭菜的乡土特色和原汁原味。就拿野菜来说，过去人们是没有吃的才挖野菜吃，而现在的城里人却开着小轿车到山里吃野菜。

同时，要善于辨别原材料的好坏。比如，肉、鱼、虾、蛋以及肉类熟食、豆制品等要注意是否变质；蔬菜类要保证新鲜清洁、成熟适度，不能过老过嫩，无严重病虫害和碰伤、压伤、冻伤；粮食类要籽粒完整、面粉松软，无黄变，光泽和色味正常；油脂类要保持色泽、黏度正常，无异味。

乡村旅舍选用的原材料大多都是自家的，比较容易在质量上把关、检查和控制。如果不是自家的，千万不能为了图便宜，从不法商人、小贩那里购买质量存在隐患的食品原材料，更不能自己在原材料上做手脚，打马虎眼。乡村旅舍要从有信誉、有监管的正规合法经营的农副食品市场进行采购，做到自己买得安心，让客人吃得放心。

（2）原材料的保管

个体家庭经营的乡村旅舍规模较小，一般具备冷藏冷冻的设备就可以较好地做到食品原料的保鲜、保质。对于规模较大的"乡村旅舍"，要采取入库存放、按时检查、规范出货和仔细记账的办法，做好原材料的保管。

（3）原材料的使用

在原材料的使用上要严格执行食品卫生安全规定，足斤足两、保质保量、诚信经营、童叟无欺。游客来到乡村旅舍，就是相信咱们的真诚和朴实。所以，乡村旅舍菜肴的原材料要用符合国家标准的绿色、无公害农产品或本地特色优质农产品、动植物产品等；烹饪工艺要源于乡村传统加工制作方法，具有浓郁的乡土特色，保持原汁原味、营养丰富。同时，还要能够保证常年供应，且菜肴定价合理。

3.饮用水卫生管理

乡村餐厅饮用水要符合饮用水水质标准，非使用自来水的地方应配置净水或消毒设备，使用前向当地饮用水主管机关申请检验，合格后方能使用。如果要持续使用，每年应重新申请检验。

4.砧板与器皿

乡村餐厅砧板若使用不当或卫生清洁不良，很容易引起食品间相互污染，甚至引发食物中毒。因此，使用砧板尤其要注意分类并标示用途。为了避免熟食受到生鲜原料污染，最好配备4块砧板分开处理熟食、蔬果类、肉类、鱼贝类，并标明其用途。若无法达到上述要求，也至少应有2块砧板将生鲜原料与熟食成品分开处理。乡村餐厅常用器皿有刀、锅、锅铲、漏勺、配菜盘、滤网等，此类器皿在使用后应先清洗，再以热水、氯水或紫外线消毒，并应有专门位置用以贮放。

5.废弃物及厨余处理

剩余的菜、厨余及其他废弃物要使用密盖垃圾桶或厨余桶进行适当处理，也可采用焚化、堆肥、掩埋、养猪及排入地下水道等措施。

（四）食品处理区卫生要求

1.基本要求

第一，乡村餐饮设施必须有餐厅、厨房、库房三部分。

第二，餐厅、厨房、库房面积的比例应为1∶0.8∶0.2。

第三，冷荤（凉菜）制作有专用房间，面积不小于4平方米，并配有紫外线灯、冷藏箱、操作台和3个水池等专用设施。

第四，粗加工区分别设置畜禽食品、水产食品和蔬菜食品清洗池各一个。

第五，厨房内有足够容量的冷藏、冷冻设施。

第六，设置有供客人使用的洗手池。

第七，设备布局和工艺流程合理，防止交叉污染。

2.地面与排水卫生要求

第一，食品处理区地面应用无毒、无异味、不透水、不易积垢的材料铺设，且应平整、无裂缝。

第二，粗加工、切配、餐饮用具清洗消毒和烹调等需经常冲洗场所、易潮湿场所的地面，且应易于清洗、防滑，排水坡度不小于1.5%，还要有排水系统。排水沟应有坡度，保持通畅、便于清洗，沟内不应设置其他管路，侧面和底面接合处宜有一定弧度（曲率半径不小于3厘米），并设有可拆卸的盖板。排水的流向应由高清洁操作区流向低清洁操作区，并有防止污水逆流的设计。

第三，排水沟出口应有防止有害动物侵入的设施。

第四，清洁操作区内不得设置明沟，应选用带水封地漏，目的是防止废弃物流入及浊气逸出。

第五，废水应排至废水处理系统或采用其他适当方法处理。

3.墙壁与门窗卫生要求

第一，食品处理区墙壁应采用无毒、无异味、不透水、平滑、不易积垢的浅色材料构筑。其墙角及柱角（墙壁与墙壁、墙壁及柱与地面、墙壁及柱与天花板）间宜有一定的弧度（曲率半径在3厘米以上），以防止积垢和便于清洗。

第二，粗加工、切配、餐饮用具清洗消毒和烹调等需经常冲洗的场所、易潮湿场所，应有1.5米以上光滑、不吸水、浅色、耐用和易清洗的材料（例如瓷砖、合金材料等）制成的墙裙，各类专间应铺设到墙顶。

第三，食品处理区的门、窗应装配严密，与外界直接相通的门和可开启的窗应设有易于拆下清洗且不生锈的防蝇纱网或设置空气幕，与外界直接相通的门和各类专间的门应能自动关闭。窗户不宜设室内窗台，若有则其台面应向内侧倾斜（倾斜度宜在45度以上）。

第四，粗加工、切配、烹调、餐饮用具清洗消毒等场所和各类专间的门，应采用易清洗、不吸水的坚固材料制作。

第五，餐厅、厨房、库房要设置纱窗、门帘，并采取消除苍蝇、老鼠、蟑螂和其他有害昆虫的措施。

4.屋顶与天花板卫生要求

第一，加工经营场所天花板的设计应易于清扫，防止害虫隐匿和灰尘积聚，避免长霉或建筑材料脱落等情形发生。

第二，食品处理区天花板应选用无毒、无异味、不吸水、表面光洁、耐腐蚀、耐高温、浅色材料涂覆或装修，天花板与横梁或墙壁接合处宜有一定弧度（曲率半径在3厘米以上）；水蒸气较多场所的天花板应有适当坡度，以在结构上减少凝结水的滴落；清洁操作区、准清洁操作区及其他半成品、成品暴露场所屋顶若为不平整的结构或有管道通过，应加设平整易于清洁的吊顶。

第三，厨房内应安置有效的排烟、通风设施。

5.食物库房卫生要求

第一，食品和非食品（不会导致食品污染的食品容器、包装材料、工具等物品除外）库房应分开设置。

第二，食品库房宜根据贮存条件的不同分别设置，必要时设冷冻（藏）库。

第三，同一库房内贮存不同性质食品和物品的应分区存放，且不同区域应有明显的标志。

第四，库房应以无毒、坚固的材料建成，温湿度条件应利于食品的贮存保管，防止污染，且易于维持整洁，并应有防止动物侵入的装置（如库房门口设防鼠板）。

第五，库房内应设置足够数量的物品存放架，其结构及位置应能使储藏的食品距离墙壁、地面均在10厘米以上，以利于空气的流通及物品的搬运。

6. 食品原材料采购要求

第一，采购食品及原料应向供货商要卫生许可证复印件、产品检验合格证明和发票。

第二，建立验收制度，健全食品及原材料的进出台账。

第三，不得采购无卫生许可证的食品生产经营者供应的食品及未经检疫的禽、肉类及制品。

7. 餐饮用具清洗消毒及保洁要求

第一，乡村餐饮用具的清洗消毒要设专用区域，面积不得小于3平方米。

第二，采用化学药物消毒的应配置3个有足够容积的水池，采用消毒柜等物理性消毒的应配置2个水池，同时配置密闭餐具保洁柜。

第三，药物消毒程序：一刮、二洗、三消、四冲。

第四，配置200～500升的消毒柜和足够的密闭餐具保洁柜，提倡使用热力消毒方法。

第五，有密闭的垃圾容器。

8. 食品贮存要求

第一，应有满足贮存要求的食品仓库（柜），食品与非食品不得混放，食品必须分类、分架，离地隔墙10厘米。

第二，食品不得与有毒有害物品同库存放。

第三，食品库房要有机械通风设施。

9.加工过程卫生要求

第一，不得利用腐败变质及其他不符合卫生要求的食品及原材料加工食品。

第二，在加工过程中原材料、半成品、成品及其工具、容器不得交叉污染。

第三，食物必须烧熟煮透，中心温度大于70摄氏度，隔餐隔夜的熟制品食用前应充分加热。

第四，食物烹调好到食用前在常温下存放时间不得超过2小时。

二、乡村菜肴开发

萝卜馅大团子、农家大饺子、板栗烧鸡块……这些菜名会给人一个整体印象，那就是"土"！没错，这些都是原汁原味的乡村菜肴。没有华丽的外表，不用大量的佐料，乡村菜肴要体现的正是原汁原味。

（一）乡村菜肴的特点

1.原材料新鲜，口味淳朴

乡村餐饮往往是就地取材，从而确保了原材料的新鲜。对于城里人来说，平时很少能吃到原汁原味的菜肴，故在节假日、双休日能到乡村换换口味，将是十分有趣的事情。

2.价格经济实惠

乡村旅舍提供的菜肴大都是家常菜，所以成本比较低，价格实惠，从而吸引了广泛的顾客群体，各种职业人士可谓应有尽有。消费者也有各种各样的情况；有一两个、两三个人来的，也有十个八个甚至几十个人一起来的；有只点几个菜的，也有包上一桌甚至几桌的；有只玩一天的，也有玩上三五天甚至住上十天半个月的。

3.生产条件有限，卫生质量不易控制

由于乡村餐厅在烹饪原材料、调料、厨师的烹调技术以及餐具、就餐环境和服务员的服务规范等方面都很难达到宾馆的水平，所以烹制出的菜肴质量不易控制。另外，有些乡村餐厅的卫生状况也不尽如人意，因此需要经营者进一步提高认识和服务质量。

（二）乡村菜肴的质量评价

1. 色

菜肴的色彩是由烹饪原材料的固有色、光源色、环境色共同作用的结果。因此，在烹饪过程中不能只考虑菜肴本身的色彩搭配，还要兼顾就餐环境和光源对菜肴色彩的影响，从而实现菜肴色彩的完整性。烹饪原材料本身具有不同的色彩，这种色彩正是自然美的体现。崇尚自然为当今时尚，菜肴色泽以自然清新、色彩鲜明、和谐悦目、合乎时宜及适应消费者的审美要求为最佳。

2. 香

菜肴的香味是其中挥发性微粒子扩散浮悬于空气中，进入人的鼻腔刺激嗅觉神经而引起的一种美感。有人说：凡菜到目至鼻便知好矣。自然，没有香味的菜肴很难被消费者接受。因此，在餐饮生产经营中要特别重视热菜热上的时效性和香味调制的多样性。北京烤鸭烫热肥香，水晶虾仁鲜香柔和，贵妃醉鸡酒香浓郁，麻婆豆腐麻辣浓厚，清炒时蔬淡雅清香，它们无不是香气飘逸，催人下箸。总之，中国菜追求的就是五味调和百味香的"中和神韵"境界。

3. 味

味是分布在舌和上颚的味蕾的感觉。每组味蕾由十几个味细胞组成，在味细胞的顶端有味觉感受器，在味觉感受器的表面吸附呈味物质后，便产生味觉刺激，然后把产生的刺激转变为神经脉冲信息，进一步传导至大脑，使人产生感觉，这一复杂过程就称为味觉。中国人的味觉审美是"五味调和百味香"，其中的"五味调和"包含着滋味之"和"及性味之"和"两种含义。"和"为饮食之美的佳境，通过五味调和，既能满足人的生理需要，又能满足人的心理需要，进而使人的身心需要得到统一。因此说，讲究本味是美，合乎时序是美，肴馔适口也是美。

4. 形

形是指菜肴的成型、造型。原材料本身的形态，刀工处理的技法，烹饪加热及装盘拼摆等，都直接影响着菜肴的成型和造型。热菜造型以快捷神似为主，冷菜造型比热菜有更多的便利和更高的要求。对一些有主题的餐饮活动来说，有针对性地设计冷菜造型会更加富有成效。追求菜肴形美要把握好分寸，过分精雕细刻，反复触摸摆弄，华而不实，杂乱无章，造成污染的菜肴，都是对形的破坏。形象、灵气是美，大方、流畅也是美。

5.质

质地是影响菜肴、点心质量的一个重要因素。质地包括韧性、弹性、胶性、黏附性、切片性及脆性等属性。任何菜肴偏离特有质地都可以说是不合格的产品。所以，人们抵制购买发软的脆饼，不喜欢多筋的蔬菜等，因为它们的质地已不是公认的特征。菜肴经过牙齿的咬嚼，促使口腔表面分泌出大量的味觉与嗅觉刺激物。这些刺激物的总效应，就是为大脑提供该菜肴的质地感觉。通常菜肴的质地感觉包括以下几个方面。

（1）酥

指菜肴入口，咬后立即迎牙即散，成为碎渣，产生一种似乎有抵抗而又无阻力的微妙感觉，如香酥鸭。

（2）脆

菜肴入口立即迎牙而裂，而且顺着裂纹一直劈开，产生一种有抵抗力的感觉，如清炒鲜芦笋。

（3）韧

指菜肴入口后带有弹性的硬度，咀嚼时产生的抵抗性不是那么强烈，但时间较久。韧的特点要经牙齿较长时间的咀嚼才能感受到，如干煸牛肉丝、花菇牛筋煲等。

（4）嫩

菜肴入口后，有光滑感，一嚼即碎，没有什么抵抗力，如糟溜鱼片。

（5）烂

菜肴宛如瘫痪，入口即化，几乎不需咀嚼，如米粉蒸肉。

菜肴的质地是否受欢迎，在很大程度上取决于原材料的性质和菜肴的烹制时间及温度。因此，制作菜肴必须将严格的生产计划与每道菜肴合适的烹制时间相结合，以生产出合格的产品。

6.器

即菜肴的盛装器皿。注意，盛器的规格大小要与菜肴的分量相适应。如果搭配不当，食物漫至盘缘便有粗制滥造之相，食物缩于器具中心或一角则有干瘪乏色之陋。盛器的种类要与菜肴的类别相适应，盛器不仅有大小，还有方圆深浅等差异，各种象形餐具和功能餐具也越来越多，如砂锅、火锅、汽锅、酒锅、铁板、明炉等各有妙用，不仅有利于菜肴保温，也是菜肴特色的一部分。

7. 温

即成品菜肴的温度。同一种菜肴或同一道点心，食用时的温度不同，口感质量就会有差别。例如蟹黄汤包，热吃汤汁鲜香，冷凉则腥而油腻，甚至冷凝无汁。再如清蒸黄鱼，热吃鲜嫩无比，冷凉则肉硬味腥。科学研究发现，不同的菜肴具有不同的最佳食用温度。例如，冷菜在 10 摄氏度左右食用最佳，米饭在 6 摄氏度以上食用最佳，热菜在 70 摄氏度左右食用最佳，热汤在 80 摄氏度以上食用最佳，砂锅滚沸时食用最佳。

8. 声

即菜肴在餐桌上发出的声响。有些菜肴由于厨师的特殊设计和制作，已经在消费者中形成一种概念，即上桌就应该有响声。例如锅巴虾仁等锅巴类菜肴和铁板鳝片等铁板类菜肴，上桌时都有"吱吱"的响声，说明锅巴炸制的酥脆程度是达标的、铁板烧烤的温度是达标的。

9. 营养卫生

该标准虽然抽象，但也可以通过菜肴的外表及内在质量指标来判断和把握。例如，炒制的绿色蔬菜，可以通过观看颜色判断维生素的损失程度，清蒸鱼，可以通过品尝感知该鱼的新鲜程度。另外，通过对一席菜肴的用料和口味等进行全面品评，可以得知营养搭配是否合理。

（三）乡村菜肴设计的关键

1. 原汁原味

乡村餐饮开发首先要在食物的"原汁原味"上下功夫，即在地道的乡土原材料、乡土滋味、乡土做法、乡土器具、乡土吃法、乡土礼仪等餐饮要素上下功夫，千万不可把城市宾馆、酒楼的做法简单地搬到"乡村"来。其理由主要有以下两个。

第一，旅游者到乡村游玩的目的是观赏美丽的田野风光和体验别具一格的乡土生活风情，只有原汁原味的乡土菜肴才能令旅游者有耳目一新的感觉。

第二，城市宾馆、酒楼的做法是与其建筑、基础设施、装修档次、格局，以及专业人员的素质相配套的。漂亮的餐桌摆台只有放在富丽堂皇的餐厅才好看，把它搬到农家小屋就有点不伦不类了。更何况，把城里的一套搬过来是要付出相应成本的。例如，只有平整、无污渍、无破损的桌布才漂亮，但要做到这一点就需要专业的洗涤、熨烫和保管，仅此项就花费不菲。同时，乡村餐厅的桌布使用率和城市餐厅的使用率是不一样的，乡村菜肴和城市的服务成本和利润也有不同。因此，一般情况下桌布不适宜用在乡村餐厅。如果把这些不必要的成本花在突出乡土特色上，效果应该会更好。

2.因势利导

在乡村旅舍旅游开发中，"吃"是一个非常重要的环节，但并不是全部。要根据不同的情况，把"吃"与其他的乡村旅游活动结合起来。当"吃"的资源或产品吸引力较大时，可以借助"吃"把旅游者吸引来，然后再想办法让他们参与到其他的乡村旅舍旅游活动中，如农事、民俗、节庆等。当其他的资源或产品的吸引力比"吃"大的时候，则要先通过其他产品或活动把旅游者吸引来，然后再想方设法让他们吃一吃农家菜。如果做得好，"吃"很有可能后来居上成为新的招牌产品。就目前的状况来看，"吃"的发展空间和潜力似乎比其他的乡村旅游活动项目更大一些。

3.适应市场

乡村餐饮作为一种旅游产品，能否开发成功关键在于能否满足旅游者的口味或喜好。不清楚这点，就有可能做出费力不讨好或赔本的买卖。那么，怎么做才有可能满足旅游者的品位或喜好呢？一般来说，要处理好以下几个问题。

（1）谁来吃

一般来说，到乡村旅游和品尝农家菜的主要是周边城市的旅游者，有人认为其地理半径在 20 千米左右。在"谁来吃"的问题上，乡村旅舍经营者需要弄清楚两点：首先，不是每个城里人都会来吃农家菜，肯定只是一部分人，并有可能是小部分人。这时就应该对有可能来吃农家菜的这部分人的数量、消费习惯、能力和特点有较清楚的了解，否则就很难做到有的放矢。如果对旅游者的数量没有一个大致的了解，一窝蜂地到处都是"农家菜"，结果只能是恶性竞争，自断生路。乡村旅舍经营者应该有所警觉，尽量防止此类情况的发生，以免浪费资源。其次，虽说乡村旅游的地理半径在 20 千米左右，但如果确有特色或卖点，也是有可能吸引到更远的外地旅游者来消费的。

（2）吃什么

一是吃"乡土"。乡村菜肴新鲜不油腻，既绿色又卫生，虽说"土里土气"，但这就是优势，城里人好的就是这口儿"乡土味"。同时还要突出当地饮食特色，按照当地饮食传统习惯来设计菜单食谱，做到定位大众化，讲究好吃不贵，菜品开发要立足于本地，采用本地的特色原材料、调味品、烹调技法。菜肴使用土原料、土烹制、土成品、土吃法，这是乡土气息的一种表现形式。如果住在山区，可以尽量开发蘑菇、木耳等山上的特产，如果住在平原地区，就要在田间作物上多费一些心思。总之，菜肴应尽量在野菜、土菜和城里没有或城里人不知道怎么吃的菜上下功夫。除了饭菜要走"乡土路线"，吃饭的环境和餐具也要够"乡土"。一个农家小院，几个草墩儿，一张旧方桌，几条黝黑锃亮的长凳，再加几只粗瓷大碗，就会勾起游客无限的回忆。

二是吃"绿色"。喜欢吃在乡村旅舍的游客，除了要吃得"土"，还要吃得"绿"。这吃得"绿"也大有讲究，比如肉要现宰现吃，虾蟹要现捞现煮，牛奶要现挤现喝，豆腐要现磨现吃，蔬菜要现摘现做。肉要无激素的，菜要无农药、无公害的。要吃出野味、吃出自然。

三是吃"卫生"。干净卫生是餐饮行业最基本的标准和条件。乡村旅舍的餐饮也不例外，因为这也是游客最看重的问题。如果就餐环境不整洁，餐具没有经过有效洗涤和消毒，那么即使做出的饭菜再美味、再有特色也会让顾客望而却步，没法下筷子。乡村旅舍餐饮卫生须知：配备专用的碗、筷、餐具消毒设备和冰箱，锅碗瓢盆等摆放有序；食品制作应生熟分开；厨房四周干净整洁，窗明几净，有良好的通风排烟设施；厨房地面干爽无油腻，墙面砖、灶台、油烟机等清亮光洁；厨房内纱窗完好，做到无蝇蚊、无蟑螂、无鼠迹；厨师必须穿工作服、戴口罩，不准在操作时吸烟；不加工变质食品，食品须煮熟、煮透，谨防食物中毒；餐具（包括砧板、洗碗布）清洁，要做到无油腻、无水渍，洗后严格消毒；自觉接受旅游、公安、卫生等有关部门的指导、检查、督促。只有饭菜卫生，就餐环境整洁，客人们才能吃得放心、舒心，我们也才会安心。这样一来，回头客还能少吗？

（3）什么价位

乡村餐饮定在什么价位是个复杂的问题。定高了，旅游者或城里人不买账，定低了，经营者又不能赚到应有的利润，以致失去继续经营的动力。由于不同地区之间的经济发展和消费水平存在很大的差异，所以很难制定一个通用的公式或方法。不过在具体操作时，如果能对以下几个问题进行充分考虑和综合平衡，就会得出一个比较合理的价位方案。其一，要了解邻近地区餐饮中低档产品的价位在何种幅度，并以此作为参照来制定价位。因为旅游者或城里人对乡村菜肴的价格认可度大致在这一区间。其二，要看周围的竞争或供需状况。如果竞争激烈、供大于求，价格就不可能有一个较高的定位。反之，如果产品具有鲜明的特色，并且是难以模仿或取代的，即便是"低价产品"也可以卖出较高的价格来。关键是要善于寻找或发现这种特色，并打造出"只此一家，别无分店"的效果。

（4）是否便利

交通的便利程度是乡村餐饮能否吸引旅游者或城里人来消费的一个比较重要的因素。对旅游者来说，如果在路途上花费的时间较多，而且道路状况又不是很好，其消费热情或积极性就会大打折扣。就目前的情形来看，汽车单程在1小时以内的距离是大多数旅游者能够接受的。当然，如果产品确有特色或名气很大。再远一些也会有人去的。此外，交通的便利程度还与产品的价格有内在的联系。对旅游者来说，他们的花费不仅仅是饭菜钱，还包括往返路途中的花费乃至时间、精力等。

4.突出特色

（1）基础层：在菜肴制作、开发上，坚持主打"创新"牌

以经营饮食为主的乡村旅舍经营者，一定要在传统的基础上有所创新，做到"人无我有，人有我优"。在餐饮方面，要深度挖掘地方文化，不断翻新菜肴，使用传统的原材料和器具，利用现代的烹调方法和技术，创造出真正属于自己特色和招牌的美味佳肴。菜肴的创新主要体现在以下方面。

一是用新奇的原材料制作食品。需要注意：运用新鲜食材，少用加工食品；越接近原始状态的食物，越能提供健康美味与养生效果；避免过度烹调，以保证食材原味甘甜；配合季节调整，达到"色、香、味"俱全。比较有特点的食品及原材料一般有以下品种：山葱、山韭菜、木耳、花椒芽、山野菜、蘑菇、榆钱儿、荷叶、苇叶、香椿；萝卜缨、萝卜干、茄子皮、茄子干、芹菜叶、葫芦干、豆腐渣；玉米面、高粱米、白薯、榆皮面、黑豆；小鲫鱼、泥鳅、柴鸡、柴鸡蛋、蚂蚱、金蝉；枣儿茶、绿豆汤、杂面汤、腊八蒜等。

二是用新奇的方法制作与表现食品。表现在：一物多用，茶餐用不同的方式烹调，以产生不同的效果；常物巧用，运用得恰到好处时，就能化平凡为神奇；剩物利用，锅巴海鲜就是运用此法制成的。

三是善于运用"外形之美"。美食配以美名：给菜肴以美的名称，让人产生期待与感受；与材料特色吻合："山韭菜炒柴鸡蛋"，从菜名就能清楚知道其内涵和食材；营造饮食气氛：饮食气氛是多数人在饮食生活中所追求的，以满足进餐时的心理需要，例如自然气氛、乡土气氛、新奇气氛；做好菜品的

组合搭配：在充分吸收原有农家筵席优点的基础上，丰富原料、口味、质感、技法，注重营养搭配，使农家筵席具备鲜活的生命力。通过对菜品的创新、组合，充分体现"一菜一味、百菜百格"的特点，就能打造出乡村旅舍餐饮品牌。

（2）加强层：指用餐环境、用餐方式等，坚持主打"文化、亲情"牌

餐厅环境与布置需要精心设计或选择，务必使就餐者理解经营者的用心，并从中了解农家的特色。地板、墙壁、桌椅等饰物要运用独创性的特色装饰，如一挂玉米棒、一席草帘、一件旧家具等，不仅能表现餐厅的特色，还能体现浓浓的乡情，唤起人们心底的那份"思乡"情结。总之，用餐环境要富有个性，拥有格外温馨的就餐氛围，做到纯朴之中含有意蕴丰富的传统文化品味。

游客到乡村旅舍不仅是要吃好玩好，更要感受热情淳朴的民风。成功的乡村旅舍经营者在强调热情服务的基础上，开始越来越多地倡导"自然、淳朴"的服务风格，并力争在服务细微处给游客一个惊喜，让游客有一种回家的感觉。同时，也可开展一些烹饪过程的参与性活动。饮食的快乐不仅体现在进食中，而且表现在食物的制作过程中。让客人亲手采摘农家蔬果，捕鱼捉虾，参与制作一些简单而富有特色的小吃、菜品等，就会使他们从体验中得到快乐，进而对乡村菜肴产生浓厚的兴趣与更新的认识。

（3）提高层：餐饮与旅游结合，坚持主打"组合"牌

作为旅游者六大消费要素中的首要和基本要素，餐饮是旅游产品的重要组成部分。各地乡村餐厅的发展必须以紧密结合旅游为生命线，开发多种特色饮食文化专项旅游。针对中国几千年的饮食文化沉淀，充分利用当地独特的资源优势，将美食与乡村旅游等多种形式相结合，推广多条旅游美食线路和举办多项美食活动，这对促进旅游业和餐饮业的发展具有积极意义。

（四）乡村菜肴的创新

主打菜肴往往是乡村菜肴的招牌，也是决定来客多少的重要原因。开创一些独有的风味乡土菜，就可以吸引更多的游客前来消费。

1.就地取材

俗话说，要想留住人的心，先要留住他的胃。乡村旅舍经营者可以利用本地特产和自家条件，不断添加一些新口味来丰富主打菜。例如，在京西百花山，漫山遍野、沟沟堰堰都长着曲麻菜，这些菜很少受到工业污染，也没施过农药和化肥。在曲麻菜还没有开花的时候，把它摘下来，用清水洗净，再用开

水一焯，最后泼上热热的辣椒油，一道碧绿油亮的"油泼曲麻菜"就做成了。味道清脆爽口，又有辣椒开胃，是一道很受城里人欢迎的特色菜。这种创新菜看没有什么复杂的烹饪技术，全是靠自身的特色创出优势。因此只要多留意、多动脑，创新的原料就在身边。

2. 勤动脑筋

城里人到乡村旅舍，目的之一是吃饭尝鲜。乡村到处都是野菜，这些野菜生长在山野、林中、水边，土生土长，是纯天然的绿色佳肴。而且，野菜的营养价值比城里人常吃的大棚菜要高好几倍。另外，几乎所有野菜都可以入药，对一些疾病有着较好的疗效。

有些山野菜，虽然不常被人食用，但是营养价值和保健作用很好。如昌平的一家农家乐，有一道创新菜叫"软炸刺五加"，聪明的经营者从中药"刺五加片"和"刺五加酒"中得到了启发，想创制一个用刺五加做的新菜。他托人一打听，知道刺五加是上过《名医别录》的，书中说刺五加"补中益精……久服轻身耐老"。于是他反复试验，创出了这道新菜。这道菜不仅有很好的药用价值，而且口味鲜香，很受客人欢迎。

由此可以看到，很多乡村私房菜都是善于动脑、敢于创新的人发明的。寻常原料经过一双巧手的加工，就能成为"独此一家"的乡村旅舍主打菜。在客人津津有味地吃着创新菜的时候，再给他们介绍一点野菜的小知识，像"马齿苋"等，有去油腻、助消化的功能，适合城里工作忙、应酬频繁的朋友；"车前草"等，可以清热活血、追风散寒，适合体质虚弱、工作劳累的朋友。此时，客人不仅会欣然消费，而且会对经营者体贴入微的服务感叹不已，进而带来更多的客源！

3. 重技术改方法

所谓好菜，并非一定是难以求得，更没有什么独门秘籍。只要吃着口味新鲜、客人喜爱，就是好菜。比如，菊花在乡村多有种植，而且花朵大、颜色艳，特别惹人喜爱。要知道有些菊花除了观赏以外，还可以吃。乡村旅舍经营者可以找乡里的技术员帮忙，种上观赏、做菜都适合的菊花。当城里客人来的时候，先引领客人参观欣赏菊花，然后轻轻摘下花瓣（也可让客人亲自采摘），用清水洗净，直接加入调料凉拌就能食用，清香可口；也可以切碎和在面里，刷油烙成菊花饼，又好看又好吃；还可以先炝锅，放入肉丝煸炒，加高汤烧开，放入新鲜的菊花瓣，这样一碗带着清香的菊花汤就做好了，金黄的菊瓣漂浮在汤上，十分诱人。

夏天，人们爱吃凉拌菜，城里人都会使用一般的色拉油或香油，口味单一。这时，也可以在这方面创新一下。京郊百花山的农民有榨杏仁油的习惯，用杏仁油代替香油拌凉菜，味道新鲜又特别，保证让客人赞不绝口。广东中山市有一种"脆皖"（也就是草鱼）很好吃，北方也可以借鉴一下当地人的饲养方法。这种草鱼味美的秘诀就是改变饲养技术：用胡豆喂鱼，鱼肉本身会变得脆嫩。无论炖还是炸，肉质都松脆可口。如果能习得其饲养方法，可是个创新私家菜的好机会。

另外，一些创新菜，比如"清炒白薯秧""肉炒南瓜花"，虽然和一般的炒菜程序没有太大区别，但在火候的掌握上还是有些特别的技术要求。

乡村旅舍经营者只要在技术上稍加琢磨，在烹调方法上多做试验，就会创造出一道道在繁华都市里吃不到的鲜香诱人的佳肴。那时候，还怕没有客人上门吗？所以，在烹饪技术上动一动脑筋，创新菜肴其实并不难。

三、乡村餐厅接待服务

乡村餐厅接待客人要热情，不仅要保证服务的全面，而且也要保证服务的质量，即在玩、食、行、收银等方面加以综合考虑。热情服务是一根链条，任何一个环节都十分重要，要将服务渗透于乡村旅舍的方方面面。从某种意义上说，客人是否受到尊重是乡村旅舍服务人员责任心的体现。

餐厅服务是指餐厅为接待客人而进行的服务工作。餐厅每一班次的服务程序大体可分为：餐前准备、开餐服务、就餐服务和餐后清理四个主要环节。下面着重介绍中餐零点服务规范。

（一）餐前准备

1.班前短会

班前短会由餐厅领班或主管主持召开餐前训导会，其内容包括检查仪容、介绍情况、分配任务三个方面。这一环节相当重要，千万不能忽视。

2.清洁工作

第一，窗户明亮，窗台无尘土，窗纱无破损、无污迹。

第二，地面干净清洁，无垃圾、无纸屑、无水渍、无污迹、无破损。

第三，花架、花盘、绿色植物及垫盘干净清洁，无垃圾、无烟头。

第四，墙面无污迹、无脱落、无浮尘。

第五，餐厅内装饰物品摆放端正，无尘土，窗帘无脱环。

第六，餐厅桌椅完好无破损、无变形、无污迹，确保光洁明亮，桌上物品摆放有序。

第七，工作台无油腻、无污迹。

第八，餐厅内各种设备完好、洁净，灯具明亮、无损坏。

第九，餐具、水杯严格消毒，无水迹、无手纹、无破损。

第十，转台转动灵活，无油腻、无污迹，光亮透明。

3.准备餐、用具

备齐餐具、佐料和服务用品。将消毒好的碗筷、盘碟、茶具等整理备齐，放置有序。检查酱油、醋等佐料的容器，看是否清洁、装满，不足的要及时补上。另外，还要根据当天的供应品种配制、备足其他辅助佐料，并记得把牙签等准备好。

4.铺设餐台

按照餐厅摆台的标准进行摆台，力求统一、规范、整齐、美观。

5.了解情况

即了解当天的供应品种和其他原材料的情况，哪些菜肴是重点推销的，哪些菜肴是脱销的，哪些是特色菜等，以利于员工做好点菜服务。了解预订接待对象，如接待人数、入席时间、摆设要求等。

6.全面检查

在准备工作完毕，服务员自查的情况下，由领班或主管进行抽查或全面检查。若检查中发现错漏处，服务人员应马上进行纠正弥补。

（二）开餐服务

开餐服务是餐厅对客服务的开始，也是餐厅工作的重要环节。其具体服务程序如下。

1.热情迎宾

见客人到来时，迎宾员要面带笑容，热情待客。主动为客人拉门，使用敬语问候客人并向客人致意。询问客人就餐人数，问清后交与服务员带到合适的餐台安排就餐。

2.合理领座

引领客人时，迎宾员应走在客人的左前方与客人相距约 1 米处。引领客人到达事先安排的或预想安排的餐桌，引领速度需要与客人行走速度相同。引领客人到达餐桌时，迎宾员要逐一为客人提供拉椅服务。

3.送巾递茶

客人就座后，要向客人问茶，征询意见，也可根据客人的喜好介绍适宜的品种，然后按需开茶。开茶时要注意卫生，使用茶勺按茶位放茶，茶量准确。斟茶水时，一般斟七至八分满为宜。同时，要帮客人脱去筷套。在客人饮茶的过程中，服务员应将菜单呈递给客人。

4.接受点菜

在呈递菜单之前，服务员还必须对所有的菜式都有充分的了解，包括菜肴的成分、原材料和做法，特别是厨师精选之类的菜更应了如指掌。如果菜单是带封面的，在呈递前应首先将菜单打开，从客人侧后双手递上，并礼貌地请客人阅读，同时向客人说明及推荐菜式。

点菜时，菜单在哪个客人手里，服务员就应礼貌地站在其侧后约 50 厘米处。这样既能听清客人的说话，又不妨碍客人翻阅菜单。接受点菜，要保持站立姿势，身体微向前倾，认真清楚地记下客人所点的菜品。当客人点活养海鲜品种时，应将活养海鲜捞出装袋，拿到客人桌前示意，待客人确认后再送入厨房。点菜完毕后，应向客人复述一遍所点的菜肴名称。

5.开单、送单

客人点完菜，服务员要迅速为客人开单。填写点菜单要迅速、准确，同时要填写桌号、用餐人数、开单日期、服务员工号，在备注栏内记录客人对菜肴的特殊要求。开单完毕后，一定要复述菜单，告知客人所点菜肴的种类、数量、特殊要求等。点菜单一般是三联，一联为存根联，交收银台结账。另一联为提货联，送至厨房。第三联交由服务员或传菜员保存，一般是上一道菜划一道菜，以免上错菜肴。

（三）就餐服务

就餐服务也称"值台服务"，是把客人点的菜肴送上餐桌，在客人整个就餐中，照料客人的各种需要，最大限度地使客人满意。

1.上酒、上菜

服务员要快速领取客人所点的酒和饮料；取出后，若是整瓶的，须将瓶子擦干净，在餐台前打开；若是罐装饮料，切记不要将罐口正对客人打开；斟倒完毕后，如有剩余的酒水，应放在餐桌的一角。

当传菜员托着菜肴到餐台旁停下时，值台员应快步迎上，待核对无误后，将菜肴端上餐台。上最后一道菜肴时，要主动告诉客人，并询问客人是否还有需要。

2.巡视服务

在客人用餐时，服务员要勤巡视，看客人有什么新的要求，注意斟酒、撤换餐具和清理台面，主动照顾好老幼病残孕客人，做到有问必答、态度和蔼、语言亲切。在客人用餐过程中要适时敬茶，询问客人是否需添菜加酒。客人交代的事，要尽量办到。

3.结账收款

菜上齐以后，服务员应及时告知收银员准备结账。收银员核对账单无误后，应将账单放入收银夹内。客人结账时，餐厅服务员应当面将现金复点一遍。若是陪同客人到收银台结账，服务员应与客人保持一定的距离。

4.征求意见

客人用餐完毕后，服务员要坚持做到礼貌送别，并虚心征求和听取客人的意见，对服务不周之处应表示歉意。一旦发生误会，服务员要及时做好解释工作。

5.热情送客

送客是礼貌服务的具体体现，表示餐厅对客人的尊重、关心、欢迎和爱护。如果工作不太忙碌，要尽可能将客人送至餐厅门口，因为送客也是争取顾客再次惠顾的手段。对于重要客人，领班应询问客人对菜肴是否满意、服务是否周到。若有不周之处，应立即向客人解释，并表示竭诚改善，使他（她）们乘兴而来、满意而去。这样，餐厅与顾客间的情感便会自然地建立起来。

（四）餐后清理

1.清扫场地

客人走时，服务员应先查看是否有客人遗落的东西。如有，应立即交还客人。如客人已经离开，应交服务台并告知值班经理，以免被损坏或被他人冒领。清理台面时，最好等该桌客人已离开餐厅再动手，以表示对客人的尊重。撤餐、用具，撤台布，铺好台布，摆放桌椅，动作都要轻、稳，尽量不要发出大的声响，以免影响邻座客人就餐。

2.分类送洗

当天用的餐巾、餐具等要及时清洗消毒，擦拭干净，分类保管，以备再用。

3.整理餐、用具

尚未使用的餐、用具要归类存放；调味品盛器和花瓶、台号要擦干净；转台要用清洁剂重点擦洗；三联点菜单、笔、菜单等要放置于统一位置，并清点数量；清点并补充物品。

4.工作小结

每天工作结束后，服务员要养成做工作小结的习惯，以利于今后工作水平的提高。小结的内容包括：整理客人意见书、填写工作记录等。

5.安全检查

下班时，安全检查工作不可忽视。要注意是否有烟蒂等火种存在，关闭所有不用的电气设备以及门窗等。服务员在确保餐厅安全后，才能离开。

第三节　乡村旅游娱乐项目开发与设计

一、乡村旅游娱乐项目设计思路

（一）娱乐项目设计思路

旅游者的旅游动机已经由原来的观光型转变为现在的求知型，即把旅游作为一种重要的文化活动，追求旅游产品的文化底蕴。因此，乡村旅游绝不能停留在一般的"住农家屋，吃农家饭"的层面上，还要重点开发并设计乡村旅游娱乐项目。

从乡村旅游娱乐项目的开发设计来看，要利用乡村历史的、地方的、民间的文化要素，结合现代的、国际的、主流的展示方式，开发出适合一般现代旅游者需求的产品，将各种文化产品从过去的观光型转变为休闲型，把旅游活动从原来单纯的教育方式转变为全方位的体验，把原来静态的、历史的、呆板的观赏对象转变为动态的、现代的、生动的体验对象。

因此，乡村旅游娱乐项目要具有知识性、趣味性、体验性、享受性，使游览、娱乐与学习相结合，从而更富吸引力。为此，可以从以下4个方面进行尝试。

1.提高品位

乡村旅游观光活动和项目要把娱乐性与知识性结合起来，增加科普活动、新知识新技能的传授活动、特长培训活动、艺术欣赏活动的分量，由单纯"求乐""求美"向"求知""求新"拓展，以满足旅游者的需求。

2.突出乡土气息

农事活动体验是最受乡村旅游者欢迎的项目。在乡村旅游期间，去田间地头进行农事劳作，是城里人最乐意做的事情。此外，游客到乡村玩的休闲项目还有以下几种：新鲜果蔬采摘、篝火晚会、烧烤、垂钓、乘坐畜力车在乡间观光、体验乡村节庆、学习简单而有特色的民俗舞蹈、曲艺形式和传统手工制作等。

3.提高游客参与度

乡村资源的开发、项目的设置，都要十分注意提高游客的参与度。乡村旅游可以开发的农事活动、民俗事项、体育健身项目等，大都具有很强的大众性，因而又蕴藏着可参与性。

4.改变单一的娱乐方式，向多元、健康的文化体育活动发展

例如，可以考虑推出专供退休老人享用的度假产品，如安排"学书画农家游"，请书法家、画家任教师开讲座；为喜欢诗歌创作的老人安排"租农家房、种农家花、咏农家景、享农家乐"的活动，体验如梦、如画、如诗的感受。

（二）娱乐项目设计中应注意的问题

乡村旅游娱乐项目提倡深度的体验旅游，把观感上升为心得，从经历中提炼体验，实现真切的体验式旅游。只有充分重视以下问题，才能够对成功设计乡村旅游娱乐项目提供帮助。

1.注重文化体验的真实性

由于体验是人为塑造出来的，所以面临着真实性的考验。真实性意味着要求保持本色，对于游客的体验是十分重要的。真实的场景和人物，有助于游客在游览中获得高质量的体验。乡村旅游娱乐项目的真实性包括客观真实、构建性真实和存在性真实。

客观真实指的是在乡村旅游娱乐项目中，既强调对乡村自然环境作为旅游目的物的真实性，更强调乡村居民真实的生产生活在旅游者到来时能否保持原状，给旅游者一种真实的体验。构建性真实指乡村旅游娱乐项目的开发商按照他们的想象、希望、偏好、理念等来塑造旅游者可能感觉更舒适、更轻松快乐的农事活动、采摘等形式的体验活动，虽然没有体现农村居民生活的真实，但在旅游者的主观感受和特殊情结的作用下，能够感受到一定程度的真实体验。存在性真实指的是在乡村环境中生活，通过深层次地体验旅游活动获得这种被激活的生命存在状态，可能与真实的农业毫无关系。旅游者注重对自己存在状态的感受，可以通过宁静平和的乡村环境和人际关系来寻求真实的自我。

2.注重文化体验的互动性

体验的前提是参与。一切旅游娱乐活动都是旅游客体与主体之间互动作用的结果，是人的心灵的一种感悟与领会。对于同一个景象，经历同一个游程，由于游客的不同社会背景、生活阅历、文化素养和审美情趣，往往有不同的感受与体验。因此，乡村旅游娱乐项目应该尽可能地设计与提供参与性强、兴奋感强的活动与项目，引导旅游者在前往乡村旅游目的地之前，事先了解这个乡村的环境与历史。在参与乡村生产生活以及其他乡村活动中多与当地居民交流，勤思考以发现新鲜生活中有意义的部分。旅游者体验旅游结束后还可以回顾感受，从乡村的经历中提炼出自己个性化的体验，总结自己在乡村旅游过程中获得了怎样的知识和经验、得到了什么感受、为乡村留下了什么、对乡村还有什么留恋。这种理性的体验旅游的过程，强调较强的互动性。

3.注重文化体验的主题性

主题是乡村旅游娱乐项目的基础和灵魂，有诱惑力的主题可以加深旅游消费者对旅游产品的现实感受。乡村旅游娱乐项目主题的确立，相当于为游客的体验活动制定了一个剧本。一个明确的主题是营造氛围、营造环境、聚焦游客注意力，这是游客在某一方面得到强烈印象并获得深刻感受的有效手段。设计一个精练特色的主题，有助于旅游者整合自己的体验感受，留下深刻的印象和长久的回忆。

乡村旅游娱乐项目主题的确立应符合乡村本身的特色，与乡村的自然、人文、历史资源吻合，植根于当地的地脉、文脉，在对主要客源的市场需求、个性和特色充分认识与策划的基础上，选择在历史、心理学、宗教、艺术等范围内进行主题开发；同时主题的确立也应根据主导客源市场的需求，突现个性、特色与新奇，避免与周边邻近乡村旅游目的地的项目雷同。一个好的体验主题要符合以下几个条件：一是必须能调整人们的现实感受；二是能够通过改变游客对空间、时间和事物的体验来彻底改变游客对事物的感受；三是能将空间、时间和事物协调成不可分割的一个整体；四是多景点布局可以深化主题；五是必须符合乡村当地的固有特色。

（三）克服季节性制约

对于休闲农业乡村游来说，设计一个核心引爆娱乐项目容易，设计"一年四季"都能吸引市场游客的娱乐项目却很难，会受到诸多因素的制约。春种、夏长、秋收、冬藏，应把握好四季的主题，包括节气、节日等，据此设计乡村旅游娱乐项目。在这样的基础上，谁能够有效地把季节问题解决了，谁的休闲农业与乡村旅游的价值就是最高的，资源的使用效率和收益能力也是最好的，发展结构自然是最合理的。因此，应规划设计乡村旅游四季全天的娱乐项目，其具体思路如下。

1.春秋季设计思路

春季最重要的自然资源是花草，最重要的文化资源是乡村民俗；而秋季是收获的季节，各种各样的果实以及独特的景观是秋季乡村旅游可依托的资源。春季和秋季是乡村旅游观光的最佳季节，由于气候温度具有相似性，其乡村旅游娱乐项目的设计思路也存在相似性。

比如"亲子游"，油菜花开的时候，就讲油菜的故事。虽然很多孩子从幼儿园就开始唱"小蜜蜂，嗡嗡嗡"这类儿歌，然而当蜜蜂真正采花蜜的情景，很多孩子是没有亲身观察过的。因此，可引导孩子们拿着放大镜安静地观察。收获的季节，让孩子们参与各种收获场景。种植的时候，也让孩子们全程参与。比如，清明前去种棉；4月前后可以组织学生们种植棉花，接着种植玉米。参与过种棉花、种玉米的孩子们，到了这个时候就会问：我们那个时候种的棉花怎么样了呀？玉米能不能收了呀？于是他们就会再来这里，这也是吸引他们多次旅游的一个手段。

2.夏季设计思路

夏季属于乡村旅游的旺季，但也需要核心娱乐项目来引爆。就拿"亲子游"来说，让孩子们在休闲农庄里感受万物的勃勃生机，组织孩子们进行田间管理，让他们去浇水、除草、喂小动物等。另外，特色产品的开发也是关键。

3.冬季设计思路

从传统意义上来讲，冬季寒冷不便出行，似乎属于乡村旅游或休闲农业的淡季。但其鲜明的季节特色催生出许多独特的景致与游憩方式，如果合理地进行设计开发，一定会形成引爆点。

（1）温泉

温泉是地热，是生态能源，是清洁能源，符合发展趋势。一个区域只要有温泉，冬季乡村旅游就可以盘活了。

（2）冰雪嘉年华

冰雪嘉年华包括观光类、休闲游乐类、度假类、民俗节庆类等各种冰雪旅游产品，形成了冬季度假聚集的结构。

（3）庙会

庙会聚集了乡村民俗展示、创意集市、土特产品展销集市、餐饮、祭祀、民俗游戏与冰雪游乐等各种消费结构，是冬季汇集人气的一个重要模式。

（4）温室

温室已经逐渐由单一的农业种植功能，发展成为以温室设施为载体、以恒温环境为卖点、以全时休闲度假为理念，集生态观光、休闲娱乐、旅游度假、科普教育、农业种植等于一体的综合性智能温室，成为引爆冬季乡村旅游的一个新引擎。

比如"亲子游"，可组织孩子们对大自然进行观察，让他们体验"冬藏"，即冬天动物、植物等万物都把自己藏起来以贮存能量。可以让孩子扒开树叶，看看树叶下边藏了什么。还可以让孩子去找种子，冬天很多种子也是被藏起来的。

二、乡村旅游娱乐项目内容

（一）乡村旅游娱乐项目设计内容

乡村旅游娱乐项目通过参与活动、观看演出等，使游客达到愉悦身心、放松自我的目的。这类项目在提升为乡村文化体验游时，主要通过以下途径进行：第一，注重环境的提升作用、精神的促进作用等；第二，开发内部的体验价值，实际上乡村文化体验旅游的从业人员本身也在进行一种体验，这种体验不仅可以提高工作效率和创造性，还可以更好地稳定人们之间的关系，起到沟通、信息和知识共享、协调等作用；第三，重视对游客感官、触觉、视觉甚至味觉的刺激；第四，重点设计游客感兴趣的项目，各历史时期示范表演（如古代生活情景），游客动手制作工艺品，有奖励的游戏和竞赛，表演、庆典、游行和各式各样的狂欢，赠送纪念品，等等。

1. 开展晚间娱乐项目

开展丰富多样、参与性强的娱乐项目，如歌舞表演、民间曲艺、夜游县城、饮食夜市、烟火表演等项目，丰富游客的晚间娱乐生活，满足游客的需求，发展地方经济尤其是夜晚经济。

2. 建设文化娱乐场馆

打造休闲娱乐广场，构建文化中心、图书馆、博物馆等。挖掘开发地方和民族文娱项目，发展民歌等群众喜闻乐见的表演形式；建设文化娱乐休闲广场，集娱乐、宵夜、演艺、健身等功能于一体，丰富游客的娱乐活动。

3. 拓展旅游休闲活动

将旅游业与休闲文化体育相结合，开展休闲、健身、娱乐活动，如亲水、划船、登山、垂钓、洗浴等。可以在田园、牧场、渔区、农家等开展一些绿色休闲体育项目，如滑草、攀摘瓜果比赛、模拟自驾牛耕地比赛等绿色健身项目。这样休闲者既领略了田园风光，亲近了大自然，达到了返璞归真的目的，又参与了一些自己喜爱的绿色休闲体育项目，达到了强身健体和愉悦心情的目的。同时还为新农村消费市场注入了新的活力，促进了新农村当地经济的发展和新农村产业结构的调整。

4. 策划大型的旅游节庆活动

策划如"乡村旅游节""乡村采摘节""乡村美食节""乡村自驾游""乡村

摄影节""乡村民俗风情节"等大型活动来扩大影响，树立区域乡村旅游的总体形象。

5.完善饭店及宾馆娱乐

要求设置歌舞厅、卡拉OK、夜总会、茶馆、酒吧、咖啡厅、美容美发等。高档次宾馆内设游泳馆、娱乐城、健身房、有氧活动室、SPA、桌球室、棋牌室、音乐厅、电影厅等。

6.开发景区娱乐项目

在旅游定点饭店、餐馆、度假村和主要旅游区（点）引入地方歌舞和器乐演奏，让游客边游边赏、边吃边看，不仅可以欣赏地方民俗演艺，而且可以有选择性地参与到队伍中进行同场演艺。

7.加强旅游娱乐管理

努力提高从业人员的职业道德水平和业务素质，力求通过旅游娱乐业的优质服务强化良好的乡村旅游形象。

（二）乡村旅游娱乐项目设计的影响因素

纵观当今乡村旅游娱乐业，其规模之大、发展变化之快令人惊叹。乡村旅游娱乐项目花样繁多，层出不穷。除了传统的乡村旅游娱乐项目外，利用现代高科技开发的新颖娱乐项目更展现出神奇的魅力。

在数不胜数的旅游娱乐项目中，有一些娱乐项目一出现就被广泛地流传，甚至风靡全球。像20世纪50年代流行的康乐球，前几年流行的呼啦圈、飞盘、台球和卡拉OK等运动休闲娱乐项目，都在我国产生过十分轰动的效应。在美国，上至第一家庭，下至普通百姓中的儿童，都十分迷恋迷你高尔夫这一项运动娱乐项目。迷你高尔夫曾一度严重地冲击了电影的上座率，好莱坞曾经不得不禁止其演员参加迷你高尔夫娱乐，可见其影响之深。

另外，还有一些娱乐项目则经历了一个世纪乃至几个世纪仍经久不衰、深受人们的喜爱。如中国的麻将、龙舟、风筝、灯会，外国的扑克牌、歌舞厅、夜总会和网球、高尔夫运动等，在公众中都有极强的生命力。然而，也有一些运动休闲娱乐项目却遭遇了冷落和衰败。大家不禁要问：娱乐项目的成功要素究竟是什么呢？

所谓"娱乐设计成功"，指的是当设计者在构想一种娱乐项目，并为这种娱乐增加创意时，必须保证这种构想或创意能够获得成功。而娱乐项目设计成功的标准只有一个，就是受到人们的喜爱。那么，怎样才能受到人们的喜爱呢？从游客的娱乐心理来分析、归纳起来，即：一个成功的娱乐设计项目，必须能带给人们舒适享受、奇特新颖、惊险刺激或一搏输赢。也就是我们通常说的娱乐项目的"四性"，即享受性、猎奇性、冒险性和对抗性。没有上述特性的乡村旅游娱乐项目，必然不会受到人们的喜爱。

1.娱乐需要舒适享受

人们在紧张的工作之余，需要得到精神上的放松，一旦有条件进行休闲娱乐总是希望能够舒舒服服、心满意足。因此，乡村旅游娱乐项目的设计，首先应考虑优美舒适的环境、轻松愉快的氛围和周到满意的服务。这就是乡村旅游娱乐项目设计师应该注意的享受性设计原则。即使是让人出力流汗的健身房，也要设计得环境优美、设备豪华、服务及指导殷勤周到，以便消费者在健身时，能感到一种特殊的享受和满足。这和那种只有几块铁疙瘩，买票进去自己练的所谓健身房自然是完全不同的。再举一个例子，有人认为高尔夫运动很简单，一根棒、一个球，拿把铲子在地上挖个洞就可以玩了。如果当真是这样简陋而不追求舒适享受的话，高尔夫就不可能成为所谓的贵族运动项目了。因此，乡村旅游娱乐项目的设计必须讲究享受。

2.娱乐必须力求新颖

新、奇、特的娱乐项目最能激起人们的兴趣，也最能引起轰动，这是为什么呢？从人们的娱乐心理来分析，总是希望接受新的东西，即使是很平常的旅游观光，也喜欢选择没有去过的地方。也就是说，再好玩的娱乐项目也会有玩腻了的时候。因此，任何游乐场或旅游地都要不断变换花样，更新内容或形式，才能实现常玩常新。新奇独特的乡村旅游娱乐项目设计能满足游客猎奇的娱乐欲望，取得出奇制胜、一举成功的效果。

3.娱乐也要追求刺激

娱乐项目设计也常常追求刺激，惊险刺激的娱乐项目最能满足年轻人争强好胜、勇敢冒险的娱乐心理。人们对越是惊心动魄的项目越有兴趣，并能从这一类惊险的娱乐中感受到激动和兴奋，这就是娱乐设计中所谓的冒险类娱乐设计。讲究惊险刺激的娱乐项目很多，如急流勇进、超级列车、海盗船和动感电影等，都无不让游客感到惊恐万分。这类勇敢者的游戏，超越别人、战胜自己，富有很强的挑战性和诱惑力。最让人惊叹的是高空悬跳，也就是外来语译为"蹦极"的极限体育运动项目。从 30 ~ 50 米的高塔架上或是悬崖上纵身一跳，人就带着系好的绳索自由坠落下来。尽管坠落式蹦极跳十分安全，全世界总计已有上百万次的安全悬跳记录，但这种近似跳楼、跳崖的惊险场面，总是能一下子把观众的心提到嗓子眼上。

4.娱乐喜欢一搏输赢

娱乐项目的对抗性设计也是十分重要的。人人都有一种争强好胜、一搏输赢的娱乐心理，尤其是在体育运动中，胜负决定一切。提倡"友谊第一、比赛第二"的球赛，绝对没有今天球类运动商业化这样对抗激烈、精彩好看。娱乐项目也是一样，像模拟枪战、激光打飞碟、水战、体感游戏机等娱乐项目都有着强烈的对抗色彩。只要一分输赢，就有了能力、智力、魄力等诸方面的对抗，趣味性、刺激性和挑战性也由此迸发。

娱乐项目设计成功所考虑的四个特殊性，即享受性、猎奇性、冒险性和对抗性。这是从娱乐心理角度出发，阐述人们喜爱的娱乐项目所应有的属性。而娱乐项目能否赢得人们的喜爱，还常常受社会环境、民族文化习惯、地区消费意识，以及消费对象的年龄、性别等多方面因素的影响。例如，欧洲的马球在中国很难推广。甚至我国国内不同地区的民族习惯和消费意识也不尽相同，儿童和老人的娱乐心理、能力、智力等都与年轻人不相同。因此，要想获得娱乐项目设计的成功，就应该综合研究社会、政治、经济、文化、受众心理、自然环境、生活习惯和娱乐对象等诸多条件，这样才能创造出深受人们喜爱的娱乐项目来。

第六章　乡村旅游发展产品创新

第一节　乡村旅游产品概述

乡村旅游是在农业观光基础上发展起来的一种具有休闲度假性质的旅游方式，因此乡村旅游产品具有明显的复合型特征。乡村旅游产品的开发要充分地遵循自然环境的客观规律，尊重当地的社会文化，尽可能地保证当地自然环境与社会人文环境的乡村性，这是进行乡村旅游产品创新的基本原则。

一、乡村旅游产品的内涵

从旅游者的角度来看，旅游产品指的就是旅游者为了获得物质或者精神上的满足，花费一定的金钱、时间和精力所获得的一次旅游活动。从旅游地的角度来看，旅游产品指的就是旅游地为了满足旅游者的物质和精神需求，所提供的一系列服务的综合。所以，乡村旅游产品的定义如下：在旅游需求一方看来，乡村旅游产品乃是旅游者为了获得物质和精神上的满足通过花费一定的金钱、时间和精力所获得的一次乡村性旅游经历。

简单地说，凡是带有乡村性特征，能够为旅游者提供乡村生活体验的产品都可以称为乡村旅游产品。目前人类已经过渡到了体验经济时代，体验经济是继农业经济、工业经济、服务经济之后人类的第四种经济形态。在体验经济时代，企业提供给顾客的是最终的体验，顾客留下的是一段难以忘却的记忆，消费者获得的是一种身体和心理上的体验，并需为这种体验付费。在旅游业中，旅游体验更是表现得淋漓尽致，旅游产品作为一种高级的享受型的、体验型的产品形式，更是从各个方面来满足游客的精神和心理需求，使游客产生美好的体验和记忆。乡村旅游产品则是人们所追求的一种更具深刻体验魅力的旅游产品。

二、乡村旅游产品的特点

（一）产品的参与性

在体验经济时代，参与性是体验经济的首要特征，没有参与性的乡村旅游产品只能满足旅游者感官上的需求，但是却很难引起游客在情感上的共鸣。因此，产品的参与性称为乡村旅游产品的一大特点，即为游客提供参与到乡村衣、食、住、行等活动的机会，是乡村旅游产品规划的首要考虑因素。

（二）产品的差异性

产品的差异性指的就是乡村旅游产品的主观性和个体性。每一个旅游者的家庭背景、生活环境、知识文化程度、个人兴趣爱好等都存在很大的差异，因此旅游者对于乡村旅游产品的体验性也存在很大的差别，这就要求在对乡村旅游产品进行规划时必须重视乡村旅游产品的差异性，这种差异性可以通过产品的质量、形式、包装等体现出来，以更好地满足不同游客的需求。

（三）产品的时尚性

从本质上来说，乡村旅游产品其实就是乡村社会文化和当地居民生活价值取向的一个载体，但是在规划乡村旅游产品时也不能简单地从乡村居民的角度出发，原因就在于旅游者是乡村旅游产品的主要消费者，而绝大部分旅游者对于时尚的追求是一种本性，因此在规划乡村旅游产品时，要重视将乡村性与时尚性结合起来。

（四）产品的原生性

乡村旅游之所以能够吸引越来越多的城市居民，根本原因就在于乡村生活的特殊性。我们可以看出，在乡村旅游中对游客产生吸引力的是原汁原味的乡村生活，而不是利用现代科技来模仿乡村文化。因此，在对乡村旅游产品进行规划时，必须要重视产品的天然性和原生态性。

（五）产品的乡村性

乡村旅游产品的乡村性是界定乡村旅游的核心内容，是乡村旅游独特的卖点，是乡村旅游区别于城市旅游的根本特征，乡村旅游产品正是以这种纯朴而浓郁的乡土气息来吸引游客的。乡村性主要表现在资源具有明显的乡土性和旅游活动具有浓郁的乡情性。比如古色古香的乡土民居、如诗如画的田园风光、原始古朴的劳作形式，这些都散发出浓郁的乡土气息。与农家朋友漫步于田间小道，或与他们一起种植、采摘、载歌载舞，这些活动都蕴含着浓浓的乡情。

（六）产品的教育冶情性

乡村纯朴的传统美德及生产生活具有天然的教育和冶情功能，乡村旅游产品能够给旅游者带来快乐、轻松、兴奋、愉悦和幸福的各种心理感受，能够启迪人的心灵，陶冶审美情趣，提高文化素养，领悟人与自然"天人合一"的和谐。比如在与民同耕的参与性产品中可以体验到乡民"锄禾日当午，汗滴禾下土"的艰辛和生命的厚重韵味，同时增强旅游者对人类生产劳动的体认，对现代生活的重新认知。

（七）产品的脆弱性

乡村旅游产品的脆弱性主要表现在乡村旅游产品是基于乡村的生态环境设计出的，而乡村的生态环境本身属于一种半人工半自然生态，这种特殊的生态环境很容易受到游客的破坏，而伴随着乡村生态环境破坏而来的是乡村旅游产品的破坏。

三、乡村旅游产品的类型

（一）从消费行为的角度划分

1.核心产品

乡村旅游的核心产品指的是乡村自然景观与社会人文景观，这是发展乡村旅游的基础和核心。一般来说，乡村旅游的核心产品主要包括：乡村接待、乡村度假、乡村景观、乡村文化。对于旅游者而言，缺少其他产品所造成的后果无非是体验感下降，但是缺少核心产品则会造成旅游者失去最基本的旅游动力。因此，乡村旅游核心产品的开发与规划对于乡村旅游的发展有着十分重要的意义。

2.辅助产品

乡村旅游的辅助产品是从乡村旅游核心产品延伸出来的，弥补乡村旅游核心产品不足的产品类型。例如乡村接待需要提供相应的餐饮与住宿服务，又如乡村文化是一个抽象的概念，需要借助一定的载体进行表现，而各种乡村工艺品、特色活动等就是最好的载体，这些都是乡村旅游辅助产品的表现。事实上，辅助产品看似没有核心产品重要，但是也是不可或缺的。如果说核心产品是乡村旅游的基础，那么辅助产品则是乡村旅游质量提高的保证，是增加核心产品吸引力的根本途径。

3.扩张产品

乡村旅游的扩张产品是由政府、企业、行业协会等组织的面向乡村旅游的营销或服务网络。扩张产品是乡村旅游发展到一定阶段、形成一定规模后的产物，游客通过乡村旅游网络获得旅游信息、预订及其他增值服务，乡村旅游的从业者也通过该网络共享资源并开展营销活动。

（二）从旅游资源的角度划分

1.村落民居旅游产品

村落民居旅游产品指的是那些将乡村民间建筑作为旅游开发资源的旅游项目，这些民间建筑大多数是传统的民居，但也有部分是独具特色的现代化建筑，具体如下。

第一，将古民居作为旅游资源进行开发是乡村旅游的一大热点，由于很多农村地区交通不便，与外界的交流较少，因此很好地保存了古代建筑，这些建筑对处于现代社会环境下的人们具有极大的吸引力，例如汉族的秦砖汉瓦、斗拱挑檐的建筑形式，黎族的船形茅屋，傈僳族"千脚落地"的草屋，侗族外廊式的木楼等都是极好的乡村旅游资源。近年来比较成功地将村落民居作为主打旅游产品的地区有福建武夷山市武夷镇村的明清建筑、山西的王家大院、河南的康百万庄园等。这些地区因古民居保存完整，历史风貌古朴而受到诸多旅游者的喜爱。

第二，将现代化乡村建筑作为主打产品进行开发也是当前乡村旅游的一个着眼点。由于在现代化农村建设中很多地区盲目地按照城市进行规划，因此很多乡村失去了特色，无法开展乡村旅游。但是也有部分地区在对乡村建筑进行规划时结合乡村发展特点，充分展示了社会主义新农村建设成果，比较有名的有江苏的华西村、河南的南街村等。

2.民俗风情旅游产品

乡村旅游对游客产生吸引力的一个主要原因，就是乡村独特的风土人情和民俗文化。因此，对风俗民情和乡村文化进行开发，突出乡村的农耕文化、乡土文化等特色是一种十分常见的手段。目前比较常见的民俗风情旅游产品主要有以下几种：

第一，生产民俗，如农耕民俗、手工业民俗等；

第二，流通交易民俗，如商业民俗、通信民俗等；

第三，消费生活民俗，如服饰、饮食等；

第四，社会礼仪民俗，如礼俗、成人、婚嫁、寿诞、葬埋礼俗等；

第五，家族民俗，如称谓民俗、排行民俗、财产继承民俗等；

第六，村落民俗，如集市民俗、村社民俗、乡规条例民俗等；

第七，民间组织民俗，如行会民俗、社团民俗、帮会民俗等；

第八，历法及时节节日民俗，如传统节日、二十四节气、本民族的年节等；

第九，信仰民俗，如民间宗教活动、民间禁忌、民间崇拜等；

第十，游艺民俗，如民间体育竞技民俗（赛龙船、赛马），民间杂艺博戏民俗（斗牛赌戏），民间艺术民俗（蜡染、剪纸、刺绣、雕刻等）、民间口承语言民俗（民间传说、神话、故事、山歌、谚语等）。

3. 田园生态旅游产品

将乡村的田园生态环境与各种农事活动结合起来开发成乡村旅游产品，是我国乡村旅游发展早期的一种表现形式，但是近年来随着城市居民对千篇一律生活的不满，这种独具风情的乡村生活模式又再次蓬勃发展。根据主题的不同，田园生态旅游产品大致可以分为竹乡游、花乡游、水乡游、果乡游等，也可以根据旅游活动的内容将其分为四种类型。

第一，农业景观观光游。农业景观观光游指的就是以欣赏农业景观为主题的乡村旅游项目。比较常见的农业景观观光旅游形式有田园风光观光，如欣赏水乡、梯田等独特的田园景观；林区风光观光，如森林旅游、种植园旅游等；草原观光，如欣赏大草原景观等。

第二，农业科技游。随着科学技术在农业生产中的应用越来越广，很多农业景观既具有传统农耕文化特点，也具有现代科技特点，这种特色的结合极大地增强了农业景观的吸引力，也催生了将农业科技作为主打产品的乡村旅游产品，例如观赏高科技种植园区等。

第三，绿色生态游。绿色生态游一般指的就是充分利用乡村原生态的生态资源来进行旅游，这种旅游项目一般尽可能地减少人工痕迹，增加旅游者与自然生态环境的接触。

第四，乡村务农体验游。城市居民大致可以分为两种类型，一种是城市原居民，即从城市建立起那一刻就是城市居民，另一种则是外来居民，例如通过城区扩建或者自主迁入城市等手段成为城市居民。对于第一种居民而言，乡村的农耕生活极为新鲜，而对于第二种居民而言，乡村的农耕生活是缅怀过去生活的一种方式，因此催生了乡村务农体验游。即让游客与村民一起生活，共同劳动，亲自接触真实的农耕生活，感受乡土气息。

4.乡村自然风光旅游产品

乡村自然风光旅游产品即以乡村地区的自然地质地貌、风景水体、风景气象气候与天象、生物等旅游资源形成的旅游产品。

第一，自然地质旅游：包括典型的地质构造、典型的标准层型地质剖面、观赏岩石、矿物、古生物化石、火山地震遗迹、海蚀、海积遗迹、典型的冰川活动遗迹。

第二，地貌旅游：山岳地貌、岩溶地貌、干旱风沙地貌等。

第三，风景水体旅游：江河风景河段、溪涧风景河段、构造湖、火口湖、堰塞湖、河迹湖、海迹湖、风蚀湖、冰蚀湖、溶蚀湖、人工风景湖、风景瀑布、冷泉、矿泉、观赏泉、风景海域等。

第四，风景气象气候与天象旅游：云雾景、雨景、冰雪景、霞景、旭日夕阳景、雾凇、雨凇、蜃景、佛光景。

第五，生物：植物包括观花植物、观果植物、观叶植物、观枝冠植物、奇特植物、珍稀植物、风韵植物、森林。动物包括观形动物、观色动物、观态动物、听声动物、珍稀动物、表演动物。

（三）从旅游者体验的角度划分

1.乡村观光旅游产品

乡村观光旅游产品指的是将乡村的自然风景和各种社会人文景观作为主题，以参观为主要方式的一种旅游产品。例如古建筑观光、风水文化观光、园林文化观光、田园观光等。

2.娱乐型旅游产品

娱乐型旅游产品即以满足旅游者休闲、娱乐的需求所提供的旅游产品纯粹的观光对于游客的吸引力是极为有限的，很多游客选择乡村旅游的一个基本出发点就是为了充分享受乡村的生活，因此娱乐型旅游产品的开发是十分重要的。例如为了让游客更好地融入乡村生活中开发出的示范表演，为游客提供亲手制作乡村手工业品的机会，让游客亲自动手制作农家的食物和饮料等。

3.保健型旅游产品

部分乡村由于缺少独特的自然景观与乡村文化，另辟蹊径地开发出了保健型旅游产品，针对当前大众普遍处于"亚健康"现象开发出各种强身健体、修身养性、医疗保健的旅游项目。例如日光浴、温泉浴、散步、食疗养生等。

4.乡村休闲度假旅游产品

乡村休闲度假是指在乡村地区，以特有的乡村文化和生态环境为基础开展的休闲度假活动，是乡村旅游发展到一定阶段较高层次的一种旅游形式。休闲度假旅游产品一般是融观赏、参与、体验、教育、娱乐为一体，主要有周末节日度假游、家庭度假游、集体度假游、疗养度假游和学生夏令营等形式。

5.乡村生活体验旅游产品

乡村生活体验旅游产品是指通过提供丰富的乡村生活独特的信息和新奇的活动，来帮助旅游者全身心投入对乡村劳作的知识和技能进行探索，获得积极的旅游体验。典型的乡村生活体验游有民俗风情体验游、野外生存体验游、童趣追忆体验游、亲子温馨体验游、动物亲近体验游、心理调节体验游、贫困苦难体验游、农家生活体验等。如农家生活体验活动形式主要有：果园摘果、品尝，花卉园学习插花技艺、园艺习作，茶园采摘，竹园学习竹编、竹雕、竹枝、竹节造型等艺术和烧制竹筒饭。在牧区可以挤马奶、勾兑奶茶、骑马放牧，感受原汁原味的牧区生活。

6.修学科考旅游产品

修学科考旅游产品其实是专门为青少年设置的一种产品类型。目前很多家庭都是独生子女，这些孩子对大自然缺少足够的了解。而修学科考旅游产品正是针对这一现象而设计，通过为青少年提供各种自然科考的机会来吸引游客，例如青少年环境保护游、农业生产游、大自然生态写生游等，在旅游中帮助青少年认识自然，认识乡村，树立正确的人生观与价值观。

7.探险旅游产品

探险旅游是户外娱乐的一种形式，也是提高人类适应性的一种特殊活动方式。常见的探险类型有沙漠探险、海岛探险、高山探险、高原探险、攀岩探险、崖降探险、徒步探险、滑雪探险、雪地驾驶探险、河谷探险、漂流探险、湖泊探险、洞穴探险、冰川探险、森林探险、狩猎探险、观鸟探险、垂钓探险、潜水探险、驾独木舟探险、野营探险、狗橇探险、遛索探险、骑马探险、划艇探险、草地探险、野外生存探险、雪地徒步探险、峡谷探险、古驿道探险等。探险旅游主要显示了人类对自然界的利用还存在着脆弱性和局限性，也显示了自然界的原始性和神秘性。探险旅游一般要有一定的探险知识、野外生存知识和一定的技术。

8.民俗旅游产品

民俗旅游产品即将乡村的民俗文化作为切入点，针对性地开发旅游产品。例如根据乡村的舞蹈风俗、体育风俗以及各种传统的工艺品、饮食文化、民族建筑等开发出相应的产品。

9.节日旅游产品

节日旅游产品指的是以各种节日为核心的一种旅游产品。一般来说，节日旅游产品根据节日活动内容的不同大致可以分为以下五种。

第一，农村风光节日。即将欣赏农村优美的自然风光作为节日的主题。很多景观都是具有一定的时间限制的，在最美景观出现之时开展各种以景观为主题的节日活动，能够极大地提高对游客的吸引力。例如北京延庆冰雪旅游节、成都清流梨花节、中国四川（西岭雪山）南国冰雪节、齐齐哈尔观鹤节、伊春森林旅游节、安徽砀山梨花节等。

第二，农业产品节日。即在某种农业生产成熟时开展的节日活动。这种节日活动一般是为了表达对丰收的庆祝以及对来年丰收的愿景，因此这种节日往往是一种狂欢式节日，与以往的生活节奏截然不同，这对于希望脱离日常生活的城市居民而言极具吸引力。例如北京通州西集镇的绿色果树采摘节、哈尔滨松北的葡萄采摘节、宁波澄浪潭垂钓休闲等。

第三，民俗文化节日。中国民族众多，因此各种民族节日也十分繁多，这些民族节日都是不同民族文化的载体。例如赫哲族旅游节、连州保安重阳大神盛会、宁波市乡村美食节、天台山高山茶文化节等。

第四，历史典故节日。即将历史上比较有名的事件作为节日的主题，然后针对性地开发旅游产品，例如都江堰的李冰文化节等。

第五，综合类节日。即没有特定的主题节日，内容包括多种体验方式，满足游客的不同需求。一般来说，这种类型的节日多以"文化节"命名，例如郫县休闲乡村旅游文化节、成都天台山养生节、大连万家岭老帽山映山红旅游文化节等。

10.乡村会议度假旅游产品

乡村会议度假旅游产品指的是将会议作为切入点进行开发的一种旅游产品。对于一些大型会议而言，如果乡村的生态环境优美、基础设施完善且交通比较便利的话，那么会议的举办方很乐意在乡村地区举办会议，这对于提高参会人员的工作效率是极为有利的。

11.专项旅游产品

专项旅游产品包括体育旅游、采风摄影旅游、电影电视拍摄旅游、野营旅游、怀旧旅游与历史事件遗迹旅游等。摄影旅游指旅游者前往乡村地区拍摄自己的摄影作品，并将旅游与摄影视为一举两得的体验方式。怀旧旅游是指专门寻觅历史人文风情、建筑、生活用具、名人故居等的旅游活动。历史事件遗迹旅游则是乡村旅游产品谱中重要的组成部分，在乡村地区有开发这一旅游产品的丰富素材。

12.乡村购物旅游产品

乡村购物旅游产品主要是为旅游者提供旅游纪念品、土特产、工艺品等，供游客选择购买。乡村购物旅游产品包括农村服饰、农副产品、土特产品、手工艺品、农村饮食等有形物品。主要利用石、木、竹、柳、藤、荆、动物等编制、加工的各类工艺品，利用葫芦、菱秆、高粱穗、麦秆、芦苇、马莲草等加工成的生活用品等。乡村购物旅游产品具有纪念性和实用性。

四、乡村旅游产品的特色

（一）乡村旅游产品的客观真实性

目前学界对旅游产品的真实性研究主要集中在客观性主义真实、建构性主义真实和存在性主义真实以及后现代"超真实"四个方面：客观主义真实观是从客观的、博物馆学的角度来看待真实性问题的，强调被旅游的客体与原物完全对等，即认为展示给旅游者的对象应是完完全全的真，不能掺杂丝毫的假。客观主义者认为，商品化会破坏地方文化的真实性；建构主义真实观认为旅游真实性是由各种旅游企业、营销代理、导游解说、动画片制作者等共同制造出来的。因此，真实性是一个社会建构的概念，其社会含义不是给定的，而是相对的、商榷的、由环境决定的，是思想意识形态的。建构主义者认为商品化并不一定会破坏文化的真实性，商品化会不断地为地方文化注入新的活力，成为民族身份的标志；存在主义真实观认为存在的本真是人潜在的一种存在状态，可由游客参与的各种令人难忘的、激动人心的旅游活动来激发，如游客在参加不同寻常的活动时，会感到比日常生活更加真实、自由地展示了自我；后现代主义"超真实"观抹杀了"真"与"假"的界限，认为模拟变得如此真实，比真实还真，已达到一种"超真实"境界。

从上述四种观点来看，乡村旅游产品明显具有真实性的特点。旅游者到乡村进行旅游互动，观察乡村居民的真实生活方式和各种传统习惯，并亲自参与到农耕生活、节日庆典、产品加工等活动中，充分满足了旅游者体验不同生活的需求。更为重要的是，旅游者参与的各种活动并不是旅游地区提供的一种虚假活动，而是旅游地的日常生活，这是乡村旅游真实性的最大体现。

（二）乡村旅游产品兼具自然与人工特色

与城市环境相比，乡村旅游产品的自然环境较为优美，与纯粹的荒野森林相比，乡村的旅游产品又具有一定的人工属性，这种半人工半自然的特点，使得乡村旅游产品的自然环境更具有特色。例如我国拥有森林景观的地区众多，原始森林面积极为广阔，但是这些地区却缺少对游客的吸引力，原因就在于这些地区由于缺少人工规划，处于最为原始的状态，与游客的预期心理不相符。而乡村旅游产品既保留了森林景观的原始性，同时也对森林景观进行了一定的规划，使得森林景观显得井然有序，如此对游客的吸引力自然会大幅度提高。试想一下，对于游客而言是搭个帐篷睡在纯粹的原始森林更有吸引力，还是住宿在乡村提供的森林旅馆中更具有吸引力？毫无疑问，除了纯粹的探险者，后者更具有吸引力。

（三）乡村旅游产品依赖独特的人文环境

乡村地区所依赖的人文环境独特。如江西婺源青砖黛瓦的明清民居、原汁原味的古村驿道、廊桥和茶亭，众多气势雄伟工艺精巧的祠堂、官邸成群，飞檐翘角的民居栉比。福建连城县培田客家古村明清时期古民居建筑群主要包括大宅、祠堂、书院、古街、牌坊和庵庙道观，体现了精致的建筑、精湛的工艺、浓郁的客家人文气息。安徽宏村精雕细镂、飞金重彩、气度恢宏、古朴宽敞的民居群，巷门幽深，青石街道，栋宇鳞次，有着科学的人工水系和方格网的街巷系统，体现了典雅的建筑造型，合理的功能布局，是徽州传统地域文化、建筑技术和景观设计的典型代表。浙江诸葛村村落格局按九宫八卦图式而建，整体布局以村中钟池为中心，全村房屋呈放射性排列，向外延伸八条弄堂，将全村分为八部分。北京韩村河旅游景村明快和谐的红顶白墙、红顶黄墙或黄顶黄墙，明亮的塑钢玻璃窗，宽敞的观景阳台，大气庄重的中式琉璃瓦飞檐，伴同秀美挺拔的欧式尖顶、网柱，在阳光下一同展示着亮丽的风采。不同风格的别墅楼区、宽敞的街道、高雅的景观小品、现代蔬菜大棚、花卉基地、星级饭店、村办大学、公园、医院等组成了中国新农村的风貌。

（四）乡村地区独特的民俗风情

我国乡村地域辽阔多样，有着风格各异的风土人情、乡风民俗，使乡村旅游活动对象具有独特性特点。如新疆图瓦村：主人招待客人用酸奶、奶酒、奶茶、奶疙瘩、酥油、油饼、油筛子等，说图瓦语，会讲哈萨克语，当地的节日有邹鲁节等，信仰佛教；新疆尉犁县罗布人村寨：有自己的地方方言，有罗布舞蹈、罗布民歌、罗布故事、睡茅屋、骑骆驼、滑沙、狩猎、捕鱼、穿森林、涉河水，村寨正门形如一个戴着帽子的人的头部，两侧是鱼的图腾；北京延庆区香屯村：村民用天然绿色原料制作的生态保健餐，主要有栗子鸡、炸河鱼、炸核桃仁、杏仁、香椿拌豆腐等16道特色菜和红枣、栗子棒米粥、蜂蜜羹等6种主食；在苗族的吊脚楼里有血灌肠、辣椒骨、酸汤鱼、绵菜粑、油茶、万花茶等组成的地地道道的苗家美食；在陕西陕北乡村的窑洞里，有浓郁特色的陕北菜肴。

（五）乡村旅游产品的季节性显著

农业生产是在人们定向干预和调节下的生物再生产过程，生产的各个阶段深受水、土、光、热等自然条件的影响和制约，具有明显的季节性，从而导致农业旅游活动具有明显的季节性。乡村农业生产活动有春、夏、秋、冬四季之分，夏、秋季节乡村旅游火爆，冬、春季节旅游冷淡。

（六）乡村旅游产品项目多样化

乡村旅游依托乡村古朴秀丽的乡村环境和各类农业资源、农耕文化、乡村民俗风情，针对客源市场需求状况，开发出一系列趣味性高、参与性强、文化内涵丰富的各种旅游产品类型和各种旅游产品项目。

（七）乡村旅游产品地区差异性显著

不同的地域有不同的自然条件和山水环境、文化背景、生活习俗和传统等。另外，每一个地方的农业生产，包括农、林、牧、副、渔等产业的生产也具有很明显的地域性和特色。中国乡村既有南北之分，又有山地平原之分，还有汉族和少数民族之分。我国乡村旅游产品具有分布的地域性特色，如东部沿海以海洋农业和渔猎生活为特色，东南部以江南鱼米之乡和小桥流水为特色，南部以热带海滨风光为特色，北部以冬季的冰天雪地为特色，西部以草原景观和游牧生活为特色，西北以沙漠戈壁和雪山绿洲为特色，西南部以高山峡谷和垂直农业为特色，青藏高原以神秘的民族文化和高寒农业为特色，平原地带以一望无际的田园风光为特色。同时伴有纷繁复杂的民俗宗教、庙会节庆、人文历史和浓郁的少数民族风情等。

第二节　乡村旅游产品开发要点

一、乡村旅游产品开发的基本原则

（一）因地制宜原则

乡村旅游产品开发的一个基本原则就是因地制宜原则，盲目地跟风模仿、移花接木甚至造假欺骗等行为，只会导致乡村旅游产品失去原本的特色。一个好的乡村旅游产品总是以本地的旅游资源为基础，以独特的乡村生活表现为目标。因此，在对乡村旅游产品进行规划时要坚持因地制宜的原则，对本地的乡村旅游资源进行考察，寻找最佳的切入点。

以渔业资源比较丰富的乡村为例，在对乡村旅游产品进行规划时可以大致将乡村旅游产品分为三个阶段。

第一个阶段，利用本地丰富的渔业资源来为游客提供渔业景观观光、垂钓等项目，这些项目对于资金的要求较低，能够迅速地帮助旅游地积累大量的资金来用于后续阶段的开发。

第二个阶段，介于这个时候资金相对有限的困境，该地区完全可以充分利用现有的资源，打出"原生态捕鱼"的口号，吸引游客与渔民一起居住，一起捕鱼。如此一来，对于住宿等基础设施的要求就会下降。同时为游客提供自己制作海鲜食品的机会，让游客把自己捕获的鱼制作成各类海鲜食品，加强游客的体验感。

第三个阶段，经过前两个阶段的资金积累，该地区已经拥有相对充足的资金来进行大规模的开发，这个时候应当针对本地区的渔业资源与渔业文化打造休闲观光渔业游览区，依托原生态的岛屿、村落、礁石、滩涂等多元化地发展乡村旅游，例如观海景、尝海鲜、踏海滩的休闲观光旅游、捕鱼拖虾的体验式旅游等。

当然，上述分析主要是针对那些乡村旅游资源丰富而又缺少足够发展资金的地区而言的，部分地区如果资金较为充足的话，可以直接进入第三个阶段，从一开始就对乡村旅游进行系统科学的规划。如果缺少独特的资源，那么可以利用农村景观的生态性来开展保健养生旅游项目。总而言之，因地制宜地开发旅游产品是必要的，一味地模仿其他地区的成功案例只会起到适得其反的效果。

（二）可持续发展原则

在之前的章节中已经论述过农村的生态环境是一种半自然半人工生态环境，这种复合型生态环境更为脆弱，极易受到破坏。从某种意义上说，乡村旅游对于农村生态环境的破坏是不可避免的，而我们要做的就是在规划乡村旅游产品时尽可能地对农村生态环境进行保护与改善，实现农村生态环境的可持续发展。具体来说，乡村旅游产品对农村生态环境的保护主要体现在以下两个方面。

一是对农村自然生态环境的保护。这就要求乡村旅游产品不能以破坏自然景观为代价，例如森林景观、草原景观等自然景观只能开发出观光型旅游产品，而开发体验型旅游产品则极易对这些景观造成不可修复的破坏。再比如在开发捕鱼等体验型产品时也要把握好尺度，避免大肆捕捞对渔业资源造成破坏等。

二是对农村人文生态的保护。乡村人文生态的保护主要集中在各种古文物上，例如对于一些年代比较久远的古文物，要尽可能避免游客与其进行接触。近年来部分地区为了增加对游客的吸引力，将古建筑开发成宾馆，这种行为从长远的角度来看对于乡村旅游的发展弊大于利，虽然后期的维护与保养能够保证古建筑的形态，但是其历史风貌毫无疑问在逐渐地消失。

（三）生态原则

生态原则是乡村旅游产品开发的一个十分重要的原则，是实现乡村旅游发展与环境、资源协调统一的重要保证，更是确保乡村旅游产品原汁原味的根本途径。所谓的生态原则指的就是在开发设计乡村旅游产品时，要尽可能地实现旅游产品与周边生物、自然环境相一致，避免人工雕琢的痕迹。一般来说，乡村旅游产品生态原则主要体现在基础设施的建设上。

　　乡村基础设施对于乡村旅游发展的重要性不言而喻，但是基础设施的建设过程本身也是对自然生态的破坏过程，这种情况下乡村基础设施建设要尽可能地遵循绿色建筑设计原则。例如在建筑材料的选择上要尽可能地使用木材、毛竹、泥土等自然材料，而不是大量地使用钢筋混凝土。在安装水电设施时要充分利用太阳能、风能、沼气等再生能源，实现能源的节约与循环利用。在建筑设计上要利用设计手段来实现建筑的自然通风、自然降温、建材保温等。在建筑的外观上要与周边的自然环境相统一，避免突兀的建筑影响整体景观效果等。

（四）美学原则

　　人类的审美活动是人类一切活动中最基本的活动之一。美是人类永恒的追求。旅游从本质上讲，实际上就是一种审美过程。旅游活动作为人们精神生活的一部分，是游览性和观赏性的审美活动，是自我实现与自我完善、潜移默化的情感过程，是陶冶情操、修身养性的过程，是自然美、形式美与社会美、艺术美的统一。旅游审美追求的是"天、地、人"合一的理想审美情境，其目标是创造人与自然的和谐。所以，在乡村旅游产品开发过程中，要综合考虑旅游者的审美心理要素和旅游审美态度，把握旅游者的感知、想象、理解和情感。在审美过程中，感知因素通常起着先导作用，它是审美知觉的出发点。想象可以使旅游审美充分发挥作用，使旅游景观更加丰富多彩，可以使旅游产品品位升华。情感是人们对客观世界的一种特殊的反应形式，是人们对客观事物是否符合自己需要的态度和体验。对审美形象内容的理解，是进行审美的不可缺少的环节。在乡村旅游产品开发中要通过在物质的方面增添精神层面的成分，在功利的方面增添超功利层面的成分，带动旅游运作系统对自身功利性进行超越，最终使旅游者体会到旅游提供的不仅仅是使用价值和供人生理需要的低层次满足，而是带给人们更高的精神层面满足的审美享受。乡村旅游产品的开发最终目的是实现旅游者对乡村旅游资源进行美学意义上的感知、体验、认同和联想，从而得到感官上、情绪上和心灵上愉悦和满足的过程，使得自然旅游资源形成的产品具有形态美特征（雄壮美、秀丽美、奇特美、幽深美、险峻美、旷远美）、色彩美特征、动态美特征、综合美特征，人文旅游资源形成的产品具有历史性特征、文化性特征、特殊性特征、愉悦性特征。

（五）市场导向原则

乡村旅游的开发本身是一个经济过程。从乡村的角度来看，发展乡村旅游的一个主要目的就是为了推动乡村的经济发展，因此乡村旅游产品规划的最终目的是使得旅游产品能够顺利进入市场。这种情况下乡村旅游产品的规划就要紧紧地把握市场的脉搏，坚持市场导向原则，深入地洞察游客的实际需求，针对性地开发出旅游产品。一般来说，乡村旅游产品开发坚持市场导向原则主要考虑以下两个问题。

一是旅游业的发展趋势问题。旅游业的发展趋势是乡村旅游产品开发的宏观市场环境。对于现代人而言，城市化进程不断加快带来的是人们对于自然生活的向往，这也是乡村旅游逐步兴起的根本原因。而乡村旅游产品开发就要充分地把握这一特点，避免在旅游产品中表现出太多的现代化工业痕迹，否则的话对于游客的吸引力就会大幅度下降。

二是游客的行为特征。游客的行为特征是游客潜在需求的外在表现。例如乡村旅游游客多以受过良好教育、经济条件较好的城市居民为主，这类游客的一个大特点就是不仅追求美好的自然田园风光，更重视田园风光给自己带来的精神享受。这种情况下乡村旅游产品就要不断地增加产品的文化含量，避免停留在物质层面。再比如乡村旅游游客的群体特征是存在很大差别的，有家庭式旅游、教育式旅游、老年休闲旅游、情侣观光旅游等，这就需要针对性地开发出不同的旅游产品。

对市场的准确把握是乡村旅游产品能够受到市场欢迎的基本保障，更是乡村旅游发展的主要影响因素。

（六）文化导向原则

旅游活动本身也是一种文化交流的过程，旅游文化可以说是旅游业的灵魂。以乡村旅游为例，它不仅能够满足游客的一般性观光需求，更能够满足游客的故乡情结、怀旧心理和回归自然愿望。这是旅游者对农耕文化、民俗文化、乡土文化底蕴的追求和体验，这是人们对以往文化的留恋和不同文化的向往，因此，乡村旅游的开发要满足和创造旅游者的这些文化需求。所以，在旅游业的开发中要重视文化资源，在产品的开发中寻求文化差异、增加文化含量，通过精心设计和安排，将特色文化元素融入产品设计、旅游活动和旅游线路，形成文化竞争力，实现旅游产品价值的最大化，实现旅游者最高层次的文化满足。

（七）以人为本原则

旅游者是旅游产品的主要使用者，如果旅游产品在设计时无法坚持以人为本原则，那么再好的旅游产品都无法得到市场的认可。这也就意味着旅游产品的设计必须站在旅游者的角度进行考量，主要体现在以下两个方面。一方面是旅游产品的内容设计要以人为本。市场上旅游产品众多，但是获得旅游者认可的旅游产品却寥寥无几，根本原因就在于旅游产品的设计过于理想化，或者说设计者在设计旅游产品时没有站在旅游者的角度进行考虑，忽视了旅游者对旅游产品的需求，从而出现了产品与需求背道而驰的现象。另一方面则是旅游产品的表现形式与价格要以人为本，并不是越花哨越贵的旅游产品市场前景就越好，相反乡村旅游地区需要准确把握自身客源的经济收入，针对性地制定出具有普适性的旅游产品价格。

（八）整体性原则

旅游产品的整体性原则指的是在设计旅游产品时要考虑到该产品与其他产品的互补性，避免乡村旅游出现短板。虽然说乡村旅游主题的侧重点不同，但是设计出的旅游产品最少要涵盖游客的衣、食、住、行、购物、娱乐六个层面。同时不同的旅游产品也应当尽可能地根据旅游活动内容将观赏性、参与性、体验性、教育性等融合在一起。

（九）产品差异性原则

人无我有、人有我优是获取市场竞争优势的重要方式。对于乡村旅游而言，近年来随着乡村旅游的兴起，旅游市场上旅游产品的种类也逐渐丰富起来，这种情况下旅游产品的设计就要将产品的差异性原则作为切入点，开发出具有特色的旅游产品。在实践中，旅游产品的差异性原则主要表现在两个方面：一方面是时间的差异性，即率先进入某一个产品市场，以先行者的身份出现，迅速地占领市场，然后不断地进行创新，保持自己先行者的身份；另一方面则是内容的差异性，即保证自己所推出的旅游产品具有不可复制性，这种不可复制性大多是通过技术要求、文化内涵等体现出来的。

（十）参与性原则

随着旅游活动成为大众的一项日常活动，人们越来越不满足于以观光为主的旅游活动，取而代之的是追求参与型的旅游活动，反馈到乡村旅游上，指的就是乡村旅游产品必须重视产品的参与性，简单地为游客提供参观服务是很难获得游客认可的，而是要让游客在实践中亲自发掘旅游景观，获得精神上的享受。一般来说，乡村旅游的参与性大多是通过一些互动性活动项目来体现的。例如在开发乡村旅游娱乐项目时只是设计一下项目的规则，项目则由游客负责执行，在乡村手工业品上鼓励游客自主制造自己心中的工艺品，为游客提供亲自参与田园农耕劳动的机会等。

二、乡村旅游产品开发要处理好几个关系

（一）传统的继承与创新发展之间的关系

乡村旅游产品开发所面临的一个重大挑战就是传统与现代关系的处理，一方面原汁原味的旅游产品毫无疑问更能够体现乡村的特色，增加乡村旅游产品的内涵，但是另一方面处于现代社会的游客对于那些纯粹的传统旅游产品并没有想象中的那么支持，很多游客更倾向于享受那些披着现代文化理念外衣的旅游产品，这和他们的生活习惯是相符合的。因此，乡村旅游产品的开发必须要处理好传统文化意蕴的继承与现代文化的创新之间的关系。

（二）观赏艺术性与实用功能之间的关系

观赏性和艺术性都是旅游产品的重要特性，但是在当前部分旅游产品的开发上，很多旅游产品往往过于侧重于产品的观赏性，从而出现"名不副实"的旅游活动项目，给予游客一种"欺骗"的感觉，这种做法固然在初期能够以新颖的手段吸引一定的游客，但是从长远的角度来说，缺少实用功能的乡村旅游产品最终会失去发展的潜力。因此，在实践中必须要重视旅游产品观赏性与实用性兼顾。

（三）地方特色与游客需求之间的关系

许多旅游产品是在长期的历史文化发展中沉淀形成的，无论是在文化意蕴上还是在工艺技术上都具有明显的地方特色，但是这并不意味着这些旅游产品就一定能够得到游客的认可，相反，必须正确处理好地方特色与游客需求之间的关系，不能一味地"为特色而特色"，旅游产品归根结底是为游客服务的，如果不重视游客的需求，那么再具有特色的产品也无法得到游客的认可。因此，处理地方特色与游客需求之间的关系，解决具有地方特色的旅游产品与现代旅游市场需求之间的矛盾，寻求两者的协调发展是乡村旅游产品设计必须注

意的一个重点。

（四）大众化需求与个性化需求之间的关系

能够进行大批量生产是乡村旅游产品设计的一个基本出发点，这就意味着乡村旅游产品主要是针对大众化需求而设计的。但是在设计中也要妥善处理好游客的大众化需求与个性化需求之间的关系，一方面随着社会经济的发展，人们的需求开始朝着个性化、碎片化的方向发展。另一方面从大众化需求角度出发进行旅游产品设计很容易导致旅游产品失去特色，在市场竞争中不占据优势。但是一味地追求旅游产品的个性化又会造成产品的成本无法得到控制，乡村旅游的经济效益受到影响，因此在实践中必须妥善处理好大众化需求与个性化需求之间的关系，比较常见的手段是针对一般性或者低端消费市场开发大众性旅游产品，而针对高端市场则开发个性化旅游产品。

（五）区域性旅游商品与区域性乡村旅游商品之间的关系

许多乡村旅游商品同时又是大区域性的旅游商品，协调好二者之间的关系很重要。那些乡土气息浓厚、与乡村结合紧密的大区域性旅游商品，同时也可以被确定为乡村旅游商品，因为在大区域内可能有很多旅游商品，乡村旅游商品只是其中的一部分，在大区域旅游商品中特色不是非常明显，但可以进行设计或功能上的部分调整，来加载更具地方特色的元素或独特性内涵，使之成为独一无二的区域性乡村旅游商品。

第三节　乡村旅游产品市场需求分析

从我国的社会经济与乡村旅游的发展历程来看，在今后的很长一段时间内乡村旅游需求将呈现出以下发展趋势。

第一，以放松精神、休闲养生为目的的乡村旅游将逐步成为旅游的主题，这与生活压力越来越大的现代生活方式有着十分密切的联系。

第二，在未来的一段时间内，以观光为主题的乡村旅游仍旧会占据很大的比重，原因在于当前我国的乡村旅游并没有进入"饱和期"，很多地方的乡村旅游仍旧处于起步阶段，乡村旅游的开发以参观为主。

第三，游客的需求将会朝着多层次、碎片化、个性化的方向发展，这就意味着乡村旅游必须重视游客的个性化需求，传统的大众化旅游产品将会逐步失去发展空间。

第四，城市中高学历、中高层收入的居民将会成为乡村旅游的主力军，这与这类群体较高的经济收入与固定的休息时间有着密不可分的联系。

一、根据身份特征划分的乡村旅游市场

根据年龄、职业、收入水平等身份特征，可以将乡村旅游市场划分为以下八种类型。

（一）青少年市场

青少年是我国社会的一个重要群体，他们是社会主义建设的未来，更是未来消费的主力军，因此青少年旅游市场一直以来都是一个巨大的潜在市场。对于乡村旅游而言，青少年旅游市场更为重要，原因在于以下几个方面：首先，与其他旅游形式相比，乡村旅游对青少年的吸引力更大，它同时兼顾了科普性、趣味性、参与性、环保性等内涵，能够在愉悦青少年身心的同时帮助青少年塑造正确的人生观、价值观和世界观；其次，对于家长而言，长期的城市生活使得他们很乐意花费一定的时间去让青少年接触大自然，而纯粹的自然观光旅游的风险较高，乡村旅游则不存在这种因素；最后，在时间上，乡村旅游所花费的时间往往较短，例如农家乐一日游等，这与青少年的学习时间并不存在冲突。

（二）老年市场

进入 21 世纪以来，世界经济较为发达的国家普遍出现了人口老龄化危机，这种危机对于旅游业来说意味着一次巨大的机遇，它表明了银发旅游市场正在不断地扩大。与其他类型的游客相比，老年市场在乡村旅游中具有以下几个优势：第一，步入老年阶段的游客大多数已经退休，这就意味着他们拥有更多的时间来参与到乡村旅游中，同时也不缺少乡村旅游费用；第二，从人生经历来说，很多老年人是从农村走入城市的，对于农村生活先天就具有好感，因此在旅游时也倾向于乡村旅游；第三，乡村旅游或许缺少"刺激"感，较为平淡，但是这种平淡的生活恰恰是老年人所追求的；第四，随着城市化的进展，乡村与城市的距离逐步缩短，生活方式也比较接近城市，因此老年人长期居住在乡村并不会产生生活的不适，同时较近的距离也能够减轻子女的担忧。

（三）学生市场

学生市场是一个出游率巨大的潜在市场，一直以来学校都有组织学生进行春游、秋游的习惯，这从本质上来说也是乡村旅游的一种表现形式，如果乡村地区能够把握这些机会，那么就可以将学生市场纳入乡村旅游范畴之内。但是乡村旅游地区也不能忽视学生市场的一些缺陷。例如学生市场的季节性特点十分显著，旅游的高峰期往往在寒暑假和节假日，学生市场对于安全要求较高，乡村旅游地区承担的风险较大等。

（四）都市白领市场

都市白领指的是那些学历水平较高、收入较高、工作时间较为稳定的一类群体，这类群体的一个显著特征就是追求生活质量，较高的收入决定了他们十分乐意尝试新鲜事物，而千篇一律的工作方式又加大了他们的工作和生活压力。因此，都市白领市场可以说是当前乡村旅游最大的潜在市场，农村良好的生态环境与独特的乡风民俗，对于日复一日过着单调生活的都市白领有着强大的吸引力，他们也十分乐意花费一定的金钱摆脱城市的禁锢，体验农家生活。值得注意的是，都市白领的工作与休息时间相对较为稳定，但是除了国家法定节假日之外，都市白领的休息时间并不是很长，因此乡村旅游产品的设计应当以"乡村一日游"为主。

（五）家庭旅游市场

在我国，家庭旅游市场的潜力从旅游业的发展现状来看并不是很大，由于家长的工作时间与孩子的放假时间并不一定协调，因此家庭共同出去旅游的机会也不是很多。但是从国际旅游的发展历程来看，家庭旅游可以说是一个重要的发展趋势，许多家长都喜欢带着孩子旅行。因此，家庭旅游市场也具有一定的潜力，乡村旅游地区对此应当进行一定的准备，至少乡村旅游的特性决定了它很容易受到家庭旅游的青睐，例如危险性小、交通便利、花费较低等。

（六）入境游客乡村旅游市场

入境游客乡村旅游市场主要指的是国际市场，作为一个拥有悠久历史的国家，中国在国外友人的眼中一直以来都是一个神秘的国家，而改革开放的不断深入又放宽了国际游客的限制，导致我国近年来国际游客数量迅速增加。而作为中国传统文化保留最为完整的地区，乡村对于国际游客也具有一定的吸引力，因此入境游客乡村旅游市场也是一个潜力丰富的市场。

（七）工薪阶层周末乡村旅游市场

实行每周5天工作制以来，人们的自由时间明显增多，给近距离旅游创造了很好的条件。随着交通状况的不断改善，城市上班族在周末走出城市、投身乡下已经成为一种时尚。为迎合这一潮流所做的乡村旅游开发，势必有很大的市场发展潜力。这部分客源的出游，大多数是单位组织或以同学、朋友聚会的方式，数量通常较大，但消费不算很高。

（八）城市个体、私营工商、服务业的业主市场

这些比较富裕的游客群体到乡下去，除了放松身心外，主要是利用乡村的环境和地理优势，用以招待客户和联络感情。在出游形式上，这部分客户大多自己有车，经济宽裕，是目前乡村旅游非常重要的客源市场。

二、根据游客的心理需求划分的乡村旅游市场

可以说，每位游客选择乡村旅游的出发点都是不一样的，他们有着各自不同的动机和期望，而根据这种期望可以将乡村旅游市场分为以下七种类型。

（一）回归自然型

随着社会主义市场经济的不断发展以及城镇化建设进程的加快，城市居民接触大自然的机会越来越少，面对喧嚣的都市生活，钢筋水泥丛林的压力，城市居民开始向往和追求一种自然的生活方式，希望能够真正地感受到大自然的山山水水，这种需求从本质上来说是对人生价值的感悟，是从繁华到朴实的回归，是一种更高品质的追求。回归自然型的乡村旅游市场以这类游客为主。对于这类游客而言，乡村旅游地区只需要提供基础的衣、食、住、行服务即可，过多的人工雕琢痕迹只会影响他们的精神享受，例如现代的很多"驴友"就属于典型的回归自然型，他们不需要旅游地区提供多么便利的条件，只希望能够真正地感受到真实的大自然。

（二）缓解压力型

众所周知，在城市里每一个人都面临着事业、学业上的巨大竞争压力，快节奏生活方式使得每个人的生命之弦都时刻处于紧绷状态，这种情况下绝大部分城市居民都处于亚健康状态，也催生了城市居民到偏远地区放松心情，缓解压力的旅游业务。无论是如工蚁般劳作的白领蓝领，还是叱咤风云的商界巨子、大红大紫的艺坛明星，一旦能搁下手头的活，偷得浮生半日闲，也会欣然前往乡间，暂时放下自己的社会角色，享受尽管只是短暂的身心舒爽。当他

（她）眺望散落在大山褶皱里的座座农舍、如抖动水袖般的村外小河，聆听漫山遍野的浅吟低唱，或许会怦然心动，或许会慨叹良久——乡村，疲惫心灵的最后家园。这类游客的数量较多，大都属在职、在校人士。他们希望参与轻松愉快的活动，酣畅淋漓。希望观赏舒心悦目的景致，调节情思意趣。疲惫的身心经过这样的"充电"，返城后就能精力充沛地继续拼搏。

（三）取经学习型

取经学习型游客大致可以分为两种类型。一种是乡村之间的取经学习。部分乡村地区由于科学的经济发展对策以及得天独厚的资源环境，在诸多乡村之间成为领头羊，经济迅速发展，这种情况下其他地区的乡村为了学习特地组织团队进行参观考察，例如江苏的华西村每年都接待大量的学习团队，这些团队主要来自其他地区的乡村。另一种则是青少年到乡村学习。当前的青少年虽然早早地就接受教育，但是对于乡村的了解主要是通过书本实现的，对于实际的乡村生活与文化并不是很了解，因此部分学校与家长为了加强孩子的素质教育，特地组织学生到乡村体验生活，将乡村打造成孩子的第二课堂，在拓展孩子知识层面的同时，也培养孩子高尚的道德情操。

（四）民俗体验型

中国民俗凝聚着数千年来华夏儿女对美好生活的追求、向往以及文化创造，它存在并渗透于社会生产与生活的广泛领域。然而，有很长一段时间里，由于某种原因造成的愚昧与偏见，一刀切地"破旧立新""移风易俗"，把民俗文化中的糟粕连同它的精华都如脏水般地泼掉了。现在城里许多传统节日冷冷清清，民俗文化日渐式微，西方的传统节日却在中国喧宾夺主，气氛甚嚣尘上，令人不可思议。所幸保护物质文化遗产或非物质文化遗产已引起国人的关注，对包括当地居民的生活和民间历史传承的民俗——这个无可替代的活化石，开始像保护濒临灭绝的物种般加以抢救性保护，对已流失的加以挖掘，对残存的加以整理，使之发扬光大。幸而，在那些偏僻的乡村，老百姓一如厮守着老祖宗留下来的土地般，依旧保留对自身习俗的那份守护和坚持。于是，当传统的中国人越来越觉得过节单调乏味，发觉真情实感已像金钱一样挥霍殆尽，便试图冲破商业文化的牢笼，到乡野采风问俗，寻找魅力独特的、带着泥土和俚俗味的文化，跻身于喜气洋洋或神秘奇特的节庆活动中，在享受农家风情时，获得一种全新的印象或勾起一段遥远的记忆。这类游客既希望了解当地民俗，更希望能参与民俗活动。他们希望详尽了解目的地有关农耕、服饰、饮食、居住等方面的物质民俗，以及社会礼仪、岁时节令、节庆游艺等方面的社会民俗，并弄清其程式和寓意。

（五）收获品尝型

当前市场上商品种类繁多，价格便宜，各种应季与反季节蔬菜水果屡见不鲜，但是越来越多的人开始不喜欢从市场上买回现成的蔬菜水果，而是要亲手去种植、去采摘，一方面是多次曝光的食品安全问题加大了居民的担忧，对市场上蔬菜水果的信任度开始下降，另一方面人们也增加了在劳动中体验收获的快感，因此到乡村地区种植、采摘、品尝型旅游活动开始兴起。

（六）运动养生型

当今，成年人不管属于哪个阶层，何种职业，都开始注重自身的健康问题。有强健的体魄才能不断进取，不断打拼。没有健康的身体，有好的条件也享受不到生活的乐趣。老是去名山大川、度假胜地也不太现实，利用节假日休闲时光，到乡下散心、健身、健美倒挺方便，甚至逐渐成为时尚，乡村已经成为现代都市人心灵的桃花源。对于这类游客，到了目的地，停留的时间要较为宽松。

（七）缅怀岁月型

缅怀岁月型游客多以老年游客为主，这类游客大多生长于农村，后来移居城市，但是家乡的那种生活方式与民俗风情始终保留在脑海之中。在退休之前由于工作时间的限制，没有充足的时间去再次体验乡村生活，但是在退休之后越来越多的老年人选择在农村生活，一方面固然因为农村的生活较为平静，但是另一方面与这些人的缅怀心态也有着十分密切的联系。近年来，越来越多的"下乡知青"选择乡村旅游的一个主要原因就是为了缅怀往昔岁月。

第四节　乡村旅游产品开发的创新设计

一、乡村旅游产品的品牌建设

品牌是市场经济条件下最重要的无形资产，21世纪也是品牌经济时代，产品之间的竞争表现在品牌的竞争上。如何在乡村旅游产品市场中得到旅游者认可，获得最佳经济效益，创建旅游产品品牌是关键，品牌的塑造是获得乡村旅游产品核心竞争力的重要手段。乡村旅游产品品牌的塑造要经历品牌主题定位、品牌设计和品牌传播推广三个阶段。

品牌主题定位主要解决乡村旅游产品的发展方向和主要功能定位。品牌主题定位要符合乡村旅游产品的内涵，要重视对乡村旅游产品特色的挖掘展示，不是任何旅游产品都能够成为旅游品牌，而要选择最具特色的旅游产品。品牌设计主要是为了在市场上获得与品牌主题定位一致的形象而对产品进行的一系列包装，以增强旅游者的感受和满意度及产品信誉度。一般要深入研究旅游产品的真正优势，通过一句精炼的文字来体现，这句话能够把旅游产品的特色优势形象化地表述出来，同时文字要具备广告效应，能够打动旅游者的心，激发其旅游动机，并易于传播和记忆。最后一个阶段是进行品牌的推广。提高知名度和注意力需要品牌的有效推广和传播，持续的促销活动能给现实和潜在旅游市场造成强烈的视觉、听觉冲击，所以要采用报纸、杂志、电视、网络等媒体和多种促销组合手段，把产品品牌形象与内涵持久地传递给现实或潜在的旅游者，在受众中树立并强化乡村旅游产品鲜明的品牌形象。例如河南温县陈家沟作为太极拳的发源地，开发"太极之旅"等旅游项目，提出了"看太极发展史，学太极真功夫"的旅游产品品牌，感受太极之乡的特有风情。再如叶剑英元帅的故乡——广东梅县，是客家人聚集地区，梅县的客家文化是最典型和最具代表性的中国客家文化形态。客家先民定居在山区，山中田园生活是客家人的真实生存状态。而山居生活对人际交往的心理需求，又使客家人养成了热情好客的传统。此外，当年客家先民"衣冠南下"，大多出身于书香门第，历来有"耕读传家"的文化传统。广东梅县结合现代旅游市场的消费需求趋势，突出客家文化和田园风光，提出了梅县的旅游产品品牌形象——"山中田园诗，梅县客家情"。

二、乡村旅游产品主题设计

乡村旅游首先要做的是设定一个精炼的主题，主题的设定是规划乡村旅游产品的关键所在。一般来说，科学的乡村旅游产品规划都是将一个固定的主题作为出发点，然后以主题为依托设计出一系列乡村旅游产品。

对于乡村旅游产品而言，主题的最大价值在于以下三个方面：第一，主题能够保证乡村旅游产品的规划始终围绕共同的核心，避免因产品种类繁多分散游客的注意力；第二，统一的主题有利于乡村旅游地区更好地营造旅游环境与氛围；第三，旅游主题的设定往往与当地的风俗民情相关，这能够保证乡村旅游的特色，避免其他乡村地区模仿。在设定乡村旅游产品主题时，旅游地区可以按照以下三种方式结合自身的特色进行设定。

（一）以乡村四季风景为主题的乡村旅游产品设计

这里主要指在一定的地形范围内，利用并改造自然地形地貌或者人为开辟和美化地形地貌，综合植物栽植或艺术加工，从而构成一个供人们观赏、游憩的具有特定主题景观，达到游客欣赏自然、发现自然、感受自然的高层面的和谐氛围，使得自然资源的初级吸引力转变为更高层次的吸引力，凸现产品特色。

1.田园之歌

在乡村的果园地区，以春花、夏果、秋叶、冬枝为主题。春赏花漫山野，夏品果熟田间，秋观红叶枝头，冬思枝横影疏，四季皆成美景。例如西藏的乡村地区天如纯蓝墨水一样蓝，云如绵羊的毛一样白，水或碧或蓝晶莹清澈。

2.休闲田园

把乡村一年四季的农事活动与田园情趣的参与和观赏连为一体，为游客提供农事活动的内容，如插秧、犁牛耙田、磨磨、车水、割麦、打场晒粮等，让游客亲身感受农耕文化，体验古代农民劳动的艰辛和快乐，还可设计花卉园艺观光园、蔬菜种植园、茶园、水乡农耕观光园、特种植物园、特种养殖园等。

3.生态园林

比如在开发"竹乡游"时，可以突出"做客竹乡农家，亲近美好自然"的主题，让游客吃竹宴，住竹楼，观竹海，坐竹椅，睡竹床，买竹货。

（二）以乡村实体景观为主题的乡村旅游产品设计

实体景观一直以来都是以观光为主，但是近年来实体景观旅游产品的设计也逐渐地多样化，最为常见的是根据景观的类型来针对性地设计出相应的旅游产品，从而增加旅游产品的内涵。例如根据"桃李无言，下自成蹊"成语中"桃李"的象征意义，来设计以学子谢师或者教师度假为主题的旅游产品，以此来吸引毕业考试之后的学生游客或者节假日期间的教师群体。再比如对"荷花"这一实体景观进行旅游产品设计，可以根据荷花的亭亭玉立，出淤泥而不染的特点，来设计出以医护人员高洁的品质为主题的"白衣天使游"旅游产品，也可以利用荷花亦被称为莲花，通过莲与廉的同音，以周敦颐的《爱莲说》为文化主题，针对公务人员开展"爱莲（廉）之旅"。

（三）以地方民俗为主题的乡村旅游产品设计

1. 欢乐农家

欢乐农家产品的设计主要是以乡村常用的农耕与生活工具进行设计，例如将乡村的织布机、石磨等与谷子、玉米放在一起，塑造一个传统的农家形象，游客可以在其中享受传统的农耕方式，感受收获的喜悦。

2. 童真乐园

童真乐园顾名思义，主要是针对儿童游客设计的。该设计主要是利用城市儿童不常接触的乡村孩子娱乐项目进行布置，例如踢毽子、推铁环、弹弹子、玩泥巴、踩高跷等。

3. 农家宴

农家宴这一旅游产品既凸显了乡村生活的特点，也为游客提供了饮食服务。例如"田里挖红薯、村里吃土鸡"，感受了一天的乡村野趣，再在田园茅草屋下吃上一顿地道的农家大餐，如米汤菜、红薯稀饭、土鸡土鸭，是既饱了眼福、手福，又饱了口福。在东北吃大锅贴饼子、"笨鸡"炖蘑菇、水豆腐、土豆炖茄子、山鸡等纯绿色食品。

4. 农家作坊

可以说几乎每个村庄都有自己的"独门绝活"，对此乡村旅游地区可以充分利用，增设几处农家作坊，挖掘传统技艺，如弹棉花作坊、豆腐作坊、磨面作坊、铁匠作坊、竹刻根雕作坊等，展示各种已被现代文明取代的劳作方式，使游客可以欣赏乡村的古朴意味。

5. 农家听戏

在周末或节假日，可以在农田空地上搭建戏台，进行具有民俗特色的表演。如腰鼓、大头娃娃、跑旱船、秧歌、扇舞、戏曲等。

6. 民俗演绎

演绎祭灶神、祭祖、婚嫁等民间节庆的生活习俗。游客可以参与其中，扮演新郎、新娘或主婚人等，亲身体验坐花轿、游后山、抛绣球等活动。如汉族民俗：春有"踏青节"为主题的民俗活动，夏有"七夕节"为主题的民俗活动，秋有"中秋节"为主题的民俗活动，冬有"闹春节"为主题的民俗活动。

7.动物欣赏

虽然说与城市的一些养殖园相比，乡村的动物种类并不是很多，但是仍旧有其乐趣所在，对此可以设计观赏鱼类和农家小动物，如开展"好汉捉鸡"等活动。

8.乡村购物

乡村购物也是一项可以设计的旅游产品，例如每隔一天或者一周的赶集，固定时间的庙会等，游客可以在此购买民间工艺品、刺绣、瓜果、干果等。

9.节庆活动

如乡村地区通过开展"乡村青年文化节"活动，组织推出一批学用科技、致富成才、民族团结、移风易俗、美化环境、文体活动等方面的品牌活动，有效带动乡村青年文化活动开展，丰富农村青年的文化生活为主题的乡村旅游。这些文体活动包括文艺演出（小品、相声、音乐、舞蹈）、健美操比赛、赛诗会、读书心得、知识竞赛、板报比赛、歌咏比赛、演讲会、青少年长跑、公映爱国主义影片等。

10.体育竞赛

开展乒乓球、篮球、排球、帆船、雪橇、滑雪等体育竞赛活动；拔河、赛龙舟、赛马、叼羊、竹铃球、射箭、舞狮、空竹、马球、捶丸、蹴鞠等民族传统体育活动；太极拳、气功、中国式摔跤、中国象棋、围棋等传统体育项目。

三、乡村旅游产品营销推广

第一，各地方政府在进行交流时要主动宣传自身的乡村旅游产品，正如前文中所论述的法国乡村旅游之所以发展迅速的一个主要原因，就是政府主动印刷了大量的宣传手册，并在交流访问中向他国宣传，对此地方政府也应当积极学习，政府的主动宣传能够提高大众对乡村旅游产品的信任度。

第二，邀请旅行社与新闻媒体来进行参观是推广乡村旅游产品的一个重要途径，正所谓耳听为虚、眼见为实，旅行社作为旅游活动的发起人，新闻媒体巨大的影响力都能够帮助乡村旅游地区将旅游产品推广出去。

第三，在互联网时代，制作专门的形象与产品宣传片对于旅游产品的推广具有十分重要的意义，它能够帮助潜在客源更为直观地了解旅游产品，激发他们的旅游动力。

第四，将旅游产品的品牌在营销宣传册、形象宣传片、网站介绍、信息中心、旅游纪念品、旅游宣传品等地方反复应用，强化旅游产品形象。

第五，举办节事活动，参加节庆活动、展销会、博览会、旅游交易会。集中大量媒体的传播报道，迅速提升旅游产品的知名度和美誉度。

第六，邀请电影或电视剧的摄影组到景点来选取外景，优秀的影视作品会对旅游产品起到良好的宣传作用。

第七，通过专题新闻报告、电视风光专题、专题性学术会和电视综艺节目等多种运作形式，将旅游产品宣传出去。

第八，通过举办摄影、绘画、作文等系列比赛和优秀作品展览活动，或通过定期举行门票抽奖活动，使旅游与竞技、旅游与知识、旅游与幸运相结合，达到扩大景区影响、树立景区品牌、提高到访率和重游率的效果。

第七章 乡村旅游营销创新

第一节 旅游营销的概述

一、营销的内涵

（一）什么是营销

从社会学的角度来看，营销指的就是个人或者企业通过创造、提供、出售并同别人自由交换产品和价值，获得所需的一种社会和管理过程。

从管理学的角度来看，营销也常被称为不可描述的推销艺术。但是这种定义近年来逐渐受到国内外专家的质疑，越来越多的专家认为推销只是营销的一部分，将营销简单地与推销等同起来是一种错误的做法。正如知名的管理学家彼得·F·德鲁克（Peter F.Drucker）在其著作《卓有成效的管理者》中所言："可以设想，某些推销工作总是需要的，然而，营销的目的就是要使推销成为多余。营销的目的在于深刻地认识和了解顾客，从而使产品或服务完全适合顾客的需要而形成产品的自我销售。理想的营销会产生一个已经准备来购买的顾客。剩下的事就是如何便于顾客得到这些产品或服务。"从该论述可以看出，营销的根本宗旨是促使顾客了解这些产品，从而产生购买欲望，而推销则是一种以促使顾客购买产品为目的的销售行为，营销的内涵较之推销毫无疑问更加深刻。

从当前学术界关于营销的内涵研究现状来看，美国营销协会（American

Marketing Association）对于营销的定义得到了大部分专家的认可。该协会认为营销是一种计划和执行关于商品、服务和创意的观念、定价、促销和分销，营销的根本目的是创造符合个人和企业的目标需求。

美国营销协会关于营销的定义主要有以下五个内涵。

第一，营销的主体可能是营利性企业，也可能是非营利组织机构，这与传统的营销界定仅仅局限在营利性企业身上是截然不同的。例如企业或者个人出售商品和服务是一种营销活动，但是学校所提供的教育服务、医院所提供的医疗服务、城市的经济建设等从本质上来说也是一种营销活动。

第二，营销的对象不仅仅包括商品和服务，思想、观念、创意等也是营销的重要对象。

第三，对市场环境进行科学的分析，准确地选择目标市场，确定最终的产品开发项目，结合市场供需对产品进行定价，选择合适的促销手段等是营销活动的主要内容。一般来说，能够对营销效果产生影响的因素主要有两种：一种是企业所不能控制的因素，例如政治因素、法律因素等。另一种则是企业能够控制的因素，例如生产成本的控制、分销渠道的选择等，这些能够控制的因素一旦出现问题，最终的营销效果自然大打折扣。

第四，对顾客的需求进行引导，进而满足顾客的需求是营销活动的基本出发点。从这个角度来说，营销活动必须以顾客为中心，面对不断变化的市场环境及时做出正确的反应，从而满足在不同市场环境下顾客的不同需求。值得注意的是，顾客的需求不仅仅局限在现在的需求。更包括未来的需求。良好的营销活动总是能够在满足顾客现在需求的同时刺激和引导顾客，从而创造出源源不断的未来需求。

第五，实现个人和企业的目标是营销活动的根本目标。虽然说营销活动是围绕顾客展开的，为顾客服务的，但是归根结底是为了实现个人和企业的目标。对于营销人员而言，营销活动的好坏与否决定了自己的经济收入和地位，而对于企业而言，营销活动能否取得应有效果则决定了企业的经济效益和市场竞争力。可以说，一切市场交易行为都是通过营销活动来完成的。

从上述关于营销内涵的解释可以看出，营销不是一种简单的推销活动，它需要相当多的工作和技巧，因此将营销视为一门学科和艺术是毋庸置疑的。

尽管到目前为止对营销的定义仍然是各种各样的，其主体、观点和侧重点也不尽相同，并且随着时间的变化而变化。但在"营销"的一些核心要素和基础性质方面，仍具有相同之处。这些相同之处主要有以下九点。

第一，顾客的满意度是评价营销活动的一个基本指标。

第二，营销活动是在市场环境中进行的，因此准确地识别市场机会，最大限度地利用市场机会是营销活动的一个基本方法。

第三，不同的产品和服务所针对的顾客群体是不同的，因此良好的营销必须要准确地选择目标顾客。

第四，营销活动所带来的一个直接后果就是促进市场交易的繁荣。

第五，在动态环境中保持领先。

第六，营销是一门对创新能力要求较高的学科，只有不断地创新才能够保证营销活动取得应有效果，从而战胜现实和潜在的市场竞争者。

第七，对现有的资产和资源进行有效的利用是营销的基础。

第八，增加市场份额是营销活动的一个基础出发点。

第九，所有的营销活动都是为提高企业的盈利能力服务的。

这些要素是当今营销学者广泛认同的。但正如营销学家迈克尔·J·贝克（Michael J.Baker）所说，"给出单一的定义不是我们的宗旨"，营销本身应具有适应性、灵活性、国际性和开放性。对于企业而言，"所有的成功经营都是营销导向的……关键问题是在于生产者或销售者头脑里的想法——即他们的营销哲学。如果这种营销哲学里包含了对消费者需求和需要的考虑、对所追求的利益和满意度的欣赏、对建立对话和长期合作关系所付出的实实在在的努力，那么这就是一个营销哲学，而不必考虑组织中是否拥有标记为'营销'的人员或职能。"

（二）营销观念的演变

从本质上来说，企业的一切经营行为都是一种营销行为，这个营销观念其实指的就是企业的经营指导思想和观念。企业的经营指导思想并不是一成不变的，社会生产品的提高、商品经济的发展、市场供需的变化等都会对企业的经营指导思想产生一定的影响。纵观历史，企业的营销观念大致经历了4个阶段。

1.生产观念

生产观念指的是将生产作为企业经营中心的一种营销观念。该观念的一个基本观点就是，生产是最为重要的，只要能够生产出有用的产品和服务，那么该产品和服务就一定能够销售出去。对于顾客而言，他们最为关注的是产品和服务的价格以及获得产品的便利程度。这一观念是社会市场需求大于供给背景之下的产物，例如古代的旅馆、驿站等就是生产观念的直接体现，这些产品虽然提供的服务十分有限，但是在那个需求大于供给的时代背景下并不愁销路。

从我国旅游业发展的角度来看，在旅游业发展的初期，在人民收入水平迅速提高的背景下，处于发展初期阶段的旅游业明显地面对需求大于供给的现状，如此一来，交通、饮食、住宿等服务供不应求，这种情况下自然产生了生产观念，很多企业认为只要有相应的服务就能够销售出去。但是随着旅游业走上健康的发展轨道，企业之间的竞争日趋激烈，这种情况下生产观念也逐渐失去了生存空间。

2.产品观念

产品观念指的是将产品作为营销核心的一种企业经营思想。产品观念认为产品是企业经营成败的关键要素，质量最优、性能最好、价格最低的产品总能够获得消费者的认可，帮助企业赢得市场竞争优势。在产品观念的影响下，企业一直将经营的重心放在产品和服务的创新上，并不断地对产品和服务进行优化。

与生产观念相比，产品观念毫无疑问是一个巨大的飞跃。从旅游业的发展角度来看，产品观念诞生在旅游市场逐渐饱和的背景之下，旅游市场的饱和也意味着旅游企业之间的竞争逐渐激烈，各旅游企业所存在的差异并不是很明显，这种情况下越来越多的旅游企业开始依靠独特的产品服务，来获得消费者的认可，例如高品位的旅游景点、一站式的旅游交通、豪华的住宿饮食服务等。

值得注意的是，产品观念并不是完美无缺的，它很容易导致一个问题，即过分地重视产品或者服务的质量，导致企业对市场的需求没有给予足够的重视，从而出现了这样一个问题，当游客对旅游产品不满意时，旅游企业的第一印象不是自身的产品和服务出现问题，而是责怪游客不认识。

3.推销观念

推销观念指的是将销售作为核心的企业经营思想。该观念认为，消费者对于产品和服务往往处于一种"购买"和"不购买"的摆动之间，如果听其自然，那么消费者购买该产品与不购买该产品的概率各占一半，这种情况下推销活动就会提高消费者购买产品的概率，尤其在同类产品众多的今天，产品的替代性使得推销的重要性更是凸显出来。

经过长期的实践与研究，推销已经形成一门专门的学科体系，拥有独特的应用理论。推销观念固然是市场激烈竞争背景下一种提高市场占有率的有效手段，但是推销并不是万能的，很多老化的产品哪怕拥有再好的推销手段也无法销售出去。这一点在国内旅游产业上体现得尤为明显，我国观光型旅游产品在国际旅游市场上推销效果并不是很理想，虽然说与我国的旅游推销意识和手段有着一定的关系，但是最根本的原因仍旧是我国的观光型旅游产品过于老化，与国际游客的旅游需求不相符合。

4. 营销观念

（1）营销观念的含义

营销观念是针对上述三种观念面临的挑战而出现的一种企业经营思想。该观念认为：实现组织诸目标的关键在于正确确定目标市场的需要，并且比竞争对手更有效、更有利地传送目标市场所期望满足的需要。营销观念与生产观念恰恰颠倒了过来——顾客需要什么样的产品和服务，企业就提供这些产品和服务。

营销观念的形成是以卖方市场转为买方市场为背景的，在当今国际和国内旅游业竞争日趋激烈的大环境下，以顾客为中心的营销意识冲击着现代旅游业的经营者们。例如"客人就是上帝""宾客至上""客人就是衣食父母""客人总是对的""您就是这里的主人"等，屡见于旅游业的宣传口号之中。概言之，营销观念要求企业"提供你能够售出去的产品"，而不是"出售你能够提供的产品"。

（2）顾客让渡价值

在现代营销观念指导下，企业应致力于顾客服务和顾客满意。而要实现顾客满意，需要从多方面开展工作，并非人们所想象的只要价格低就万事大吉。事实上，消费者在选择卖主时，价格只是其考虑因素之一，消费者真正看重的是"顾客让渡价值"。

顾客让渡价值是指顾客总价值与顾客总成本之间的差额。顾客总价值是指顾客购买某一产品与服务所期望获得的一组利益，包括产品价值、服务价值、人员价值和形象价值等。顾客总成本是指顾客为购买某一产品所耗费的时间、精神、体力以及所支付的货币资金等。因此，顾客总成本包括货币成本、时间成本、精神成本和体力成本等。

由于顾客在购买产品时，总希望把有关成本包括货币、时间、精神和体力等降到最低限度，而同时又希望从中获得更多的实际利益，以使自己的需要得到最大限度的满足。因此，顾客在选购产品时，往往从价值与成本两个方面进行比较分析，从中选择价值最高、成本最低，即顾客让渡价值最大的产品，作为优先选购的对象。

（3）4C营销观念

传统的营销理论可以用"4P"营销理论来形容，即将产品（Product）、价格（Price）、渠道（Place）、促销（Promotion）作为实现营销目标的首要选择，认为良好的产品、较低的价格、优质的分销渠道结合不断的促销活动，能够帮助企业的产品和服务顺利占领市场。但是从顾客让渡价值的角度来看，传统的营销手段虽然给顾客带来的利益是客观易见的，然而这种客观的利益则完全由顾客的主观意识决定，例如一个能够给顾客带来诸多利益的产品和服务，但是在顾客的思维中，企业的这种手段仍旧为其获取绝大部分利益，因此对于企业的营销手段自然产生抗拒之心。这种情况下，美国营销学家罗杰·卡特赖特（Roger Cartwright）在其著作《市场营销学》中提出了有别于传统"4P"营销理论的"4C"营销观念，该理论主要包括以下四个方面的内容：① 瞄准顾客（Customer）需求，即根据顾客现有的市场需求，以及为了可能产生的需求来针对性地生产产品。② 了解顾客的成本（Cost），即在进行营销之前要明确顾客为了满足自身的需求愿意花费多少时间、金钱、精力，而不是从企业的利益出发对产品和服务进行定价，然后采取促销活动进行让利。③ 顾客的便利性（Convenience），即在营销时要考虑到顾客购买产品和服务的最便利途径。④ 与顾客沟通（Communication），即通过互动、沟通等方式，将企业内外营销不断进行整合，把顾客和企业双方的利益有效地整合在一起。

（三）关系营销

1.关系营销的含义

关系营销虽然仍旧属于营销学的范畴，但是与传统的以交易为核心的营销相比，关系营销具有属于自身的特点。所谓的关系营销指的就是将营销活动视为一个企业参与消费者、供应商、分销商、竞争者、政府机构以及其他公众发生互动作用的过程，关系营销的根本目的是帮助企业与其他社会群体建立良好的关系。

2.关系营销的特征

与传统的以交易为核心的营销活动相比，关系营销的特色主要集中在对待顾客的态度上，其具体表现在以下四个方面。

第一，交易营销关注的重点是一次性交易，即促使顾客购买产品，产品购买之后顾客的回头率则不是在交易营销的考虑范畴之内。而关系营销则注重保持顾客，哪怕顾客没有购买的欲望，关系营销也会一视同仁地为顾客提供相关服务。

第二，交易营销很少强调顾客服务。而关系营销则高度重视顾客服务，通过培养顾客的忠诚度来使得顾客成为自身企业的长期消费者。

第三，交易营销很少有消费前后的承诺。而关系营销则有充分的顾客承诺。

第四，交易营销认为产品与服务的质量应当是生产部门的职责，销售部门不关注产品与服务的质量。而关系营销则认为所有部门都应当重视产品与服务的质量。

关系营销的本质大致可以概括为以下五点。

第一，双向沟通。在关系营销理论看来，沟通应当是双向的而不是单向的，顾客与企业之间的沟通、企业与企业之间的沟通是实现信息交流和共享的根本途径。

第二，合作。对于关系营销而言，没有绝对的竞争对手。相反，双方的合作能够更好地发挥自己的优势，实现双赢。

第三，双赢。关系营销的一个基本出发点就是通过合作来维持双发的利益，而不是在不必要的市场竞争中造成损失。

第四，亲密。双方的亲密度决定了关系的稳定与发展，因此关系营销一直以来都是将加强双方的亲密度作为活动的一个重心。

第五，控制。对于关系营销而言，顾客、分销商、供应商乃至社会大众是一个统一的整体，为了更好地对这些群体进行了解，需要建立专门的部门来跟踪他们，以此来保证能够及时地采取各种措施消除关系中的不稳定因素。

3.4R营销理论——关系营销新理念

4R营销理论是美国营销学专家唐·E·舒尔茨（Don E. Schultz）教授提出的一个新概念，该概念是对关系营销的总结和升华，阐述了一种新的关系营销理念。

（1）关联（Relevancy）

4R营销理论认为，企业和顾客从根本上来说在利益上是相互联系的，两者可以说是一个命运共同体。因此，与顾客建立并保持长期的关系是企业经营管理的主要内容，这也就意味着企业与顾客建立联系时必须站立在平等的角度，认真地听取顾客关于企业的一系列建议，充分了解顾客的现实需求与潜在需求，企业的一切经营行为都是为满足顾客需求而服务。只有这样才能够让顾客在消费活动中得到更多的实惠，增加顾客对企业的认同感，最终实现企业与顾客形成一种互助、互求、互需关系的目标，最大限度地减少顾客流失的可能性。

（2）关系（Relation）

在企业与客户的关系发生了本质性变化的市场环境中，抢占市场的关键已转变为与顾客建立长期而稳固的关系，与此相适应产生五个转向变化：① 从以一次性交易为目的转变为以建立友好的合作关系为目的。② 从重视眼前的利益转变为重视长远的利益。③ 从顾客被动地接受企业各种产品转变为顾客主动地参与到企业产品的设计与生产中。④ 从相互的利益竞争转变为双方合作实现共赢。⑤ 从单纯的营销管理转变为企业与顾客之间的良性互动。

（3）反应（Response）

在当下市场环境中，对于企业而言，最重要的不是对企业的生产与销售进行控制、制订和实施计划，而是如何站在顾客的角度倾听顾客的需求，进而做出反应满足顾客的需求。这种情况下，企业的反应速度就显得尤为重要，反应机制越完善的企业，所能够生产的产品与顾客的需求也就越契合，对顾客的吸引力也就越大。例如在销售同类产品时，如果一家企业能够最快地对顾客的抱怨做出反应，那么这家企业就会在激烈的竞争中获得顾客的认可，从而占领先机，取得竞争优势。

（4）回报（Return）

任何交易与合作关系的巩固和发展，对于双方主体而言，都是一个经济利益问题。因此，一定的合理回报既是正确处理营销活动中各种矛盾的出发点，也是营销的落脚点。对于企业来说，营销的真正价值在于其为企业带来短期或长期的收入和利润的能力。一方面，追求回报是营销发展的动力。另一方面，回报是企业从事营销活动、满足顾客价值需求和其他相关主体利益要求的必然结果。企业若满足顾客需求，为顾客提供价值，顾客必然给予金线、信任、支持、赞誉、忠诚与合作等物质和精神的回报，而最终又必然会归结到企业利润上。

二、旅游服务的特征

由于服务是构成旅游客体的主要要素，旅游企业及其营销人员必须首先要关注旅游服务的一些基本特征。

（一）无形性

与那些能够看得见、摸得着的产品不同，服务从本质上来说是一个抽象的概念，顾客在购买之前是无法切实地感知服务的。例如在坐上飞机之前，顾客虽然进行了消费，但是对于飞行服务却没有一个明确的感知，哪怕是在坐上飞机后，顾客唯一能够感知到的就是自己的出行需求得到了满足，但是满足的质量如何却无法进行判断。再比如住宿，顾客肯定无法将自身所住的客房随身携带，事实上，顾客并不拥有客房的权利，拥有的只是客房空间和物品的使用权，在消费结束之后，顾客所获得的除了一张收据之外别无所有。

（二）不可分割性

但从旅游的角度来看，旅游服务中，服务者与顾客绝大部分是同时在场的，两者具有不可分割的特性。值得注意的是，这里的服务者并不局限于"人"，而是各种服务设施。例如顾客在享受迪斯尼乐园的服务时，只有亲自前往迪斯尼乐园才能够享受这种服务，这个时候顾客与服务者是同时在场的。

服务的不可分割性意味着顾客是产品的一部分。比如，一对夫妇选择一家饭店就餐，可能是因为那里雅静而浪漫，但倘若一个吵吵嚷嚷的会议团队也坐在同一个大厅就餐，这对夫妇就会大失所望。因此，管理人员必须对顾客加以管理，这样才能避免他们做出令其他顾客不满的事情来。不可分割性的另一个方面是顾客和服务者必须都了解整个服务运作系统。比如，纽瓦克假日酒店对于国际旅游者来说并不陌生。许多顾客在这里用现金或旅行支票付账，因为他们不用信用卡。人们不止一次地发现，前台服务员用电话回答那边抱怨房间电影播放系统不工作的顾客。服务员必须向他们解释，那是因为他们没有预付这笔费用，他们只预付了房费。所以要让其工作，顾客必须先到前台来付费。显然，听到这种解释的顾客一定会很恼火。实际上，酒店若是先问一下顾客是否愿意为一些可能收费的项目（比如室内电影）预付一笔钱，这个问题就避免了，与顾客的关系也就改善了。服务的不可分割性要求旅游组织的管理人员既要管理好员工，又要管理好顾客。

（三）变动性

服务并不是一成不变的，相反，由于人是服务的主体，服务的质量也就处于时刻的变化之中。提供服务的人、地点与时间等都会对服务造成一定的干扰。导致这种现象的原因在于服务产品提供与生产同时进行，服务者与顾客的不可分割性决定了服务是现场生产、现场使用的，固然服务技巧能够在一定程度上提高服务质量，但是顾客本身的差异，例如知识水平、兴趣爱好等，也会对服务产生一定的影响。例如在同一个景点，同一个导游，有的顾客乘兴而返，而有的顾客却败兴而归，出现这种现象的原因不在于服务者本身，而在于实际供给与游客需求出现了偏差。

服务的变动性特点所带来的一个直接后果就是旅游服务出现"形象混淆"，从而导致旅游产业中顾客投诉现象屡见不鲜。例如同一个旅行社通过两家不同的分社来向顾客提供服务，可能出现一家分社的服务质量明显高于另一家，这种情况下服务好的那家分社的顾客就会对旅行社产生好感，而差的那家顾客则会认为旅行社服务质量较差，这也是网络上大部分旅行社评价好坏不一的根本原因。

（四）不可贮存性

由于旅游服务产品的无形性和生产与消费的不可分割性特征，旅游服务产品也具有不可贮存性特点，即旅游产品并不能够如同各种工业产品一样事先生产贮存起来，在未来紧需的时候再进行销售。当然，服务产品虽然不能提前生产，但是服务产品的生产设施——服务设施却是可以预先准备好的。例如一家宾馆共有100间客房，这种情况下哪怕顾客再多，宾馆所能够提供的服务产品也不会超出100间客房。而顾客再少，宾馆也不能将没有销售出去的客房贮存起来次日销售。对于旅游业而言，旅游服务产品的不可贮存性特点所带来的一个直接后果，就是旅游市场极易出现供需不平衡问题。例如在旅游旺季时，旅游服务产品往往供不应求，但是服务者却没有办法生产更多的产品。而在旅游淡季时，旅游服务产品往往供大于求，服务者只能够面对损失，因此如何处理旅游市场的供需弹性波动也是一个极为重要的问题。

（五）缺乏所有权

缺乏所有权指的就是在生产和消费的过程中，旅游服务产品不涉及任何的所有权转移，这也是旅游服务产品的无形性和不可贮存性特征所决定的。正是由于旅游产品的无形性与不可贮存性，顾客事实上并没有对产品产生实质性的拥有。以乘坐飞机为例，顾客虽然能够通过乘坐飞机从一个地方飞往另一个地方，但是在这一过程中，顾客除了手中的机票和登机牌之外，并没有拥有任何东西，如此自然不会产生所有权。

对于旅游业而言，所有权的缺失所带来的后果就是顾客在购买旅游产品时往往会感受到较大的风险，虽然说服务者一再对产品进行宣传，但是对于顾客而言，由于无法直接感知这些产品，因此风险相对较大。这种情况下如何帮助顾客克服这种心理，就是营销人员所要面对的第一个问题，目前比较普遍的做法，是通过会员制度来维持顾客和企业的关系，使顾客在心理上觉得自己拥有了所有权，即拥有产业所提供的各种服务。

三、旅游营销的内涵

旅游营销是营销的一个分支，它具有营销的一般内涵，但是却不能将旅游营销与一般的营销活动简单地等同起来。对于旅游营销可以这样进行界定：旅游营销指的是旅游企业或者个人为了实现经营目标，对思想、产品和服务的构思、定价、促销和分销的计划和执行的管理过程。

从上述概念中可知，旅游营销具有三层含义。

第一，旅游营销是以交换为中心，以旅游者需求为导向，以此来协调各种旅游经济活动，力求通过提供有形产品和无形服务，使游客满意，来实现旅游企业的经济和社会目标。

第二，旅游营销是一个动态过程，包括分析、计划、执行、反馈和控制，更多地体现旅游企业的管理功能。旅游营销是对营销资源（诸如人、财、物、时间、空间、信息等资源）的管理。

第三，旅游营销适用范围较广。一方面体现在旅游营销的主体广，包括所有旅游产品供给组织或企业；另一方面旅游营销的客体也很多，不仅包括对有形实物的营销，更包括对无形服务的营销，以及旅游企业由此而发生的一系列经营行为。

第二节　现行乡村旅游营销方式

一、价格营销

价格营销是一种最为常见的营销方式，被广泛地应用于乡村旅游营销中，主要是通过产品的定价策略表现出来的。本书在此对国内乡村旅游一些常见的产品定价策略进行简单的介绍。

（一）新产品定价策略

新产品的定价是旅游营销的一个十分重要的问题，新产品的定价策略是旅游企业常用的一种价格营销策略。一般来说，旅游企业在对新产品定价时大多采用以下两种定价策略，以获得竞争优势。

1.撇脂定价策略

所谓撇脂原意指的是在鲜奶上撇取乳酪，取得鲜奶的精华。而用在产品定价上，撇脂定价策略则主要指的是利用产品当时没有竞争对手的优势来提高产品的价格。这种定价方式虽然与传统的降价促销有着巨大的差别，但是毫无疑问也是一种价格营销策略。原因有两个方面：一个是对于消费者而言，"便宜没好货"的观念已经深入人心，同时市场上又没有同类产品可供比较，这种情况下价格较高反而更容易获得消费者的认可；另一个则是撇脂定价策略更有利于后期的促销活动，巨大的折扣等促销手段并不会影响企业的经济效益。

2.渗透定价策略

渗透定价策略指的就是以低于预期的价格将产品投入到市场中，简单地说就是以低于市场价的价格来销售产品，这种定价方式往往用于市场上同类产品众多的环境下。渗透定价策略从本质上说就是一种低价营销方式，它能够更快地帮助企业产品获得市场的认可，从而打开销路，提高产品的市场占有率。

对于新产品而言，以上两种定价方式各有优势。在确定定价策略时，企业需要充分考虑以下几个因素。

第一，新产品的供应能力。如果企业的人力、物力、财力较为充足，能够保证市场上产品的供应，那么可以采用渗透定价策略。反之，如果企业的生产能力有限，那么应当选择撇脂定价策略。

第二，竞争对手的状况。如果企业的产品在进入市场时没有竞争对手，并且企业能够保证自身产品的专业壁垒较高的话，那么撇脂定价策略是一个良好的选择。如果企业的产品在市场上已经有诸多的同类产品，那么应当选择渗透定价策略。

第三，新产品的市场需求前景。如果新产品的市场需求前景较为广阔，那么企业可以采用渗透定价策略，通过薄利多销的方式来获得收益。反之，如果现产品只适用部分特殊群体，那么撇脂定价策略则是最为理想的选择。

（二）折扣策略

折扣策略指的是旅游企业为了扩大市场占有率，采用打折的方式来鼓励游客积极地购买旅游产品。目前乡村旅游的折扣营销策略主要有以下四种。

1.数量折扣

顾名思义，数量折扣指的就是购买的产品数量越多，折扣也就越大。而数量折扣又可以细分为累积数量折扣，即根据长期购买的次数来获得不同的折扣优惠。一次性数量折扣，即在一次性购买相应数量的产品时能够获得折扣优惠。乡村旅游企业目前主要采用的是一次性数量折扣营销方式，原因在于虽然累积数量折扣更有利于乡村旅游企业的发展，但是由于企业已经在乡村旅游的基础设施上投入了大量的财力，因此急需回笼资金。而乡村旅游有相当一部分是以家庭的方式出游，因此一次性数量折扣并不会受到冷落。当然，也有部分乡村旅游企业通过"会员"的方式来为游客提供折扣，即游客通过企业进行了多少次旅游之后能够享受一定的折扣优惠。

2.同业折扣和佣金

同业折扣是旅游企业给予旅游批发商和零售商的折扣。例如：加强与旅行社的合作是饭店营销工作的重要内容。饭店给予旅行社的折扣和佣金数量是旅行社是否向饭店介绍客人的重要因素，"十六免一"是目前通行的做法。

3.季节折扣

正如前文所论述的，乡村旅游是一个季节性较强的产业，在收获季节或者节假日乡村旅游常常人满为患，但是在农闲季节或者工作日，乡村旅游对于游客的吸引力就会迅速下降，这种情况下乡村旅游企业就会通过季节折扣的方式来鼓励游客购买旅游产品。例如在旅游淡季，乡村旅游景点的门票、住宿等价格都会打折等。

4.现金折扣

现金折扣指的是一种预付款折扣，即游客如果选择提前付款，那么就会享受一定的折扣优惠。对于乡村旅游企业而言，已经选择付款的游客毫无疑问是确定旅游的，而那些没有付款的游客仍旧存在一定的变数，放弃旅游也是常有之事，因此企业会对那些提前付款的游客提供相应的折扣，以此来稳定游客群体。

（三）心理定价策略

心理定价策略就是根据顾客的消费心理，通过定价来刺激他们购买某项旅游产品的积极性。该策略主要包括尾数定价策略和声望定价策略。

1.尾数定价策略

尾数定价指的是利用顾客喜欢价格便宜，对价格上升幅度较大的产品难以接受的心理进行定价。尾数定价策略被广泛地应用于营销活动中，乡村旅游也不例外，在实践中可以发现很多乡村旅游产品的价格尾数都采用非零整数数字，例如农家乐一日游98元，乡村野菜9.8元一斤等，这种价格事实上与100元、10元的差距并不是很大，但是对于游客而言，98是两位数定价，而100则是三位数定价，因此对98的定价更为认可。值得注意的是，一些比较知名，以高消费群体为主要客源的乡村旅游企业则不会采用这种定价方式，原因是对于高消费群体而言，带有尾数的价格本身就是产品质量较低的体现。

2.声望定价策略

声望定价策略就是利用名牌战略效应吸引旅游者消费。名牌产品价格适当高于一般产品价格，客人也可以接受。例如：著名的香港海洋公园的价格比同类娱乐设施要高一些。又如：客人经常把客房价格看作是客房质量的反映，也有的客人把购买高价客房作为提高自己声望的一种手段。据此，饭店应有意识、有限度地提高客房价格。

运用声望定价策略应注意以下原则：

第一，要寻找以购买高价产品来提高自己声望的目标市场；

第二，低价产品最低不能低于客人所愿意支付的最低价格；

第三，当代和历史名人曾消费过或居住过的产品和地方，也可采用声望定价策略。

二、广告营销

广告一直以来都是一种十分有效的营销手段，尤其在信息交流日益便利的今天，广告对于企业而言更为重要，好的广告能够拉近企业与顾客之间的距离，帮助企业更为迅速地占领市场。一般来说，广告营销主要是沿着以下四大步骤进行的。

（一）确定广告目标

如同其他的营销活动一样，广告营销首先要做的就是确定广告目标。一般来说，广告目标与企业的整体发展目标是一致的。选定何种广告目标极大地影响着广告所需的经费和设计的内容。例如：一个老牌的乡村旅游产品名气很大，在社会上已获得认可，只要制订一个维持性计划，使用少量维持性经费就足够了。但是，如果是在一个特殊的地方向陌生的公众介绍一个全新的乡村旅游产品，原来的广告计划与预算显然就不合适了。

（二）确定旅游广告的内容

乡村旅游广告的根本目的是帮助潜在游客更好地了解乡村旅游产品，鼓励游客购买该产品。因此，乡村旅游广告必须要在广告中向游客介绍乡村旅游产品的特性、购买价格、购买方式、购买地点等内容。

第一，向游客介绍乡村旅游产品的特性。目前市场上乡村旅游产品众多，如果一种乡村旅游产品不具有特性，那么是很难吸引游客的，因此乡村旅游广告大多是将产品的特性作为着眼点。

第二，向游客介绍乡村旅游产品的价格。对于游客而言，质优价廉是最为理想的选择，在选择乡村旅游产品时，除了产品的质量之外，价格也是游客关注的重点，因此乡村旅游产品必须在广告中明确地给出报价，供游客参考。

第三，说明乡村旅游产品的购买地点、购买电话等。这是保证游客产生购买欲望之后能够顺利购买产品的重要保障。

第四，宣传乡村旅游企业的发展历史和发展规模。与游客维持长期的关系是现代乡村旅游营销的重心，而宣传企业历史和规模能够提高游客对企业的认可度。

（三）旅游广告设计的基本要求

广告的主题确定之后，还要考虑怎样将这些内容表现出来，即解决一个

"怎么说"的问题，这就是广告设计的任务。在大多数情况下，人们对广告的阅读和欣赏，不是自觉地追求，而是偶然地接触。因此，广告设计存在着特殊的要求，主要是简洁、创新和美感。

1.简洁

播放时间与刊登篇幅的限制，使广告不能够长时间解说。这种情况下，如果广告的内容十分庞杂，那么很难让消费者从中发现有价值的信息，如此一来广告效果自然会大打折扣。以乡村旅游企业为例，如果乡村旅游企业花费大量的辞藻在旅游设施和软件服务上，那么不仅增加了广告经费，而且大量言语介绍的存在使消费者产生厌烦之心，对于广告的认可度也会大幅度下降。因此，乡村旅游广告必须有一个统一的主题，然后围绕这一主题运用简洁的语言来加深消费者的印象。

2.创新

广告的活力在于创新，新颖的广告方式与广告内容总能够吸引大量的目光。对于乡村旅游广告而言，也必须尽可能地避免使用一些陈腐用语，以免让消费者反感。在进行广告设计时，企业要采用吸引力、鼓动性、互动性较强的广告方式和广告内容。

3.美感

广告创作是一种艺术活动，必须遵循美学的要求，用形象的语言、巧妙的构思、诱人的情趣，集中将产品特性表现出来，激起旅游者浓厚的兴趣，产生强烈的购买欲望。因此，一个广告画面的质感、美感和意境的追求，常常需要创作者花费辛勤劳动，同时又要具有很高的艺术修养和渊博的知识，才能将形式和内容完整地统一起来。这对于旅游景点广告的设计来说更为重要。

（四）旅游广告媒体

1.旅游宣传印刷品

旅游宣传印刷品是当前旅游广告营销中使用最为广泛的一种方式。虽然与网络营销、新媒体营销相比，旅游宣传印刷品营销的传播速度较慢，但是在实践中很多旅游企业发现，旅游印刷品由于图文并茂、精美大方的缘故，消费者对于这类广告作品的抗拒心并不是很强烈，很多游客会选择长期保留旅游印刷品，这些印刷品能够在潜移默化中对游客产生影响。

旅游宣传印刷品指的就是由国家或者旅游地区的管理部门、当地主管部门、旅游企业制作的用于旅游宣传、提供信息、消遣娱乐的旅游产品说明书。一般来说，旅游宣传印刷品大致由产品说明书、产品目录集、产品价格表、赠品等组成，样式新颖大方，对于游客而言完全可以作为旅途的消遣用品，因此很多游客会主动地将宣传印刷品保留下来。

具体而言，旅游宣传印刷品大致可以分为三种类型：第一种是信息类宣传印刷品。这类印刷品大多以向游客和中间商提供相关信息为主要目的，虽然娱乐性较低，但是实用价值较高，例如旅行指南、旅行手册、旅游路线图、列车航班表等。第二种是促销类宣传印刷品，即以促销宣传为主要目的的印刷品，例如饭店的宣传册、旅游报价表等。第三种是赠品类宣传印刷品，即向游客赠送一些东西，提高游客对景区的认同感，例如以景区景观为主题的明信片、挂历、信封等。

旅游宣传印刷品的制作涉及文字设计、图案设计和整体效果设计三个方面。

（1）文字设计

一直以来，文字都是传播信息的主要途径。乡村旅游宣传印刷品的文字信息主要由标题和正文组成，其中标题要能够突出乡村旅游的特点，加深读者的第一印象，而正文一方面要客观地对乡村旅游内容进行描述，另一方面也要将乡村旅游的特点表达出来，只有这样才能够对读者产生吸引力，促使读者生出乡村旅游的想法。

（2）图案设计

图案是乡村旅游印刷宣传品最生动、最形象的部分，对于读者而言，图案所带来的感受更为直观。但是随着图像处理技术的发展，图案对于读者的吸引力越来越弱，在读者眼中，越好的图案反而意味着越不真实，这种情况下乡村旅游宣传印刷品的制作应当与文字结合起来，作为文字的辅助工具而存在，避免使用大量的虚假图品，以真实的景观图案来获得读者的信赖。

（3）整体效果设计

整体效果指的是在乡村旅游宣传印刷品设计中要处理好图案与文字的关系，保证两者的协调统一，突出乡村旅游的主题。

2.出版物

出版物在这里主要指报纸和杂志。

（1）报纸

报纸和人们的生活密切相关，因而是广告媒体中一种有效的宣传工具。报纸有很多优点：① 普及面广，宣传覆盖面大。② 及时灵活。③ 给人印象较深，容易查阅。④ 可以利用报纸的权威性，提高读者对广告宣传的信赖程度。⑤ 价格低廉。其局限性是：① 时效短；② 报纸内容庞杂，容易分散读者对广告的注意力；③ 感染力差，质量不精美，不能很好地体现旅游产品特色。

（2）杂志

杂志分门别类，阅读对象比较稳定。杂志作为广告媒体的优点有：① 针对性较强，易于选择广告对象；② 时效较长，重复使用，传阅范围广，便于保存；③ 印刷质量好，可提供精美图画。

杂志的局限性是灵活性较差、不及时和范围小。

3.广播电视

（1）广播

广播作为广告媒体的优点是：① 迅速及时；② 覆盖面广；③ 具有一定的强迫性。广播的局限性是时效性差，易遗忘，对产品的表现力差。

（2）电视

电视将活动画面和音响效果结合在一起，形、色、音互相配合，因而能产生强烈的效果。其优点很多，主要有：① 覆盖面大，为广大观众喜闻乐见；② 能综合利用各种艺术形式，效果好；③ 表现手段灵活多样，可以从各方面表现产品的特色。其缺点主要是费用昂贵。

4.户外媒体

户外媒体主要指的是广告栏、招牌、霓虹灯等媒体。这种广告营销方式事实上在旅游业中并不是很常见，通常只有在旅游景点所在的地区才会使用这种广告方式，原因在于两个方面：一个是这种广告方式的费用往往较高，旅游企业花费同样的代价能够通过其他广告方式取得更好的效果；另一个就是户外广告究竟在消费群体中起到多大的作用是很难界定的。当然，这种广告在特殊的情况下也具有极高的价值，例如在旅游景区游客找不到住宿宾馆，这个时候霓虹灯等户外广告的价值就凸显出来了。

三、人员推销

人员推销是一种最为古老的营销方法，它主要是通过销售人员与消费者的直接沟通来完成销售目标的。就乡村旅游而言，当前乡村旅游的人员推销主要是通过销售部的工作人员，借助电话、微信等工具来完成的。

（一）人员推销的意义

第一，推销人员与消费者直接接触，因此人员推销的灵活性较之其他营销方式更为灵活。在实践操作中，推销人员可以随机应变，既能够根据消费者的实际需求采取针对性的协调措施，也能够避免其他营销方式对消费者造成不良影响，避免消费者出现抱怨情绪。

第二，与其他营销方式相比，人员推销的无效劳动比较少，即人员推销活动往往会取得一定的收获，属于针对性营销。而其他营销方式则属于"撒网式"营销。

第三，在推销的过程中，推销人员能够及时抓住时机促使消费者购买产品，而其他营销方式只能激发消费者的购买欲望，但是能否真正地购买产品仍旧值得商榷。

第四，在推销的过程中，推销人员可以不断地收集资料，了解消费者的现实消费需求以及潜在需求，这对于企业开发后续产品有着十分重要的意义。

当然，人员推销的缺陷也是不容忽视的。一方面，人员推销对于人力、财力的要求较高，人员推销的顺利进行是建立在大量优秀销售人才的基础之上的，这就意味着企业需要投入巨大的资金；另一方面，优秀的销售人员是很难寻找的，而普通的销售人员在推销中能够取得的成效又十分有限。

（二）推销人员的任务

对于乡村旅游而言，推销人员的工作重心并不在于挨家挨户地推销乡村旅游企业的现有旅游产品，而是肩负着更加重要的职责。

第一，推销人员肩负着探寻市场发展的职责。在推销中，推销人员需要积极地寻找更多乡村旅游的潜在消费群体，以及现有消费群体的未来消费趋势。

第二，推销人员肩负着传递乡村旅游产品信息的职责。优秀的推销人员数量较少，普通的推销人员其实主要承担的是向现有或者潜在客户传递乡村旅游产品信息的职责。

第三，销售产品的职责。推销人员在推销的过程中能够将乡村旅游产品顺利地销售出去是最好的结果。

第四，向游客提供各种服务，即在推销的过程中根据游客的实际需求提供针对性的服务，例如帮助游客安排航班、列车、住宿等。

（三）推销人员的选择

人员推销这种营销方式能够取得的成效完全由推销人员的职业素养所决定，因此在选拔推销人员时就需要注意推销人员的各方面素质，主要包括以下三个方面：一是基础知识素养。推销人员不仅要熟悉各种旅游业务，更要具有一定的知识广度，这是推销人员与消费者进行顺利沟通的重要保障。二是语言素养。推销人员要具有一定的说话艺术，负责进行国际营销的推销人员更要至少掌握一门外语。三是反应灵敏。推销人员要具备一定的随机应变能力，只有这样才能够及时地处理推销中各种意外问题。当然，作风正派、有责任心等也是推销人员必备的素养。

（四）推销人员的培训

乡村旅游是我国近年来逐步兴起的一种旅游产业类型，虽然说很多乡村旅游企业采取了人员推销这种营销方式，但事实上，很多推销人员对于乡村旅游这种产业类型并不是很熟悉。因此，在推销人员进入工作岗位之前，乡村旅游企业应当投入一定的资金来对推销人员进行专业培训，这样才能够保证后续的推销活动取得更好的效果。

（五）推销人员的组织

乡村旅游企业推销人员的定编，要视旅游企业的规模而定，还要注意推销人员的业务熟悉程度。为了充分发挥推销员的作用，还必须进行合理组织乡村旅游企业的销售，组织结构可分为以下 3 种。

1.地区结构式

地区结构式即每个或每组推销员负责一定地区的推销业务。这种形式的优点包括：一是责任明确，便于考核；二是推销员活动范围小，相对地节约了费用。但是，它只适合于较类似的市场，如果一个地区市场差异很大，推销员就难以全面、深入地了解和把握目标市场客户各方面的情况，从而影响推销成效。

2.客户结构式

客户结构式即根据客户的特点、行为和分销渠道等的不同分别配备推销人员。这种方式可以加强对客户的了解，增强相互之间的联系。这种结构在饭店营销部门最为常见。

3.产品结构式

产品结构式即一人或一组专门负责一种或几种产品的推销，如旅行社的各条线路分别配置推销员，这种方式有利于推销员利用专业知识去争取客户。

四、营业推广

（一）营业推广的概念

美国市场营销协会定义委员会认为，营业推广是指"除了人员推销、广告和公共关系以外的刺激消费者购买和经销商效益的各种企业市场营销活动。如陈列、展出与展览、表演和许多非常规、非经常性的销售尝试"。可见，营业推广是除了人员推销、广告和宣传报道外，为了在短期内刺激消费者和经销商的一种促销措施。它具有针对性强、非连续性和灵活多样的特点。采用营业推广，为消费者和经销商提供了特殊的购买条件、额外的赠品和优惠的价格，对消费者和经销商都会产生一定的吸引力，因此在短期内对于开拓市场、争取客户和进行市场竞争有很大作用。

（二）营业推广的方式

对于乡村旅游而言，营业推广的方式主要有以下三种类型。

第一，直接面对游客的营业推广。这种营业推广方式的优点在于能够直接地向游客传递产品信息，激发游客的购买欲望。比较常见的面对游客的营业推广方式有有奖销售、赠送纪念品、优惠折扣等。

第二，面对中间商的推广销售。这种营销推广方式的主要目的在于与中间商达成协议，从而提高中间商的宣传销售积极性，例如联合进行广告宣传、联合举办展览会等。

第三，针对推销人员的营业推广方式，即采用各种激励手段来提高推销人员的积极性，例如利润提成、行业竞赛等。

第三节　创新乡村旅游营销策略

当前的营销环境和创新的全民营销体系，是乡村旅游进行全面提升的基础。有了这个基础，再运用相关理论做指导，从理念、战略、产品、形象、传播、管理等六个方面，对乡村旅游市场营销提出提升策略。

一、理念提升——心灵的归宿

所谓理念，是人们对事物的理性认识。理念，是行动的指南，排除外界干扰，有什么样的理念就会有什么样的行动。乡村旅游市场营销的理念，跟发展乡村旅游的根本理念是一致的。现在学界和业界对发展乡村旅游的理念有许多提法，比较多见而又新颖的理念有全地区旅游理念、智慧旅游理念、慢旅游理念等，不一而足。不同的人从不同的角度，提出不同的理念，大多是有一定道理的。但发展乡村旅游的理念大可不必赶时髦，归根结底，最本质的一条就是"要让你这里成为游客的心灵休憩之地，找到自己心灵的归宿"。一句话，要让游客到了这里后，他们的内心就能够静下来。为什么佛教有那么强的生命力？有许多人，他们的文化层次、经济收入、社会地位都不低，在外人看来，他们已经非常优秀，应该心满意足了。但事实并非如此，他们甚至更需要心灵的抚慰，最终皈依了佛家，就是因为宗教给了他们精神寄托，使他们的心灵变得宁静。这对发展乡村旅游应该有很好的借鉴意义，在乡村旅游产品的开发上，应该特别注重将儒家文化、民俗文化、佛道文化深入融合，并加以创新，不仅要得其形，更要得其神。这样才能挖掘出，让游客心灵得以安静的乡村旅游产品。

在这方面，通过观察分析有两个地方是值得借鉴的，一个是云南的丽江。在丽江有很多长期居住的游客，这些游客的收入并不是很高，在丽江也只能以租房做点小本生意为生，但是这些游客并不愿意离开丽江，原因不在于丽江的景观有多好，相反，我国不逊色于丽江的地方有很多，但是丽江却受到国内游客的喜爱，根本原因就在于在很多游客眼中，丽江的生活能够给予自己一种心灵上的抚慰，在这里生活，他们能够真正地感受到生活的痕迹，而不是如同大城市一样整日奔波却失去了自我。另一个就是浙江的德清。德清莫干山下有一个毫不知名的小山村，名叫三九坞，这个地方受到国内瞩目起始于2008年，当时一个名叫高天成的小伙在三九坞租赁了6套泥坯"空巢"，经过简单的装修，经营起乡村民宿，取得了巨大的成效，受到大众的喜爱，被称为"洋家乐"。但是我们分析这种产品不难发现，所谓的"洋家乐"只是对农村空房的一次再利用，一不具有乡土气息，二没有便利的服务，甚至比不上传统的农家乐乡村旅游，从业人员多为乡村老人和妇女。但是偏偏这种乡村旅游模式取得了巨大的成功，根本原因就在于乡村旅游理念上。无论是丽江还是德清三九坞的"洋家乐"，都处处贯穿着安居心灵的理念，这种理念迎合当今城市居民的需求，因此取得成功是理所当然的。反之，那些打着农家乐的旗号，却以城市生活方式为主要内容的乡村旅游很难受到游客的认可。因此，乡村旅游营销的提升首先要做的就是营销理念的提升，不能局限于乡村生活表面，而是要深入挖掘，针对游客心灵上的缺憾进行营销，这样方能事半功倍。

二、战略提升——世界眼光

市场营销战略关乎全局，关乎长远，当前我国乡村旅游市场营销战略仍旧以国内旅游市场为目标，但是从战略的角度来看，市场营销战略应当上升到国际旅游市场的角度，所打造的乡村不仅是具有中国特色的最美乡村，更应当是世界上首屈一指的乡村，将营销目标放在国际游客市场上，是乡村旅游产业发展的必然结果。

将乡村旅游市场营销的重点放在国际市场，会不会对现有的市场产生冲击，是每一个乡村旅游企业关注的问题。问题的焦点集中在企业的资源十分有限，如果将资源集中在前景不明朗的国际市场上，那么会不会导致本土市场营销市场资源支持，进而市场占有率会迅速降低。其实不然，"外来的和尚好念经"在营销界指的就是国际游客的倾向对于国内游客有着一定的引导作用，很多国内游客会潜意识地跟随国际游客，看看那些能够对国际游客产生吸引力的景观具有何种独特之处。因此，将市场营销的重点放在国际市场，在初期固然会造成一定的客源损失，但是从长期的角度来看，对于乡村旅游却是利大于弊，同时也有利于乡村旅游提高对高端客源的吸引力。

值得注意的是，在以国际市场作为营销目标时，当前国内乡村旅游所采取的按消费水平对游客加以区分，这是不科学的。搞不好会引发游客的逆反心理。不同的游客有不同的心理需求，同一个游客在不同的时间段，也会有不同的心理需求。乡村旅游经营方应该通过认真的市场调研，准确地掌握这些心理需求，然后针对不同的心理需求群体，对市场加以分割。并且，在产品的建设或改进阶段，就将市场细分的观念落实到位。这样打造的乡村旅游产品，自然而然都会有精确的定位和明确的目标市场。

三、产品提升——全城旅游

从营销的角度来谈产品提升，就是要将市场的理念灌输到产品建设中，杜绝开发出脱离市场的乡村旅游产品。最好的办法，是让消费者提前参与到产品建设中来。过去产品的可行性论证、建设完全是经营者的事。只有乡村旅游产品成型后，投入运营了，才会在试营期间让消费者提点意见。从营销的角度来看，这就不是高明的营销。况且产品已经定型，不可能有大的改动，消费者的作用很难发挥出来。他们的意见无论对错，往往都成了摆设。在这方面，小米手机营销的成功经验很值得移植。小米的成功，在营销界津津乐道，有人以"饥饿营销"总结之。如此简单地用这四字概括其实并不得其要领。小米营销的精髓在于体验，消费者提前参与的体验。小米手机还没个影子，在产品设计的构思阶段，就已经开始发动消费者充分讨论了。乡村旅游产品打造，也应该如此。还没有开始建设，还在构思阶段，还在做可行性论证，就要千方百计让消费者参与进来。产品建设启动后，更要不断地吸收消费者的良好建议，不断修正、完善原有设计方案。这么做的理由有二：其一，什么样的乡村旅游产品最受消费者欢迎？只有充分吸收消费者的建议，进而超越消费者思路，能够打动消费者心灵的产品，才最受欢迎；其二，这一系列消费者参与的过程，不就是一种绝佳的营销吗？

在宏观上，全城就是一个整体的乡村旅游产品。对于这个乡村旅游巨无霸产品的提升，应该围绕"中国最美乡村"这一主题定位，丰富其内涵，营造能够让心灵安息的自然和人文环境。归纳为三句话：施行硬标准化产品监管，引导去功利化真诚服务，创建超家园化宜居环境。前面两句是手段，后面一句是目的。对乡村旅游的具体产品，宏观监管者不应该管得那么细，风格上尽情百花齐放，但质量上要有最低标准。没有达到这个底线，就不能入市，不能接待游客。在服务上，过于功利化是目前的通病，也是目光短浅的表现。一些不规范的企业这么做，可以理解，但政府和正规企业不应该如此短视。什么叫超家园化？就是要达到：不是家园，胜似家园。在服务业当中，经常讲一句话叫"宾至如归"，似乎这就是最高标准。在乡村旅游产品的建设上，达到这个标准还远远不够。有个诙谐的说法，旅游就是从自己活腻的地方，到别人活腻的地方去。从这个角度来看，有几个人对自己的家园包括生活环境是十分满意的呢？恐怕没有几个吧。出去旅游，往往就是对自己的家园厌烦了，出去寻找更加理想的环境。结果，你让他又像回到了自己家一样，人家能高兴吗？学界对乡村旅游产品的建设，十分强调"原乡性"。试问究竟什么叫"原乡性"呢？其实很难说清楚，每一个人心中都有一个自己的"世外桃源"，但不可能百分之百都实现。我们只能通过调查与沟通，截取尽可能多的样本，加以综合，然后按一个群体一个群体去打造。即使不能完全打造出个人心中的桃花源，也要尽最大努力。这就是细分市场理论在乡村旅游产品建设中的贯彻落实。

四、形象提升——"美"与时动

随着现代信息技术的不断发展，互联网逐步地将全部媒体纳入其中，从而延伸出种种终端，并且这些终端并不是独立存在的，而是具有十分强烈的互动性，从而形成了当今的"互动网络"时代。在网络时代背景下，旅游形象的塑造与传播与传统的旅游已经截然不同，具有鲜明的互联网特征。总的来说，互联网就像一枚无形的大透镜，旅游形象通过这枚大透镜呈现在大众眼中，所呈现的不仅仅是有形的景观（如自然景观、人文景观等），更有口碑、服务等无形的评价，对此乡村旅游绝对不能忽视，而是要将乡村旅游之美与时代特征结合起来，充分利用互联网的互动性来加强营销。事实上，在互联网时代，一切营销手段都可以通过互联网进行。例如传统的广告营销可以放在一些 IP 流量较大的网站或者专门为旅游提供服务的网站。再比如人员推销完全可以通过 QQ、微信等新媒体来进行。对于乡村旅游企业而言，这种营销不仅便利，而且能够有效地降低成本。此外，值得注意的是，互联网的一个主要特点就是即时性，对于乡村旅游而言，这种即时性能够迅速地将乡村最为美好的一面展现在大众面前，从而激发大众的旅游热情，例如在收获季节通过分享一些游客在田间收获的场景来吸引他人等。

例如庐山，至少经历过千年积淀，方形成文化圣山之形象；张家界，借助现代传播手段，不到 10 年就在人们心目中树立起"奇险壮美"之形象；大堡礁，依托"互联网 + 创意"，一夜之间惊艳全球，此前除澳大利亚本国，有几人知晓？网络正在快速而又深刻地改变世界，改变旅游，改变旅游地形象的传播。旅游形象的塑造越来越迅速，成败皆可能在旦夕之间，且变化无常，令人难以把握。在这种情形下，乡村旅游经营者如何应对挑战？对乡村而言，"中国最美乡村"，其美的内涵不能一成不变，其美的形象代言人或物也不能一成不变，而应该紧扣时代的脉搏，不断更新。曾经的粉墙黛瓦令人耳目一新，当全省各地的乡村都是粉墙黛瓦的时候，你还能再打这张牌吗？所以，乡村旅游形象的提升不可能一劳永逸，昨天是千年古村，今天是油菜花，明天也许是诗酒田园新隐士，也许是耕读传家新农民。究竟选什么，还是要问网友、问消费者。

五、传播提升——事件、体验与分享

商战如兵战，《孙子兵法》云："凡战者，以正合，以奇胜。"乡村旅游的传播提升，也是要奇正结合，出奇制胜。何谓奇正？"事件"是奇，一般的体验和分享是正。都说网络时代内容为王，送个"内容"，一是优质的产品带来良好的体验，二是体验之后的分享信息，要有精彩语言，要能打动人心。

"正"指的就是体验与分享，正所谓"真金不怕火炼"，没有好的体验，哪怕旅游营销手段再好也是无法吸引大众的，更不会加深大众对乡村旅游的认同感。因此，乡村旅游营销必须要重视体验与分享。从消费者旅游的过程来看，大致可以划分为三个阶段：第一个阶段是旅游前的学习与决策，即对旅游目标进行分析，最后确定旅游地区；第二个阶段是消费中的体验与品鉴，即在旅游中所享受到的一切旅游服务；第三个阶段是旅游后的评价与分享，即对旅游活动进行一定的评价，将好的旅游活动与大众分享，这可以说也是互联网的一大特色。而对于乡村旅游而言，核心就在于第二个阶段，即做好游客的体验与品鉴，做好这一环节的工作就意味着游客对旅游地满意度较高，有利于游客的评价结果和分享，从而不断地扩展乡村旅游的影响范围。当然，重视游客在旅游中的体验并不意味着忽视游客的评价与分享。一般来说，乡村旅游企业需要建立专门的部门来负责这方面的工作，主要的工作内容就是通过自己的亲身体验来组织和引导网友进行讨论，收集网友的精彩帖子加以编辑和转发，以良好的图案文字来打开网友

的心扉，从而使得网友自发地转发，成为乡村旅游的宣传员。同时，对于一些积极消费者，乡村旅游企业也应当保持长期的联络，一方面从中获取发展意见，另一方面通过一定的奖励来调动他们的积极性，鼓励他们不断地在网络上宣传乡村旅游。

光有"正"还不够，网络信息浩如烟海，不能时不时来点"事件"成为引爆点、兴奋点，传播就难以实现高效。这就要有十分的创意，要有精心的策划，要有到位的执行。国际上，大堡礁喊出"全世界最好的工作"的口号征集守礁人、马尔代夫的内阁"海底会议"都是极为成功的经典案例。在国内，张家界是值得学习的，该景区策划了一系列的活动，几乎年年有重大"事件"，大部分取得了成功。特别是 1999 年"穿越天门飞向 21 世纪"的世界特技飞行大奖赛，吸引了全球 200 多家媒体争相报道，知名度瞬间爆发。同时，也带来了巨大的经济效益。次年，其旅游总人次比"穿洞"前增长 52.7%，旅游总收入翻了一番。反观很多乡村，虽然也重视宣传，但中规中矩、平淡无奇。有人说，不是缺乏创意，而是企业力量不够，政府禁区太多。对此笔者颇有同感。在网络时代，地方政府必须首先解放思想，勇于担当，鼓励创意，接纳创意。应该多方面挖掘各种热点题材，确保网上至少季季有"事件"，比如在科举教育、官学商一体方面，就是很有题材可以挖掘的。这些又是当前舆论界相当关注的热点，大有文章可做，就看你怎么做、敢不敢做了。

六、乡村旅游市场营销提升保障机制

（一）人才保障机制

人才在中国绝对是老生常谈了，各行各业在各种场合都大谈人才，似乎求才若渴。旅游业就更缺乏人才了。而乡村旅游也不例外，从规划方案到各级领导及大小企业，大会小会，对外对内，都在强调人才，看起来好像大家都很重视人才，就是社会上人才太少了。于是乎，一才难求。果真如此吗？倒不尽然。且不说"先有伯乐后有千里马"，就说放眼全国 10 多亿人口，总不至于那么缺乏人才吧。关键是，你一个偏远地区，凭什么吸引人才？人才来了，又能不能发挥出作用、能不能留得住？这几个问题一解决，人才问题也就不用发愁了。破解的办法也很简单，招聘前后、用人之时多和对方沟通交流，给予足够的尊重，尽量满足其精神和物质的需求，再加上一点点科学的管理，人才难题基本上就迎刃而解了。关键是看用人单位的领导、老板，是不是真的那么重视人才。

乡村旅游人才不能过于局限，要有"大人才观"，天地造万物，必有其用途，关键是用得其所。古时候，鸡鸣狗盗之徒可以救孟尝君之命，可以救孟尝君之国，何况教育已经较为普及的现代社会呢？在这里，不想泛泛而谈，只想强调一种人才，叫"玩家"。孔子说："知之者不如好之者，好之者不如乐之者"。玩家就是"乐之者"，以之为乐，虽苦犹甘，费尽心血，做到极致。

（二）风险控制机制

1.防止过度营销

所谓过度营销，就是经营者对营销手段使用过度，引起了消费者的反感，客观上起到了适得其反的效果。这是一种舍本逐末的经营方式。营销学界将过度营销细分成十多种情况，在乡村旅游当中，主要预防三种情况。一是过度宣传，无中生有，无限放大。许多人，甚至包括一些政府部门的管理者，都认为旅游就是宣传，把游客忽悠过来就是成功。二是过度促销，大打价格战。但亏本生意谁也不会做，最后靠宰客盈利，造成恶劣影响。三是过度炒作概念。以为消费者永远都是那么好骗，不扎扎实实做好产品，今天炒作这个概念，明天炒作那个概念，听起来高大上，实际上空洞无物。过度营销只会适得其反。控制过度营销，政府部门首先要从我做起，高度自律，然后严格监督企业的不良行为，一经发现必须严惩不贷。

2.建立高效的顾客反馈机制

政府和企业都有顾客投诉通道，但存在几个问题：一是职能范围窄，只受理投诉，对顾客反馈的其他信息不予重视。二是反应相当慢，一个投诉十天八天都不见答复。三是非常被动。比较常见的是，开始左磨右磨不肯做什么让步，到最后事情闹大了，付出的代价更大，影响还更坏。相对应的措施：第一，职能要增加，对各种信息都要重视，都要给反馈者回复，还要定期对收集的信息加以分析，提出改进对策或归纳整理出好的建议；第二，处理要迅速，一经手处理，就要及时跟反馈者保持热线沟通，让对方觉得你很重视；第三，要争取主动，判断要准确，该付的代价要早付。很多事情都是处理越早、越主动，付出的代价就越小，负面影响也越小。

3.制定突发事件应急预案

上述两点是主动消除风险，但百密难免一疏，更何况网络根本就不可控。"凡事预则立，不预则废"，这就要求必须两手准备，一旦出现意外，也要能够及时"灭火"。首先，管理层要树立强烈的危机意识，建立一支由专、兼职人员组成的有效的危机管理团队，合理配置人员，并对全体经营人员进行应急处理的专业知识和技能培训，提高风险识别和应对能力。其次，要有应急预案。将各种可能出现的意外事件都尽量考虑进去，形成切实可行的预案，并不定期举行模拟演习，强化职员的危机意识和反应能力。危机一旦爆发，一线人员要及时上报，抢夺宝贵的"第一时间"。决策层要充分授权，管理人员要迅速评估、研判、沟通，形成正确的处理措施，并果断执行。危机处理之后，管理人员要及时总结，修补制度和管理上的漏洞，修复损坏的形象。高明的管理者还可以"变坏事为好事"，努力挖掘有利的一面。

第四节　乡村旅游电子商务营销

一、乡村旅游电子商务网站概况

（一）乡村旅游网站的现状

近年来，乡村旅游正以强劲的发展势头在很多地区兴起，已成为我国社会主义新农村建设的崭新亮点和农村经济发展的新增长点。乡村旅游的发展，无论是从发展模式、管理组织、经营手段，还是产品服务大部分都是和信息化联系在一起的。随着信息技术在各行各业中的渗透，顺应我国旅游信息化建设的趋势，乡村旅游电子商务有了长足的进展。

在我国，当前乡村旅游处于勃勃生机的大好时机，乡村旅游企业大都开始建设自己的网站。严格地说，乡村旅游网站是旅游信息系统的外在表现。从市场推广媒介来看，目前乡村旅游的宣传主要是通过互联网来进行的。另外，还使用无线通信、GPS（全球定位系统）技术，以手机、平板电脑等移动设备为终端，提供观光园区旅游观光路线选择、景点查询与浏览、旅游者自身位置定位等旅游自助服务以及用户订购项目和产品的及时通知等信息服务功能。乡村旅游目的地信息系统的建立和乡村旅游电子商务能实现目的地的智能化管理，比如植物的湿度和温度控制、住宿娱乐场所的智能化查询、工作人员的调度和管理等工作，使其达到最优化的状态，不仅管理及时到位，而且不造成浪费。

（二）乡村旅游网站的建设

据有关方面统计，目前，我国已有上千个旅游网站，其中的乡村旅游网站也占了一定份额。例如，中国休闲农业网（中国乡村旅游网）是由农业农村部、文化和旅游部主办，农业农村部农村社会事业发展中心承办，农业农村部信息中心、文化和旅游部信息中心为技术支持单位的政府网站。该网站按照"政府引导、服务市场、统筹协调、资源共享、起点求高、内容求精、快速起步、逐渐完善"的要求，以各级农业和旅游行政管理部门、休闲农业与乡村旅游提供者和消费者、乡村旅游相关服务机构等为服务对象，创建了政府服务、游在乡村、活动专题及互动沟通4个功能板块，共20多个数据库。该网站的开通，为各级农业和旅游部门、休闲农业和乡村旅游经营管理者、广大农民和旅游者提供了一个广泛的信息服务平台。

除了提高自身的经营管理水平、开发适应市场需求的旅游产品之外，还要考虑如何进行市场营销。在网络化和信息技术迅速发展的今天，几乎什么都离不开网络。乡村旅游网络化营销渠道也是目前最受欢迎的营销方式，它是以大型专业旅游网站为营销中心，建立覆盖目标市场区域的网络化销售渠道，以便全天候向各类客户提供最便捷的服务。

然而，要构建一个知名的电子商务平台需要大量的资金和技术的支持。因此，对于中小旅游企业来说，独自构建自己的电子商务平台是非常困难的，而依靠大型旅游网站的电子商务平台，可极大地降低成本，而且有助于中小旅游企业发挥联合优势，提高利润率。

到目前为止，真正意义上的乡村旅游电子商务网站所占比例较小，许多网站都是企业名片性质的，并不具备电子商务的完整功能。

（三）乡村旅游网站的类型

第一，服务或产品生产商网站。如烟台农博园、北京安利隆山庄网、乡村婺源旅游网、东方（大连）高尔夫乡村网等。

第二，综合性门户网站。如网易、新浪、中国旅游网等。

第三，中间商网站。携程网、艺龙网、中宇生活网、黄山旅游电子商务网等。

第四，其他专业的乡村旅游信息网站。如张家界生态农业观光园网、京郊农家乐旅游信息网、中国休闲农业乡村旅游网、上海郊游网、乡村旅游网等。

第五，研究性网站。如乡村旅游与休闲观光农业研究所网等。

这几种类型的网站可能在某些情况下有交叉，并且随着网络知名度和综合服务功能的增加，必将互相融合、互相联系得更加紧密。

（四）乡村旅游网站的功能

旅游网站作为旅游电子商务的载体和表现形式，其内容涵盖非常广泛。乡村旅游电子商务网站除了应该包括一般旅游网站应有的信息之外，更增加了相关的农业知识和乡村旅游特有的绿色生态、健康环保以及农产品订购等信息。其服务功能也包括常见的通信服务、信息交流、商务交流、个性管理等，侧重特产商城、农家美食推荐、乡情农趣等休闲项目，还包括了农产品供求信息、农业科普、农业科技信息等内容。乡村旅游电子商务网的运作机制也不外乎交易佣金、与大导航台"独家"合作分销、品牌合作、网络广告、机票和酒店等的订购及优惠策略等，只是大部分乡村旅游电子商务网站运作机制还比较单一，除了网站知名度低、品牌不成规模的原因之外，就是尚未形成真正专业的乡村旅游电子商务运营商，这也说明各种同类网站应增进联合营销。

二、乡村旅游电子商务营销的前景

（一）乡村旅游发展电子商务的基本条件

1.乡村旅游业的发展

在世界范围内，旅游业已经连续几年保持高增长，成为全球第一大产业。各国旅游专家认为，现在都市人最关心的是健康，喜欢到郊区体验纯朴、自然的生活情趣。这就决定了乡村旅游是一种朝阳产业。

乡村旅游在我国已是一个越来越热门的话题。"吃农家饭、住农家屋、学农家活、享农家乐"，以亲近自然、享受蔬果采摘之乐的乡村旅游成了时尚之旅。2022年以来，我国文化和旅游部确定的特色乡村旅游宣传主题越来越多，通过政府主导进一步加强，农民参与积极性提高，相关研究更加广泛和深入，乡村旅游在各地得到了前所未有的推动和发展。

2.人们消费观念的改变

当今世界，随着社会的进步和经济的发展，人们的消费习惯和消费观念也在悄然发生改变，尤其是在旅游方面。人们的行为习惯是，首先根据别人的推荐或者某种渠道信息，有了到某地旅游的想法，由于旅游的群体以年轻人或文化程度较高者居多，这类群体习惯于先上网查询自己想到的旅游目的地的相关情况，然后才开始旅游行动。

3.信息化基础条件的改善

近几年来，我国农村信息化基础建设取得实效，通信设施基本上做到了村村通，为乡村旅游企业发展电子商务提供了基础性保障。应该说，想旅游的顾客大多来自城市人群，上网更不成问题，乡村旅游目的地建设网站的通信条件也已具备。

（二）国内外乡村旅游电子商务发展比较

1.我国乡村旅游企业目前的状态

用四个字概括即农村电子商务是"小、弱、散、差"，业务操作带有很大的局限性。从一个乡村旅游产品的设计，到供应商采购、市场推广、销售、结算等诸多环节，基本上都是手工操作，效率低下，成本高昂。伴随着我国经济的快速增长和城乡居民对乡村旅游的强烈需求，乡村旅游要想在规模上迅速做大、做强，传统方式的扩张带来的将是庞大的机构，以致管理可能失效，代价更大。

2.我国乡村个性化旅游发展势头强劲

随着生活水平的提高，人们对旅游的需求已经转变为追求"舒适、自由"的个性化旅游。越来越多的游客已经不满足旅游企业传统的、大众化的服务方式，人们不愿意再像以前那样被动地接受旅行社提供的旅游资讯和固有的旅游线路设计，市场需要从传统简单地满足观光游览需要的"到达型"，转变为对"舒适、自由"有着极高要求的个性化旅游。乡村旅游的兴起，正好满足了这部分人群的"舒适、自由"的个性化需求。

3.国外乡村旅游电子商务建设成熟

这主要集中于欧美等发达国家，最开始表现为政府主导型，随着技术和市场的不断发展，已经开始表现为政府、个人、企业、科研机构、社会组织等多方主体推动，并出现了较成熟的网上预订交易，涉及酒店、交通票据、景点票据、旅游产品线路等产品服务预订，其功能完善，集中于在线调查、投诉与反馈、旅游科研、信息搜索、语言选择、电子地图查询、信息交流与展示、会员管理、电子邮件、景点投票调查等。

（三）乡村旅游信息化建设的重要作用

加强乡村旅游电子商务建设，一方面可以提高各级乡村旅游管理部门的工作效率和管理水平，精减办事程序，降低工作成本，加大宣传力度，加快信息传播速度，提高信息实效性，巩固国内客源市场，扩张国际客源。另一方面可以满足游客的个性化需求，提高旅游服务质量，改变乡村旅游企业传统经营模式，降低成本，增加效益，从而提高整个乡村旅游产业素质。乡村旅游电子商务的发展，需要两个基本条件，一是信息化基础建设工程，二是综合信息管理平台。

1.信息化基础建设工程

乡村旅游信息化基础建设工程是实现乡村旅游电子商务的基础保障。有了良好的基础保障，乡村旅游电子商务才能更好地发展。信息化基础设施的建设，将为政府、农户、游客提供一个方便、快捷的沟通互动的平台，使与乡村旅游相关的旅游信息及时、准确地在政府、农户、游客之间流通，这样，既提高了政府管理效率，方便了游客，也为农户带了经济效益。

2.综合信息管理平台

乡村旅游综合信息管理平台是全面打造乡村旅游电子商务的重要手段和途径。要实现乡村旅游电子商务，信息共享是最终目的。具体地说，信息化共享就是把景点、景区、旅游线路、饭店、旅行社、旅游消费品、交通、气候等与地理位置和空间分布有关的旅游信息，通过技术手段采集、编辑、处理，转换成用文字、数字、图形、图像、声音、动画等来表示的内容或特征并实现共享。信息管理系统的建立有利于各类旅游信息的整合、共享、管理，有利于体现本地旅游特色，有利于与同行业的交流和沟通，彻底解决乡村旅游信息化的薄弱环节，从而推动乡村旅游电子商务的发展。

（四）电子商务为乡村旅游企业带来的机遇

第一，电子商务所创造的便捷、高效、低廉的信息流通方式，使乡村旅游企业获取信息的能力大增。我国大部分乡村旅游企业组织规模小，缺乏广泛的客户群体和供应商网络，外部环境对乡村旅游企业的制约首先是信息渠道狭窄，乡村旅游企业难以及时了解信息以捕捉市场机会。而在互联网信息环境下，乡村旅游企业依靠网络收集、反馈信息，可获取常规形态下难以捕捉的资讯，使经营服务更为主动。电子商务的应用就避免了游客找不到自己喜欢的乡村旅游项目，而乡村旅游企业的经营服务因找到自己的游客而变得十分主动。

第二，降低了交易成本。据统计，乡村旅游企业在互联网上做广告可以提高销售数量 10 倍，而它的成本只是传统乡村旅游电子商务广告的 1/10。利用互联网，跨国交流信息的平均成本极为低廉，其宣传费用不会随着地理覆盖范围的增加而增加。利用互联网传递电子单证既节省了单证制作费用，又缩短了交单结汇时间，提高了工作效率。

第三，给乡村旅游企业带来了新的产品销售渠道。乡村旅行企业可以在网上推销线路，寻求国内外代理，酒店、车船公司可开展网上订房、订票业务，景区景点也可以把宣传资料制成图文并茂的信息在网上展示，吸引更多游客，乡村旅游企业从而获得更多的市场机会。

总之，电子商务使乡村旅游企业向游客提供个性化服务产品成为可能，个性化的乡村旅游定制产品只有在互联网上才能得以实现，也证明了应大力发展乡村旅游电子商务这一新兴运作模式。

三、乡村旅游电子商务发展的建议

（一）加强乡村旅游电子商务应用意识

乡村旅游企业一定要认清当今旅游业发展的趋势，电子商务和旅游业有着天然的适应性，不仅可突破时空界限，实现全天候、跨地域的经营活动，而且由于乡村旅游业自身很少涉及物流问题，也为电子商务在旅游业的应用创造了优势。因此，乡村旅游企业要优先发展电子商务，乡村旅游企业负责人要提高对企业发展电子商务重要性和必要性的认识，企业投入开发乡村旅游时应首先考虑把乡村旅游与农村电子商务紧密结合，用电子商务促进乡村旅游发展。实践证明，许多乡村旅游企业通过建立本企业的电子商务网站而生意兴隆，也有不少乡村旅游企业，硬件建设一流，电子商务却没沾边，由于缺少电子商务网站的企业宣传和网络营销手段而惨淡经营。

（二）开发乡村旅游电子商务服务系统

乡村旅游除了基础设施等硬件外，最重要的就是客户服务。良好的客户服务就是消费者在利用任何一种方式与乡村旅游企业进行沟通时，企业都可以给消费者满意的答复，利用呼叫中心服务可实现这样的功能。其包括在线实时咨询服务、计算机网络呼叫服务、电子邮件咨询服务、电话、传真咨询服务等多个功能模块。这样让消费者在此获得了满意的答复，从而使潜在的意愿转化为实际的旅游行动。但到目前为止，许多乡村旅游企业只重视企业的硬件投入，却很少在客户服务，尤其是在电子商务服务方面的投资上下功夫，有的企业甚至错误地认为乡村旅游企业发展电子商务是一种无效的投资。

（三）建设乡村旅游企业电子商务平台

乡村旅游企业的电子商务是我国旅游产业实现信息化的重要环节，因为乡村旅游服务的提供者主要是乡村旅游企业。各类乡村旅游企业应根据自身的特点，加快和完善信息化及电子商务，否则将不可避免地遇到生存危机。

就乡村旅游企业而言，一是要首先实现企业内部管理的乡村旅游电子商务智能化，达到预订、排房、住宿、结算、客源市场分析、财会计划的全自动化。市场目标的确定，客源市场的竞争，都要有高科技的信息技术作保证。要参与国际信息网络，收集国际旅游市场信息，使乡村旅游企业通过多种渠道扩大市场份额，在国际市场营销中站稳脚跟。二是应大力发展乡村旅游企业的网络，除了内部各业务环节互相联网，还要与旅游管理部门、公安、旅行社等部门之间联网，以及实现乡村旅游企业之间的联网，尤其是预订联网。随着乡村旅游企业的发展，还要加快与饭店、航空公司等联网。三是要发掘自身在旅游信息服务中的作用，发挥咨询顾问的功能，为游客制订旅行计划和旅游项目选择，提供高质量的信息服务帮助，提供个性化、人情味服务。就旅游交通部门而言，电脑预订系统是关键，它不仅仅是一种销售工具，还具有办公自动化功能，并能够通过预订情况分析提炼出市场需求及变化动态。可以在全自动化辅助系统和多路联机订票系统建设的基础上，同时开发建设与互联网联网的预订功能。

（四）大力培养乡村旅游电子商务人才

乡村旅游信息化的建设需要大量旅游信息专业技术人才。旅游信息专业技术人才是一种新型的复合型人才，既需要懂信息技术，又要懂旅游、管理。旅游信息化人才培养是旅游信息化建设的关键，现阶段，我国各地，尤其是乡村旅游相对集中的地方，应加强对乡村旅游信息化工作人员的教育培训，采取短训班、讲座、印发学习资料等形式，对乡村旅游企业相关人员进行统一的、有计划的信息化知识培训。

我国乡村旅游正处于一个逐渐升温的阶段，尤其是黄金周制度的改革，将会带动近郊旅游成为新的旅游热点，这将是发展乡村旅游的一个大好机遇。随着旅游业的不断发展和全球信息化、网络化的迅猛推进，乡村旅游只有借助这个强有力的技术和网络支持，才能在现代旅游业的发展中发挥更加重要的作用，实现自身更好、更快的发展。

第八章　乡村旅游发展的创新路径

乡村旅游在各级政府、企业及乡村居民的参与和努力下，在过去的时间里，在解决和面对乡村振兴的艰巨任务，如何促使乡村旅游从"点式旅游"朝着"全域旅游"的方向转变，使乡村旅游在促进社会发展、文化进步、经济繁荣、生活改善方面，保持持续的动力，发挥更大的作用，需要树立乡村旅游发展的创新思维，并在创新思维下探索乡村旅游发展的创新路径。本章以乡村振兴的要求为立足点，结合全域旅游的发展思想，从产业、生态、文化、科技、制度五个方面探讨乡村旅游发展的创新路径。

第一节　乡村旅游与产业融合

产业融合指不同产业或同一产业不同行业相互渗透、相互交叉，最终融合为一体，逐步形成新产业的动态发展过程。产业融合可分为产业渗透、产业交叉和产业重组三种类型。

产业发展是乡村全面发展的基础，而产业融合是产业发展的现实选择。乡村有着丰富的农业资源，发展乡村旅游能够实现一产、三产的融合发展，在全域旅游思想的指导下，通过乡村旅游的发展促进产业之间的深度融合，不仅有助于乡村振兴，而且能够反向促进乡村旅游的发展。

一、农业与旅游的融合

（一）农旅融合

农业是国民经济中的一个重要产业部门，主要是利用土地资源进行生产的产业部门，按照产业类别划分，属于第一产业。广义的农业包含范围比较广泛，主要包括种植业、渔业、林业、畜牧业及对这些行业产品进行小规模加工或者制作的副业。

农旅融合是基于产业融合的概念衍生出来的一种新型产业。总体来说，它是以第一产业农业为基础，通过旅游这一途径实现农业和旅游业的共同发展的现代观光农业。具体来说，它是以农业生产模式、农民生活方式和农村生态为要素，以自然资源和地域文化为载体，为消费者提供休闲、观光、体验等服务的旅游经营活动。农旅融合是农业与旅游产业相互交叉渗透，形成的一种旅游发展的新业态和新型消费方式，它将农业资源和农业生产运用到游客体现服务上来，扩宽了农业和旅游业的产业范围，具有二者的共同属性，除了农业的季节性和地域特征及旅游的休闲和市场特征之外，还具有一些独有的特征。农旅融合涵盖了农业、林业、牧业和渔业等多个行业，融入娱乐、观光、休闲、体验等多种功能。发展休闲农业和乡村旅游不仅能为经营者带来可观的经济收益，也有效缓解了农村剩余劳动力转移和留守儿童的抚养教育等问题，实现了经济和社会的双重效益，同时为休闲旅游者提供了回到乡村休闲娱乐、放松身心的机会，从而满足城市居民的休闲需求。

随着消费市场的转型升级，乡村旅游从观光逐渐朝着融观赏、考察、学习、体验、娱乐、购物和度假于一体的综合性方向发展。在乡村振兴的发展背景下，进一步促进农业与旅游业的深度融合发展是十分有必要的。

（二）农业与旅游融合的形态

1."种植业+旅游"

种植业是农业生产的重要组成部分，是通过栽培各种农作物及取得植物性产品的农业生产部门。种植业是乡村农业发展的重要组成部分，农业经济作物的种植、生长过程，为乡村提供了独特的农业风光，而这正是发展农业观光旅游的重要资源。与此同时，城镇化的进程使得农事活动成为城镇居民的主要体验活动。例如，中小学生可以到农村体验农事活动。

2."特色花卉 + 旅游"

花卉作为特色农业，随着旅游业的发展成为花卉旅游，比较具有代表性的就是河南鄢陵。近年的农家乐迅速发展起来，鄢陵以独特的花卉优势占据一席之地。它有着鲜明特色的旅游资源，也是发展农家乐旅游形式的前提条件，虽然河南有多处知名农家乐，但多以山水为依托，如焦作云台山农家乐；也有以民俗为主，如郑州惠济农家乐；而鄢陵则以特色花木为依托，依托得天独厚的地理位置，便利的交通形成的较强的可进入性，发展成集花卉观光、休闲及采摘为一体的特色农家乐，游客可以吃、住在农家院，还可以体验农事活动，在花海中欣赏花卉的姿态，在农园中品尝果实的甘甜，农家与花乡风情融为一体，在周边城市独树一帜，形成鲜明的特色旅游区。同时，河南省旅游开发的重点——"三点一线"，即洛阳、郑州、开封和黄河旅游线，和鄢陵县相距不远，旅游信息、客源、旅游交通、旅游人才等向鄢陵县的辐射和扩散，带动鄢陵旅游业的发展。这样优势的条件，为农家乐的开发提供了良好的条件。同时，政府也对农家乐的开发提供了政策上的支持，鼓励农民积极参与其中，加强建设基础设施力度。随着休闲时代的到来，回归自然的休闲体验旅游将成为国内外旅游的新趋势。

整合转化花卉农家乐。挖掘花卉文化内涵，提高产品档次。一个旅游产品要立于市场之上，就要确定发展目标，满足旅游者需求才可以保证市场客源维持发展。旅游者的行为可以分三个层次，即基本层、提高层与专门层次。目前，我国大多数乡村旅游者仅停留在悦目、悦身的较低层次，而达到悦心、悦志的高层次感受较少。所以对鄢陵农家乐开发出重点特色项目，以提高档次，满足人们悦心、悦志的要求。在花乡农家乐中开发娱乐项目，如花茶、花卉烹饪餐、干花制作等工艺作坊。在采摘农家乐中开发如樱桃、大枣采摘比赛等。还可利用当地温泉开展温泉疗养，利用古玩交易市场挖掘古玩文化等。

利用花卉季特征开发旅游产品。鄢陵以樱桃和蜡梅为主要花卉观赏，五一樱桃、冬季蜡梅。可以在这两种植物种植时再配以夏季与秋季的观赏花卉果木，避免接待设施闲置。如种植桃树，可在春游时赏桃花，初夏时进行桃果采摘。种植桂花，在秋天时可游赏桂花等项目。以不同季节变换营造各种景观，形成特色产品，避免淡旺季的分明，减少旅游接待设施的闲置。

花卉文化结合参与式旅游，可加强旅游的感受。旅游者选择乡村，不是为了低廉的花费，而是在寻找曾经失落的净化空间和尚存的传统文化氛围，他们参加农业劳动不是追求物质享受，而是精神享受。可以根据农家乐的目标定位开发具有花卉文化内涵的项目，重视花卉文化与参与式旅游的结合，增加娱乐项目，突出果实的采摘、烹饪花卉餐饮等体验功能活动，让游客在动手中体会花卉文化的内涵，增加旅游的感受。也可延长游玩时间，开展餐饮住宿服务，提高旅游的收入。

（三）农业与旅游融合造成的社会经济变化

1.农业、旅游产品及服务的变化

第一，现代农业技术的不断推广，农产品规模的扩大使其产量不断提高，但是信息与沟通不畅就出现了产品滞销的现象，而现代农业旅游的目的就是融合现代农业与旅游业，让城市游客融入乡村，把城市产品信息带进来，把农村产品带出去，在采购农村产品时兼顾了解农产品的生产加工过程，同时将这些农业的信息带入城市之中。第二，农产品的生产和成品都是旅游农业的关键性产品，它的质量提升也是重中之重，高质量的农产品才会出现高质量的农业旅游体验。第三，开发现代农业生态旅游产品，将餐饮、采摘、休闲娱乐集于一身，形成以农村风貌为主的新型农业旅游产品，以达到整合资源、丰富产品、形成优势特色产业的目的。

2.城市发展布局的变化

农业和旅游的融合驱动了城市发展布局的变化。产业融合常常选在城郊集合地，而此时城乡一体化让城郊结合区变成了重要的支撑地，尤其是特大城市高负荷发展的状态下，为了缓解交通和土地的紧张氛围，城郊区的发展是主要的趋势。过去的城郊区没有完备的配套设施，交通状况也未得到很好的解决。此时，卫星城出现了，它有着独立的特性，建立在大型城市周边，有着完善的公共设施和住宅。现代农业旅游产业丰富了卫星城的形态，城市产业和田园可容纳大量人口的流入并解决就业问题，让城市实现自给自足。一、二、三产业的融合让区域形成了多样化发展局面，卫星城的特征就是协作生产、提升设施水平、增强独立性，最终达到生活工作的平衡态势。所以，现代农业旅游将与城市建设结合，改变当前城市发展的布局。

3.社会经济发展状态的变化

农业与旅游的融合终会带来社会经济发展状态的一系列变化。现代社会经济关键要素就是有机农业、生态旅游和低碳生活。把这些要素集合在一起的农

业旅游业将在几个层面带动社会经济的发展：对于旅游业来说，可以提升其经济收入，城郊区与卫星城的农业旅游区会有大量的城市人口被引入，在田园进行体验和休憩，原生态的农业旅游会激励区域旅游相继发展并增加经济收入，对于相关产业来说也会带动它们相继发展，专业化与分工体系是现代农业旅游的核心所在，现代农业与旅游元素在产业价值链中有着重要的作用，而与农业旅游业相关的产业也将发挥融合作用，它们的融合与整合共同形成竞争力，对区域范围来说也会促进其发展，农业与旅游属于绿色经济范畴，大部分的区域不具备工业发展的条件，它们具有丰富的旅游资源和发达的农业，而这些将是农业旅游发展的优势和特色，对区域经济起到促进作用，对区域文化来说也将会促进其繁荣，旅游业会带来很多的文化让其进行交流，城市化的改造会提升教育的本质和公共设施资源，农业旅游会提升当地居民的素质和见识，形成区域文化的繁荣发展。

总之，现代农业转型的重要路径之一就是农业和旅游的融合发展，同时也是旅游多元化发展的必然选择，基础研究是推动农业与旅游融合的持续性发展。对于目前国内学术界农业旅游融合发展的理论性研究中有分歧与争议，因此立足于旅游、企业、产业融合理论等多视角，以农业现实困境为起点，对农业旅游融合发展的基础、动力、发生过程及特征、结果等进行思考与梳理，并进行初步的探讨，但其中不在较多的局限性。总之，目前关于农业旅游融合发展的规律、效应及发展水平的测度研究还是探索期，融合发展的业态、资源等的监管与引导等更深层次的研究也处于空白，现实的中国农业旅游理论研究是滞后的。

据现阶段我国发展实践显示，理论研究应从两个层面进行探索。

第一，重视对旅游、农业与经济间的关系融合发展的研究，认清推进农业旅游发展的风险。当前农业旅游融合发展是推动农业经济转型、社会文化复兴的重要策略，农业旅游融合发展已是全国各地农业转型的重要抓手。在现实中产业融合发展这一政策的推动突出了农业过度旅游化所造成的投资热和非农业化问题，违反了农业区域经济发展规律造成政府管控成本增加，也引发社会矛盾。所以要处理好融合发展与区域经济农业间的关系，做好各区域农业旅游融合发展策略、各种旅游需求对农业旅游融合发展基础问题的研究，真正实现遵循旅游需求与经济规律，找准发展路径，科学有效地推动其融合发展。

第二，加强农业旅游融合发展资源、经济及管理。融合发展新业态与经济有着一定的特征，也造成旅游市场需求的无法把握与预测，而"非标化、非规模以上、非正规就业"这样的特征，也使农业旅游融合发展无法分类、统计、监管与引导。但这是未来发展的趋势所在，只有将农业资源的基础研究工作做好，才能进行产业融合发展的科学预测和管理。

（四）农业与乡村旅游融合路径

1.创新完善农业现代化与乡村旅游融合发展体制机制，强化配套政策

理顺二者深度融合的体制机制，是实现农业现代化与乡村旅游高层次、深领域融合和良性互动的根本保障。创新完善体制机制，应强化统一规划意识，健全第三产业和第一产业行政主管的协调机制，建立衔接机制，破除条块管理和传统僵化管理体制。在完善融合发展中，还应健全与完善相关管理体制，注重利益驱动机制。强化配套政策，重视资金与财政支持。加大资金投入以完善乡村旅游发展中基础设施建设落后的问题；加大资金投入可改变乡村旅游和农业产业融合中缺乏统一规划和科学指导的问题，以实现二者深度融合所需资金的保障，进而实现农业与乡村旅游互动、可持续的发展。

2.探索创新融合模式

乡村旅游与农业现代化深度融合属于全新的农旅项目，是新农村建设中拉动经济快速增长的重要引擎，其发展空间与潜力较大。乡村旅游与农村现代化融合具有重要的社会经济效益，在融合中应注重模式的创新，以发挥更好的作用，以拉动经济的发展。实践中二者融合模式的选择应以因地制宜、实事求是为原则，从当地经济发展需求出发探索新方法、新模式。如休闲农场模式、农业园区模式、农业休闲观光旅游模式及家庭农场模式等。

3.发展现代农业、培育生态消费观念

我国有着丰富的乡村旅游资源，在与农业现代化融合中应重视培育生态、文化的乡村旅游观念。特别是融合产品和项目方面的创新，更应突出特色农业生产的地位，改变过分突出与重视资源发展的消费观。培育生态旅游消费观念，改变传统粗放式发展模式与理念，满足人们多元化、个性化旅游的需求，提升农业现代化与产业结构的优化和调整。

总之，在对乡村旅游与农业现代化融合的探索中，虽然积累了丰富的经验，但要实现二者真正的深度融合，就要全面审视二者在融合过程中存在的问题。实现乡村旅游与农业现代化深度的融合应全盘考量，完善体制机制、强化

配套政策，探索新的融合模式，发展现代农业生产、培育生态旅游观念，以优化升级产业结构，实现乡村社会快速、良好的发展。

二、乡村生态旅游与生态养殖特色农业的融合

（一）生态养殖特色农业与乡村旅游融合的优势

生态养殖特色农业是以养殖为基础，以农业生态建设为特色的经营模式。与同样依托自然条件发展的生态旅游相比，它有更显著的经济效益。随着时代的发展与变迁，农业和旅游间的关联日趋显现，生态养殖特色农业功能突出，更可以改善生态环境质量，提供给人们多重现实的功能，让生态农业和观光旅游结合得更协调。尤其是在城市化加快和竞争日益激烈的社会背景之下，使得现代社会人群更加渴望能在优美的环境中回归自然、返璞归真，也成了社会阶层的共同诉求之一。

农村生态养殖区比较壮观，空气也清新，先进养殖工艺与生产结合，吸引着各地游客群体。随着社会群体收入的提高、闲暇时间的增加，更多的群体选择在农村放松自己。这也让生态养殖特色农业与乡村旅游融合变得更加迫切。若将生态养殖特色农业的科技应用、养殖过程与旅游者参与相结合，开发利用农业资源、创造生态产品，既能协调农业发展、拓展空间、维护生态，又能扩大乡村游乐功能、开辟发展领域、繁荣农村经济。另外，也能形成以旅促农、以农兴旅、农旅互动的新格局，形成农村长远的发展模式。

而当前，农村发展中生态养殖特色农业与乡村旅游融合正逢时机，既成为现代农业发展的特征，又是经济增长的新动力。生态养殖特色农业符合国家政策，随着农业产业化水平的不断提高，生态养殖场可以有效促进资源循环利用，通过生物技术、生态循环技术、产品深加工技术、食物链技术、人工组装技术等，实现生产无公害的标准养殖，满足人们追求天然、无污染、无公害的安全绿色生态产品需求。对乡村旅游来说，可利用生态养殖产品发展各种餐饮、休闲等项目，展现生态养殖的魅力，为旅游者奉上视觉、味觉的双重盛宴。同时，乡村旅游又可以有效消化生态养殖特色农业的系列产品，充分节省了大量运输、销售、损耗等所需费用，这也为养殖农业增加了产品销路，实现了经济效益的最大化。

（二）生态养殖特色农业与乡村旅游良性互动和融合

1. 加强协同规划与统一布局

生态养殖特色农业与乡村旅游之间没有天然的鸿沟，完全可以通过合理的协作来推动二者的交互。基于此，生态养殖特色农业一方面向集中、精良、特色转变，提高了产品技术含量与附加值，也让社会群体增加了探究与好奇心理。另一方面，向新、奇、特的方向拓展，更好地把握与调动市场消费。对当前生态养殖与乡村旅游来说，要打破生态养殖特色农业与乡村旅游的规划与管理格局，集中合力营造优势。这就需要对二者融合发展做全面评估，收集并归纳数据信息，然后协同规划与统一布局，了解二者融合发展的分工配比，探索其切入点，整合农业旅游资源优势，让生态养殖特色农业利用乡村旅游提高产品知名度，打开养殖产品销路，从而占据市场。对乡村旅游来说，要利用生态养殖特色农业推出能够满足游客心理的产品和服务，借鉴成功经验，打造不同的观光体验与旅游感受。只有二者找到契合点，融合互动，打通交互关系，才能协同规划、共享资源、优势互补。

2. 做好政府引导与政策扶持

将生态养殖和乡村旅游融合，是一项艰巨的工程，单凭一方投资、利用是无法在短期内实现发展目标的，应有政府的支持。生态养殖特色农业与乡村旅游融合发展，是生产要素的重组与转移的过程。首要问题就是资源与资金的整合，而当前财政压力大，要在相应机构做好政府引导与政策扶持。首先，相关地方政府部门需要在政策上提供切实支持，迅速制定关于生态养殖特色农业与乡村旅游融合发展的优惠政策和产业管理政策，逐步完善在财政、税收、信贷、保险等方面的扶持政策，为招商引资、合伙参股创设有利前提要件。其次，发挥国家宏观调控作用，优化农业资源配置，调整基础设施与相关土地政策，加强农业、交通、建设、土地部门的协作，指导、协调、管理生态养殖特色农业和乡村旅游的整合发展。最后，成立生态养殖特色农业和乡村旅游整合发展小组，由专业人员进行监察，做好服务质量、经营模式、环保的管理与监督，更应以"良性互动、融合共赢"为目标，让融合发展出成效，带动群众科学开发、保护环境，让生态养殖与乡村旅游融合发展更高效、更协调。

3. 构建技术创新体系

我国农产品的特色和优势就是价格低廉、质量出众，保障着经济的持续发展，特别是绿色生态农产品在市场一直占有较高的地位。而环境清洁、观赏体验独特也是乡村旅游的一大优势。随着农业技术的更新，物美价廉、环保清洁已不再是农产品的重要吸引力。而此时环境污染将乡村观光旅游的优势大大削弱。此时应有自主知识产权、核心技术工艺较新的产品，利用科技改善环境，才能抵抗高科技产品与更清洁环境的夹击。因此，需要地方主管部门与农业产业管理者联合推行自主研发生产、开辟多元化生态养殖产品线等发展策略，利用优惠政策与法规制度鼓励农村生态养殖业、生态旅游的创新，并对自主创新给予奖励鼓励，让二者交互，促进生态养殖产业和乡村观光产业融合更高效。从农业与旅游长期稳定协作关系上分析，技术创新体系是融合发展的动力与支撑。随着信息技术与市场需求的发展与变化，二者融合也要不断研发新技术、新产品，技术创新是二者融合发展的永恒主题。因此，要构建技术创新体制和机制，提高产品质量与档次，走经济与生态结合的发展道路，拓展生态养殖特色农业的各项功能，引导传统经营向专业、集约、旅游相结合靠拢。技术创新是保持乡村旅游吸引力与竞争手段，要不断地创新技术、产品、服务、制度与管理，让生态养殖特色农业和乡村旅游融合发展追随市场需求，推动二者向更高更深层次的融合发展。

4.注重树立品牌效应

品牌效应是生态产品增加效益、提高价值的关键因素。我国有着种类繁多的生态型农产品，乡村旅游已进入商业运作期，形成成熟运作体系。但在品牌上的建树并不多，缺乏国际、国内知名度的代表品牌，因此制约了二者的融合，遏制了整体创收的增长速度。在这些困境下，要求农村主管部门推动品牌创收策略，扩展品牌市场，增加生态农产品与环保乡村旅游的竞争力。第一，可采取聘请指导或派遣的方式学习国际先进品牌运营模式，再结合自身实际创立优质农产品。第二，同步开展国外市场上农村原生态观光旅游体验会、品鉴会等，集中传播品牌价值，形成市场效应，以拓展品牌战略。品牌效应可以延续商业产品价值，为生态养殖特色农业与乡村旅游融合发展带来更大的社会经济效益。生态养殖特色农业的目标是绿色有机食品，而规模养殖方式会在短期内获得高效益，提供给人们环保有机的食品，满足他们的消费愿望，与乡村旅游融合能让游客在生态养殖观光园区内观光体验、度假休闲、品尝特色等。而产品的品牌化发展，让这些绿色产品得到消费者的青睐，故能创造更高的附加值。在二者融合中，应开展特色宣讲活动，树立乡村旅游品牌效应，依托生态养殖特色农业，以乡村旅游为纽带，创造"专、精、特、新"的农业旅游品牌产品，为生态养殖特色农业与乡村旅游的融合发展提供良好的环境。

三、农村文化创意产业与乡村旅游的融合发展路径

（一）淡化产业边缘，实现灵活融合

乡村旅游重要的特征就是产业边缘淡化、边界不强，这为乡村旅游和文化创意产业融合发展提供了基础保障。在推动乡村旅游发展中，可考虑产业化其边缘，以实现乡村旅游灵活的产业融合发展模式。此外，文化创意与乡村旅游融合发展并非无限度持久融合，针对各发展阶段灵活地融合发展，才会达到想要的效果。

（二）提高科技水平，实现便捷融合

运用现代高新技术，让产业间融合更加方便快捷。提高科技水平，产业的融合就增加了发展机会。而技术的提高能够改善产业的竞争优势，提高竞争力。对于乡村旅游来说，依托先进的技术可以开发新产品，将其延伸后获得新业态，可以很好地改变产业路线，丰富产业形式，让乡村旅游融合发展获得延伸。所以，只有科技水平提高了，才能让旅游更好地融合发展。

（三）放松管制，完善跨界治理

乡村旅游是一个民生性产业，政府应放松产业管制，宽松的产业发展环境才能够吸引人才向乡村旅游地区流动，资金向乡村旅游地区汇集，科技向乡村旅游地区投入，完善资源要素，做好提供产业融合的条件。产业融合中会造成规则制定、分配制度、资源配置等的不均，所以在融合中应尽可能完善跨界治理机制。要确保各集团的协调，实现联动发展，以集团目标为主，选择合适的管理模式，实现科学有效配置。可以从三个方面落实：第一，建立更高层次的管理部门进行统一指导。如成立指导委员会，让资源统一部署或调动，以提升产品质量。第二，创建奖惩机制，激发利益集团的参与动力，实现利益的规范与平衡，按照发展所需采取激励政策。可设立市场产品营销、开发和人才引进等多方面的基金。第三，建立有效监督机制，利用完善的法规制度约束与监督相关利益主体的行为。

（四）以乡村文化旅游产业园区，实现多元化融合

乡村文化旅游产业园区是依托人文遗存与生态文化资源打造的旅游景区或

景点，但其文化创意不足，没有层次性特点，缺乏知名园区品牌和拉动效应，而产业收入也只依靠门票。当然，乡村文化旅游产业园区也有自己的典型优势，良好的产业融合氛围，雄厚的制度保障，也有艺术、文化创作素材，让产业聚集，形成乡村文化旅游价值体系，加速了融合发展和文化特色的培育，打造了乡村旅游文化品牌。乡村文化旅游产业园区由文化与乡村旅游融合发展而来，在同类或相关产品生产的基础上分享市场，用相近的销售渠道、方式，借鉴科学技术与理念共享资源，实现多元产业融合发展新态势。

（五）加强协作，强化政策引导

游客需求日益变化，同时乡村旅游产业边界越来越模糊，所以乡村旅游产业融合发展呈现多种模式，可以与众多产业融合发展，包括休闲、文化创意、科技、生态、信息、养生等产业。因此，乡村旅游产业融合应关注多产业发展动态，加强合作与互补，发现并研究创新融合的路径，关注游客需求变化，以市场需求为导向，打破产业分离思维定式，打开产业融合思路与观念，推进产业融合新产品和新服务。在融合中，政策也十分必要。如文化和旅游部、国家文物局、国家广播电视总局、国家体育总局提供给乡村旅游和文化创意更好的发展前景。具体地可以从编制规划、制定原则与标准、评选示范基地等方面做出努力，给乡村旅游产业融合提供政策、资金、环境等方面的帮助。

第二节　乡村旅游与生态建设

一、生态文明建设与乡村旅游

（一）生态文明建设

生态文明，"指人类在适应与改造环境的实践中创造的人与自然持续共生的物质生产和消费方式、社会组织和管理体制、伦理道德和社会风尚，以及资源开发和环境影响方式的总和。"生态文明建设符合当今社会环境的建设需要，也是社会发展的要求。对于工业文明来说，生态文明建设是新形态，是人与自然和谐统一的重要体现。它以环保为指导，以可持续发展的模式，以公正制度为保障。并与绿色科技结合在一起，合理生产，实现人文生态协调共生。生态文明理念的提出，需提高人们的生态意识，也说明了生态环境的严峻形势。在 21 世纪，生态文明建设是大趋势，要求人们对人与自然的关系要有一个正确的处理方式，以保护好经济与生态环境之间的和谐关系。

（二）乡村旅游与乡村旅游生态化

"乡村旅游不是旅游业的新业态，而是在新的历史条件下为适应时代发展的需要，被赋予了新的功能。"随着乡村旅游的不断发展，关于其理论研究也变得愈加细致。学术界没有统一的界定，但学者们普遍认同的是乡村旅游是以乡村空间环境、乡村特色生态资源、乡村特色文化为吸引物开发的多种类型的特色旅游活动。乡村旅游虽强调生态特性并以此为特色，但在建设中也受很多因素制约，造成乡村旅游开发背离生态性的原则。有些乡村旅游在开发的同时对生态造成破坏，让自然失去平衡。在旅游时主客体对环保意识的缺乏，也对环境造成破坏。所以要以生态文明为理念进行乡村旅游的研究，让乡村精神在实践中得到体现。正由于这样的指导与应用，产生了生态的概念。而乡村旅游生态化是以旅游活动来满足旅游者休闲、回归自然的需求。其特点是：第一，凸显专业特征。生态化的乡村旅游有着专业性的特点，是生态环保的需要。它由发展与困境来决定转型方向，更体现出精神内涵。第二，强调环境保护功能。生态化指明乡村旅游未来发展思路，以传统为基础增加环保的参与，提升其规格。第三，教育作用。乡村旅游生态化强调教育功能，通过对游客的生态教育，提高对环保的意识。应注重环保、资源利用、经济与环境协调发展，让乡村旅游可持续地发展。

（三）生态建设与乡村旅游的关系

生态文明建设和乡村旅游发展是相辅相成的关系，生态文明理念是指导乡村旅游持续发展的原则，而乡村旅游开发和利用，也在对生态文明理念做着宣传工作，推动了生态文明建设的示范性作用。

1.生态文明理念指导着乡村旅游的持续发展

生态文明建设的意义是合理利用资源，以获得社会生态的平衡。乡村旅游与生态文明的融合，是让乡村旅游与经济和生态长远而平衡地发展下去。

第一，乡村旅游在全面的发展过程中，应以生态文明理念进行指导。其基础是人文与自然环境资源，它和生态环境关系密切。生态文明要求人们有生态文明观，以此来支撑乡村旅游的发展。随着环境资源负担的不断加剧，建设生态文明已无法拖延。生态文明可以缓解旅游开发所产生的污染、生态的破坏和经济发展需求矛盾，并提供支撑与指导。只有以生态文明理念为指导，才会保持乡村旅游长久的发展和未来的建设。

第二，乡村旅游发展依赖生态文明制度的约束。"生态文明理念可以转化为生态规范和立法，进而上升为生态制度。"生态文明制度对于人们的行为进行制约，在制度规范下人们会有好的生态习性，慢慢形成自觉的生态行为。在乡村旅游活动中有许多的主客体，因此管理者们要有极高的环保意识，同时也要求游客应该具备自觉的环保意识。生态文明建设具有教化功能，它可以教化人们树立环保意识，在自觉的行为下对生态加以关注和保护。

第三，生态文明科技是乡村旅游发展的全新动力。新时期的生态文明，提出新的内容，强调现代科技的应用。生态环保也要结合现代科技的力量，运用新工具、新手段，并投入乡村旅游发展中，在保护环境的同时合理开发乡村旅游资源，促进其良好运行，以加速生态化转型。

2.乡村旅游是生态文明发展的有效途径

第一，乡村旅游所独具的特点是适合生态文明的发展。乡村旅游虽然规模不大，却结合了当地民俗文化。来到乡村旅游目的地旅游的人一般都是在城市中居住的人，他们进行旅游活动的目的是亲近自然、体验乡土文化。而乡村旅游正是秉承这一特点，能缓解人们的生活压力、放松心情。另外，也可以减少对环境造成的污染，实质上它是生态经济发展模式，乡村旅游的发展依赖于良好的生态环境，所以在乡村旅游发展前，需要对乡村旅游目的地的生态环境进行规划，乡村旅游发展过程中，又需要注重乡村生态环境的保护。与此同时，乡村旅游能够让旅游者体验当地的绿色旅游风尚，体验生态文明带来的好处，促使他们不断增强旅游者的生态文明意识。从这些层面来说，乡村旅游是生态文明发展的有效途径。

第二，乡村旅游所开发出的具有乡村特色的产品，可以为生态文明理论提供传播的平台。乡村旅游让生态文明建设得以展示，它利用了自然生态景观与原汁原味的本土风情，向人们展示最纯朴、最自然的生态生活。在旅游中感受自然，正是这些产品的出现，让人们也看到了生态文明的内涵。利用乡村旅游绿色生态景观的独特之美，吸引游客感受旅游的情趣，进而接受生态文明的传播，获得生态旅游的丰厚硕果。

二、乡村旅游生态转型路径

（一）以生态文明促进法律与制度建设的生态化

要促进乡村旅游生态转型，第一，要建立定量生态标准，发展生态理论。乡村旅游生态转型需要生态理论作为指导，而生态理论也在时代下被赋予新内容。第二，完善生态指标，为乡村旅游生态发展提供依据。第三，完善法律体系。法律法规是乡村旅游发展的保护者，也是生态文明建设落实的途径之一。因此，应推进乡村旅游法律法规体制的建设，制定行业标准与等级评定，促使乡村旅游的开发者和经营者在开发和经营过程中，遵守生态文明方面的相关制度要求。第四，加强有效监管。政府政策一般都较合理，但有时会在执行环节出现一些需要解决的问题，因此应建立监督机构，一边给乡村旅游管理与工作者提供相关指导，一边发挥监督作用。监督机构的设立要遵循公平开放原则，发现不符合标准的信息就要及时进行处理，把乡村旅游的项目质量大幅提升上去。

（二）以生态文明建设推进意识教育的生态化

第一，注入生态服务理念。乡村旅游正在一步步扩大规模，旅游者对提升服务质量的要求也越来越高。景区服务质量的好与坏对游客关于乡村旅游的认可度有着极大的关系，此时生态转型是发展的必然，它所提供给游客服务的满意程度取决于管理者与工作者的服务意识与经营理念。人的行为源自思想意识，因此乡村旅游生态化就需要生态文明意识来支撑。只有人人都能明白生态文明建设的重要性与生态教育的功能，才会实现乡村旅游更好的教育生态化。第二，把旅游和生态服务有机结合。乡村旅游生态教育功能要与服务结合，才能发挥出其功效，让旅游者体验自然景观、生态教育。提升乡村旅游功能，发挥乡村性。第三，对乡村旅游发展中的相关人员，应该加强培训和指导，实现工作人员素质的有效提高。提升群众生态环保技能，在发展乡村生态旅游时除遵守环保外，也要做到有效治理，减少生态破坏，提高治理效率。

（三）以生态文明推进特色旅游生态化

第一，运用生态技术，培育生态旅游业。现代乡村生态要转型就要以科技作为依托，降低生产投入的成本，提高旅游所带来的经济效益。乡村旅游的最终的目的就是促进生态保护、经济繁荣发展，而生态技术是此次转型过程中最重要的推动力量。以生态技术研发环保产品，如太阳能发电等。第二，从乡村环境中发掘乡土与文化资源，从而研发出创意产品。此次转型也是人文和环境的融合，因为乡村旅游发展就需要对人文资源价值进行深度的挖掘，从不断挖掘与创作中发现更多新的旅游产品形式。开发"一村一品""一村一景"，不断推进以人为本和以生态为本的有机结合，彰显乡村旅游的生态内涵和绿色韵味。第三，将生态特色变成旅游经济优势。乡村旅游是满足新农村建设的要求，带动经济全面发展。生态转型就是要让生态与经济协调发展，因此就要把文化、景观、生态文明与科技结合起来。开发新的旅游体验产品，以满足日益增长的市场需求，把乡村旅游产业链继续延伸。

总之，生态文明理念是乡村旅游内涵的体现，生态文明建设提供给乡村旅游发展的机遇，乡村旅游生态转型也是生态文明建设的主要途径。乡村旅游如今的困境如要解决，就要坚持生态文明指导，走绿色生态化的新路子。提高全民生态意识、完善规范标准、创新特色旅游。让乡村旅游与生态文明建设共同协调有序地发展。

三、乡村生态旅游创新发展的有效路径

（一）宏观层面

1.加强政企乡合作

乡村生态旅游有较广泛的影响范围，关系到当地经济建设和生活质量，具有带动性和联系性，政府部门对此应高度重视，并发挥自身引导和指挥作用，为生态旅游建设和发展提供保障。总之，政府成立工作小组，提供科学规划与指导，按照当地情况，制定乡村生态旅游政策，加强基础设施建设，加大推广，创造条件拓展资金源，注重管理人员的培训，提高其综合素养和能力，增强乡村生态旅游管理水平。

企业在乡村生态发展、优化就业趋势、改善经济结构上有着关键性的力量。因此，管理人员应掌握市场，了解游客消费心理，以提高企业管理水平，探索当地文化与民风，进行产品设计，推进多样化的发展。另外，企业一边追求经济最大化，一边也要重视对环境的保护。总体分析生态系统的负荷，合理开发，无污染发展，以人们生活生态为前提，科学开发和利用土地。

2.重视平衡性发展

乡村生态旅游产业的良好发展是推动农村经济建设、促进农业进步，确保生态系统平衡的重要途径，能够充分体现科学发展观的指导作用。对此，要从改善"三农"、转变城乡结构出发，打造乡村生态旅游，切实掌握市场形态，加强农业产业调整，改变农村就业难的问题，提高村民生活质量，加强城乡互动，实现全面、和谐、统一的社会经济效益。

3.以城市带动乡村

政府应制定引导城市旅游和乡村旅游合作的相关政策，让他们共同进步，协同发展，但要注意确保双方利益的最大化。城市旅游有资金和广泛、固定的客源，并有良好的口碑，因此乡村旅游应与其合作。例如，与旅行社合作进行生态短途旅行，以此提升知名度，与城市旅游进行合作，共同开发产品，共产共销，不断增加效益。政府方面可以制定优惠政策，把城市旅游吸引过来投资开发，以城市条件来推广生态旅游，把知名度提升上去，打造特色品牌，深化城乡旅游联系，以城市带动乡村实现共赢。

（二）微观层面

1.突出乡村特色

城市生活节奏快，乡村慢生活的舒适安逸，受到城市大众的欢迎，生态旅游备受青睐。传统的农家乐式乡村旅游无鲜明的特色，无法满足游客的需求。只有突出特色，拥有自主品牌的旅游项目，才能在市场上拥有更高的竞争力，占有市场。乡村生态旅游产品开发和设计，要打破固有的思维模式，重点突出当地的特色，明确自身优势，设计出新颖别致且有纪念意义的旅游产品。

2.加强基础建设

交通一直是乡村生态旅游建设的重点问题，也是主要因素，有关部门应加大力度对交通方面的基础设施进行投资，完善交通网络，对乡村生态旅游地区临近的主干路要增加班车，在旅游高峰期时，特设城乡之间便利的公交，让游客出行顺畅。对于那些比较偏远的乡村景区，可以设立二级干线或村内公路，增加基础设施，如临时休息区、加油站等。

3.重视培训管理

村民在乡村生态旅游中处于重要地位，代表着乡村面貌，对于他们素养的提高非常重要。应加强职业培训管理，提升文化与服务质量。不断增强村民、有关建设人员、管理层，对人与自然和谐统一的关系的更深层的认识，在利用生态资源中，要强化自身环保意识，履行维护生态平衡的义务和责任，严格要求自己，维系美好家园，进而促进社会、自然、经济与环境的和谐发展。

第三节　乡村旅游与人文发展

一、乡村旅游与乡土文化的保护

我国农耕文明历史悠久，在历史进程中形成的传统村落成为传统农耕文明的载体，而其中蕴含的乡村文化更是农耕文明的灵魂，这两者关系密切并融为一体。对于传统村落和乡村文化保护，常称其为传统村落文化保护，以强调传统村落和乡村文化保护的一体与融合发展。

（一）传统村落与乡村文化

我国的传统村落也叫作古村落。在 2012 年由国家四部委联合成立专家委员会将"古村落"改为"传统村落"。传统村落是形成较早的村落，有着传统文化与丰厚的乡土积淀，这里代表着古代农业文明和古人文环境理念，是有着历史与文化价值的村落。它是农耕文明的遗存，是古代生产生活的充分体现。传统村落有着丰富的乡村文化，是我国民族传统文化的根基，承载着民族文化的精神内涵，凸显传统村落的重要价值。传统村落作为乡村文化的代表，文化积淀丰厚，成为复兴传统文化的依托，如今全民共同关注着传统村落文化的保护。

（二）传统村落文化的保护意义

传统村落是在农耕时代慢慢形成的，是国人精神的寄托，承载着国人的历史记忆，有着重要的历史意义和现实价值。其价值体现在以下几个方面。

第一，传统村落有文化传承价值。千年农耕文明发展史中形成的传统村落，有着丰富的传统乡村文化。其承载着民族精神，是民族发展的基石和养分，也是历史文化传承的主要内容。

第二，传统村落可以增加民族凝聚力，是民族精神的依托。传统农村通过家庭连接，村落成为文化传承的载体，它把民族的各个阶段衔接起来。天然村落的文化与追求凝聚着极强的民族力量，是我国社会发展的精神动力。传统村落也成为当代走向城市农民的重要精神依托，还是飘游海外华人华侨的重要文化记忆。

第三，当代农村的发展可以借鉴传统村落，这有着重要的意义。传统村落中人与自然融洽相处的生态发展观，是古人的智慧所在，也是民族和谐、包容的价值观的代表，提供给当代农村生态发展与乡村建设的借鉴功能。

第四，传统村落中的乡村文化，对农村秩序的维护和居民行为的规范有着重要意义。古代社会的生产生活因环境而受限，家庭文化的建立，对村落稳定、村民关系、生产秩序等方面的发展都有很大的作用，是如今农村治理可借鉴的最好方法。

第五，认同传统村落乡村文化，可以激发居民文化自信，是推动乡村建设的原动力。传统村落所培养的文化信仰，是当代精神文明建设的重要支撑。二元城乡的到来，造成乡村文化的危机。但不论村落变迁还是发展，关于乡村文化的记忆，始终都是农村发展的精神力量，是激发居民奋发建设现代化新农村的精神力量。

（三）基于乡村旅游发展的"活化"保护

传统村落文化保护是农村整体建构的一部分，它是文化生态工程，而非简单地保护古建筑、或扶持一种手工艺、或培养非物质文化传承人便可实现的。虽然这些举措必不可少，但要让传统村落拥有生命力，就要与乡村文化共生，打造和培育传统乡村文化，共建生态环境，在传统村落形成生态文化场所，从而进行创新和发展。旅游文化消费与游客乡村生态文化消费都是对乡村文化复兴的一种刺激，有着牵引的作用，让乡村旅游文化推动传统村落与乡土文化的重生。

1. 乡村旅游产业化

社会发展进步的同时也会淘汰一些旧文化，将新文化显现出来，这是自然规律，也是人类进步的表现，当然传统村落和乡村文化也不例外，都要经历发展与变迁。我国农耕时代较漫长，具有典型的农耕文明特征，它的表现形式和内容都与传统农业生产生活相关联。人类的发展与进步，现代农业取代了传统农耕形式，尤其是城市作为人类活动的中心。农村生产生活发生变化，传统村落和乡村文化的去向成为社会讨论与思考的话题。我们认为现代农业的生产方式虽然发生了重大变革，农业技术取得了重大进步，但并未改变其农业经济的本质，传统村落与乡村文化延续、传承与发展的基础依然存在。新时代的到来,传统村落和乡村文化要解除束缚,离开城乡文化的阴影,自我发展,利用自身优势提高条件,这是传统村落和乡村文化得以保护的重要之处。北京大学吴必虎教授就认为,传统村落要保留传统文化,不是一味地、被动地保存或者是原封不动地保存,传统村落要活化,要实现传统要素和现代功能的有机结合。但现实中,我国多数农村与城市存在差异,乡愁是美好的,但乡村却并不美丽。传统村落失去了以往的魅力,无法吸引居民,而乡村记忆的美好代替不了现代在农村的发展之难。可以借鉴城市发展成果,提高功能,加强基础设施和服务建设,让农村更便利、更有时代性,实现现代化,让乡村变得更加美好,才会让传统村落和乡村文化发展变成现实。但城市功能融入农村生活,带给居民现代化享受的同时,要注重传统村落和乡村文化中优秀文化的保持和遗存,尤其是文化内涵和精神风貌的保持。

旅游业是可利用的手段,能把城镇现代化功能结合于传统村落与乡村文化之中,让旅游业与它们的结合变成可能。旅游的开展当然离不开社区的城镇化,乡村旅游不是让游客脱离城市生产,而是让他们在短期内回归农村体验传统生活,把传统乡村的文化记忆找寻回来。而农村现代化一直是居民所追求的生活方式,因此也可以对传统村落文化进行保护,让旅游推动与引领农村持续发展。

2.旅游与乡村文化的结合

在新时代,传统村落和乡村文化慢慢走向了衰弱,城市取代了乡村,但这并不代表传统村落与乡村文化就失去了发展的空间。我国是农业大国,农村人口众多,乡村文化依然是现代文化建构的重要内容。农业现代化脱离不了农业,而农村也还是农村,乡村文化只不过是农村发展的一种依赖。新时代的乡村要不受城市的影响做回自己,在城市中汲取营养再回归到现实理性之中。但是,在之前的很长一段时间里,我国的新农村建设只是简单地模仿城镇,照搬照抄城镇建设模式,对农村进行城镇化改造,盲目追求城镇的空间扩张与规模扩大,导致大量传统村落消失,农村社会文化遭到重大破坏。这样的脱离农村与乡村文化的传统做法,无法保证乡村文化特色,无法使乡村成为宜居之处。宜居乡村需要农业现代化作为基础,让经济持续发展,提升整体发展动力,提高人们的生活水平,带动乡村复兴,让农村变得更加有魅力,让美丽乡村的梦想实现。

在我国,乡村旅游发展越来越快,越来越好,而此时传统村落与乡村文化是最好且最重要的资源依托，有大量的游客被吸引到农村参与旅游活动，因此，旅游成了农村经济发展最重要的推动力量。而传统村落和乡村文化保护是其发展的必然要求，乡村旅游的目的就是让人们回归乡村，追寻乡村文化与农事体验。所以，只有保护好传统村落与乡村文化，才可以保证乡村旅游顺利地开展。在此情况下，被保存好的传统村落迎来了发展机遇，居民懂得了家中房子与老物件的价值所在，是经济收益的来源，同时也让居民对这些文化提高了保护意识。所以说，旅游是这些文化的保护推力，乡村旅游中文化展演就是传统文化宣传教育形式，让人们认识到文化的意义与价值，从而能参与对其的保护，同时，在文化展演中，居民所具备的文化习得会相互传递。这一形式契合时代，利于又传播文化，利于形成新乡村文化风尚，因此会诞生新的传统精神乡村文化。

3. 乡村文化的认同和现代化进程

当前，乡村旅游是保护乡村文化的有力手段，能够提升居民文化认同感。在发展中，生态文化是人们最青睐的，而他们喜欢农村文化生活，且兴趣极高，因此乡土生活变成游客追逐的对象，而保持乡土文化是其关键。在这一过程中，农村居民通过乡村文化的习得与展演，增加了对传统乡村文化精神的认知，可以收获文化自信与自豪，强化身份认同，这为传统村落与乡村文化的保护与发展提供了重要的内源性动力。农村社会与主体只要适时适度、规划合理，强调旅游发展，重视文化功能，发展旅游业就会保护传统村落和乡村文化，也能增加居民对传统村落保护的热情。旅游为农村提供保护的条件，为传承文化提供动力。所以，旅游业为传统村落建设和文化传承提供新的路径。

对目前乡土文化与传统村落的保护情况，有许多文化人士对此表示很是担忧。当代旅游业实质上是不会对文化造成破坏的，只是在开发时的利益驱使毁掉了文化，让目的地付出文化代价。因此，提醒人们发展乡村旅游时对于传统村落的开发需谨慎，应以复兴乡村文化为初衷，形成历史责任感。旅游业的发展使文化从实用、自娱向着审美跃迁，既能对乡村文化加以保护和传承，又能通过文化传播将其发扬光大。传统村落建设与乡村文化传承的关键是要恢复乡村记忆，重新建构农村居民适应现代农业生产、生活的思维方式、生活习惯及价值观念，而恰当的旅游发展模式可以推进乡村记忆的重构，为乡村文化的保护与传承及乡村文化认同的重建提供动力。因此，传统村落和乡村旅游有着密切的关联，二者组合成了乡村旅游产品，挖掘传统乡村文化是旅游发展的手段。反之，传统乡村文化有着不可替代性特征，也让它成为最具自身特色的资源，在发展中得到保护。

二、乡村旅游与乡风文明建设

2013年12月中央城镇化工作会议对城镇建设提出要求，包括"让居民望得见山，看得见水，记得住乡愁"。城镇化进程并非以乡村荒芜为代价，乡村发展要与城镇化共同进行。经济快速发展加快了城镇化的进程，居民的旅游形式变得多样化。旅游经验的完善，闲暇时间受到限制，近距离乡村旅游有了增长趋势。传统景点的旅游，目的地居民游离于景点外不能共享利益。这种模式引发了利益相关者间的矛盾，游客只有在景点才能感受当地的人文风情。在2016年时，全国旅游工作会议提出旅游从"景点旅游"转向"全域旅游"，2017年政府报告中又明确要"完善旅游设施与服务，大力发展乡村、休闲、全域旅游"。这些政策对乡村旅游发展提出要求，应改变发展模式，以全域旅游来发展乡村休闲旅游，让居民参与发展，让旅游者感受到乡村和人文风情。此处，以海南乡村旅游发展中的乡风民俗为例加以分析。

建设海南国际旅游岛，应有多重旅游要素协同发展。乡村旅游在海南旅游发展中是不可或缺的部分，除科学规划外，要在乡村建设硬环境，加强软环境，即文明的旅游环境。当前，海南的乡风尚如意，只有构建文明乡风，打造文明氛围，才能让乡村旅游更有吸引力。

1.公共治理和传统礼俗结合，实现现代化乡村治理

传统乡村是礼俗社会，他们对伦理规矩特别重视，而现代社会却更加重视契约精神。当前我国乡村的状态并未发生改变，而规矩即"礼"仍是乡村秩序的准则。但因城市文化的影响，文明乡风的培育只依托传统道德是不能实现的，要以乡村治理机制为保障，从公共治理中找到方向，实现现代化治理，让文明乡风的培育拥有制度的保障。

完善乡村治理制度，约束居民有悖文明乡风的错误观念，弘扬优良作风，调解家庭矛盾，提供村民学习文化的机会，改变传统观念，提高综合素质，让村民参与乡村建设，并使其成为建设的主体。有序的文明乡风，是吸引游客的重要因素。

2.加强乡村文化建设

在当前游客中，城市居民占较多数，发展乡村旅游就是让资源变成吸引的

力量。城镇化中，城市文化碾压着乡村文化。因对城市生活的向往，居民会模仿城市中的生活，摒弃传统习俗，城市和乡村呈现同化趋势，这是对乡村旅游致命的打击。乡村旅游吸引人的地方就是与城乡的差异，若失去差异就失去了吸引游客的能力。

农业自然经济相对闭塞，各地都有自己的本地文化，如海南黎苗文化、妈祖文化、冼夫人文化、各地宗祠文化等，都根植于乡村，没有乡村它就失去了生命。各地组织力量挖掘本地文化，将它们融入乡村建设中，制定文化建设方案，打造节庆活动，让本土文化"活"起来，融入村民的生活中，让它焕发新活力。在乡村文化中，文明乡风是其中的一员，也是重要的组成部分，只有乡村文化得到发展，才会建设成文明乡风的良好环境。

3. 构建立体式礼仪教育

人们对风气的认知：第一，行为规则方面的认知，包括个人形象、社交礼仪、环境卫生、风俗习惯等，这些都是直接感知。第二，当地社会精神风貌与人内心幸福感，也是深层次感知。这些都是组成目的形象的因素，都有各自的吸引力量。海南乡村旅游发展要将这两个方面加以改善，提升吸引力的当务之急要从行为规则入手，进行礼仪教育。人有内、外两部分的礼仪素养，外在的行为素质，内在的综合文化素养。古人讲："诚于中而形于外，慧于心而秀于言"，寓意也正在此。内在综合素养需要长期的提升才能实现，而外在行为素养的教育则不需过多时间。

乡村旅游包括居民的生产生活，村民主体能让游客感知旅游吸引物。对城市来说，海南乡村发展落后，乡村居民诸多都缺乏文化熏陶，不管是个人形象，还是人际交往都缺少规范的约束，不良行为随处可见。要建立礼仪教育机制，进行教育。第一，通过对乡村现代化治理和文化建设，促进村民学习意识，变成自发学习。第二，以家庭为主开展青少年礼仪教育。我国教育理论就是"幼儿养性，童蒙养正，少年养志"，乡村居民文明礼仪要从孩童时期抓起，在生活中建立行为准则，让孩子受教终生。第三，学校教育。在学校课程中纳入礼仪教育，突出教育效果。第四，社会教育。在生活中锻炼交往能力，学习礼仪，尤其是乡村节庆活动，最能加强礼仪教育的实践性。

4. 发掘和培育乡贤文化

在古代乡村治理中，乡贤文化作用重大。封建社会官方未深入乡村进行统治，乡村治理只有乡贤连接着居民和行政单位。当时的乡贤在乡村中有着较高话语权和地位。乡贤指传统乡绅中有文化、有贤德和担当的人，也指贤达人士。乡贤文化包括古代遗留的传说、文献、文物和热爱乡土、文化精神，也包含现代乡村对乡贤精神的继承。这些精神在乡村治理历史中有着重要的作用，在当今乡村中也有重要意义。发掘和培育乡贤文化，利用乡贤协调乡村秩序，培育乡村文化的发展力，促进文明乡风建设，以推动乡村旅游的发展。

三、乡土文化传承下的乡村旅游可持续发展路径

乡土文化和乡村旅游，二者的发展是相互促进的，只有两者进行充分互动，才能实现乡村振兴。但乡村要产生吸引力，无论是对内部村民来说，还是对外来投资者、旅游者来说，文化是最根本的要素。乡村旅游可持续发展的意义：一方面，带动当地文化的持续发展。另一方面，乡村旅游在当地地位极高，是推进城乡一体化建设的动力。在乡村旅游发展中，乡土文化得到了传承，才能让乡村旅游持续发展。所以要发展乡村旅游，就要深入挖掘乡村文化内涵，赋予乡村灵魂，通过文化促进乡村的复兴与繁荣。挖掘当地独特的文化内涵，首先要挖掘村民原汁原味的生产生活方式。村庄的历史，民俗当中，都隐藏着乡村独有的历史文化积淀，这些同样是乡村旅游的"富矿"。其次，将乡村旅游与特色文化相结合，有助于打造出更丰富的旅游产品，进一步拓展旅游的发展空间。近年来，各地围绕乡村文化做文章，取得了明显成效。如天津市宝坻区通过挖掘地方渔业、非遗等文化资源，形成40余个特色鲜明的旅游村，推动当地旅游红红火火地发展。浙江省杭州市淳安县宋村乡依托山水景观和渔家文化，带动了当地精品民宿和集沙滩嬉水、自助烧烤、农事体验、民俗摄影采风于一体的特色旅游发展。最后，留住乡村之"魂"，赋予乡村更多的文化内涵，才能赋予乡村旅游更多魅力。具体来说，可以从以下几个方面入手。

（一）发掘乡土民情、弘扬乡土文化

乡土文化如何渗透于乡村旅游之中，成为当前的重要问题。应以当地特色文化为指导方针，突出乡土气息，并在开发中得以展现。乡村饮食风俗、婚俗民情、节日庆典等活动都有着丰厚的乡土色彩，这些资源对乡村旅游可持续的发展有着巨大的推力。例如，"七夕"是人们举办婚俗礼仪的亮点，也是对传统婚俗的深化，以此吸引大量旅游者，并弘扬乡土文化。

（二）重视乡土文化开发和保护

政府要以特色文化为铺垫，结合科学发展理念，制定乡土文化开发策略，结合对当地乡土文化资源的评估和调查，将传统乡土文化融入总规划中。此外，要脱离城市的影响，以当地发展为目的，以乡土文化显示出乡村旅游的性质。

（三）居民应重视乡土文化的重要性

乡土文化作为乡村旅游的灵魂，在乡村旅游中有着独一无二的作用。广大居民对乡土文化资源没有高度的认识，保护意识较低，让很多地区乡村旅游文化资源遭到破坏。因此，第一，居民应借助乡村旅游的发展来提升当地知名度，同时增加自己的优越感，重新认识乡土文化的意义。第二，按现代媒介宣传，以居民为主进行乡土文化的普及，促进居民提供体验活动。居民是乡土文化的创造者，也是保护者。居民应确立自身价值，明确乡土文化的重要性，要将保护义务和责任附加在自己身上，在乡村旅游发展中，要积极参与到乡土文化的保护之中。

第四节　乡村旅游与科技发展

一、"互联网＋乡村旅游"应用背景

现代社会的发展让城市中人们的生活、工作与学习等活动空间受到限制，那里的居民更加向往活动的拓展性，崇尚乡村生活。城市中由于土地面积有限，人口密度大，同时受工业生产和道路交通的影响，环境质量差。而在乡村生活的人们能够随时呼吸到新鲜空气、体验乡村活动和品尝乡间美味等。物质生活的提高，让人们开始追求精神生活的享受，从而使消费模式与习惯均发生了改变。此时，人们的业余生活更倾向于乡村旅游，如此便刺激了旅游市场的发展。

而互联网技术的应用，为乡村旅游提供了交易平台，"互联网＋乡村旅游"模式发展前景较好。

二、"互联网+乡村旅游"发展新途径

（一）确定技术路线

发展"互联网+乡村旅游"主要依托互联网技术，因而在实际发展中需要应用互联网思维，加大技术研发和投入力度。例如，在乡村地区进行旅游信息数据库建立，通过电子商务技术和移动互联网技术应用，打造统一的乡村旅游信息服务平台，平台服务项目包括旅游线路交通导航、旅游景点信息查询、天气预报推送、农家服务或产品订购、线上交易及服务点评等。在"互联网+乡村旅游"发展中，应用信息技术研发投入适应旅游活动的技术，搭建云计算信息平台，整合设施，在管理控制下，整合硬件资源。利用电子商务平台提供给旅游便捷、高效的服务，提升服务水平和质量。信息与数据资源支撑着乡村旅游的发展，对技术路线分析可以完善各电子服务平台的搭建，为乡村旅游经济发展硬件奠定基础。

（二）经营农家乐

乡村旅游发展是以乡村资源为基础，为游客提供观光、土特产等产品服务，但在此过程中由于不同地区乡村自然特色、资源类型和文化习俗等不同，在旅游产品的开发中应该注重品牌效应，设计、开发不同的旅游活动，提供丰富的产品服务，其中农家乐活动因其独特的互动内容深受游客欢迎。"互联网+乡村旅游"的农家乐，应做到创新且规范地运营，在互联网中要统一服务标准，否则会造成游客投诉增加。在乡村旅游经营中农家乐是必不可少的一项内容，要构建统一的服务平台，发布产品信息，做到形象的统一，并进行产品开发、宣传、推广和营销，提升农家乐经济效益产出比重，打造"互联网+乡村旅游"良好服务品牌。

（三）智慧服务平台

形成"互联网+乡村旅游"新业态，应在乡村旅游发展的实践中应用各种信息技术建设旅游智慧服务平台，将 WebGIS（网络地理信息系统）、Web Service（网络服务应用程序）与 HTML5（构建网络内容的语言规范）等应用到云架构搭建中，另外，在 UDDL、Web Service、WSDL（网络服务描述语言）、SOAP（简访协议）、IM（即时通信）技术的开发中与大数据的融合，搭建电子商务与移动互联网商务信息共享平台，在旅游信息共享、共建中满足

商务需求，"互联网＋乡村旅游"智慧服务平台中的多终端信息传输，是O2O旅游服务综合软硬件平台。它可以满足乡村旅游市场的开拓需求，在相关信息的预定、引导、查询、推送与交易中满足人们的需求，突出了公共服务与监督价值。

（四）保障消费者权益

乡村旅游发展"互联网＋乡村旅游"模式，需要开发整合与利用多种社会、经济、技术与市场资源等，包括在农家乐经营中也要先做市场调查，了解基本消费需求，在信息资源的整合中分析与预测品牌经营的方向，最后做好售后点评服务。售后点评的目的是及时了解旅游者的消费意见，以争取后续改进，另外也是为了完善服务，提高消费满意度，增加二次消费。在互联网技术支持下，网络在线点评更加便利、快捷，信息收集和整理更加高效，但是在运营农家乐的同时，仍旧需要建立更加规范化、完整化和系统化的消费者权益保障体系。例如，制定《农家乐网上运行规范》等，约束商家经营行为，与保险公司对接，保障消费者权益，降低经营风险。还能对旅游市场进行监控，对经营行为进行跟踪、调查。

（五）消费引导与生态保护

在乡村旅游发展中应用"互联网＋乡村旅游"模式，可以在各网络平台进行产品的宣传，提升服务品牌的知名度，以吸引更多的旅游者参与旅游消费，乡村地区每年旅游者接连不断，收入增多，但也造成了生态环境的污染与破坏。例如，农家乐活动中存在的各种不文明行为，破坏鱼塘、随意攀折树木等，对此需要用网络平台进行规范，对不文明的行为做批评，严重者列入"黑名单"。发展"互联网下乡村旅游"应做长远考虑，利用互联网平台进行文明旅游与生态环保宣传，要引起人们的重视，在消费规范中加大环保监管，实现经济可持续发展。

三、创新科技在乡村旅游中的应用

从20世纪80年代到现在，我国经济与科学技术有了翻天覆地的变化，特别是信息时代与创新科学技术的发展，也改变了旅游业的发展。例如，利用创新科技提供给旅游业宣传与管理等方面的支持。此处以广东省为例，具体分析创新科技在乡村旅游中的应用。

（一）增加乡村旅游的营销手段，提升品牌

随着信息技术与互联网的不断发展与广泛应用，现代新科技也应用到了乡村旅游的发展与推广中，如建立目的地信息系统、旅游电子商务、网络查询功能等项目，都有着较强的实用性，其高效的交流、交易、沟通方式，增加了乡村旅游的营销手段，也提升了品牌。例如，改变传统观念，主动招徕旅游者不再等着他们自己上门。在新科技的帮助下，建立促销方式，利用图片、视频等方式在网络上展示旅游中的景观与风土人情，以及政府旅游性质的广告。例如，央视广告有很多都是以旅游地风景为主的宣传内容，如中山市的"伟人故里、锦绣中山"，佛山市的"和谐佛山、绿色家园"等，将未到过目的地的旅游者变成客源。另外，借助网络宣传，让旅游品牌知名度得到提升。

（二）创新乡村旅游形式，扩大规模

时代不断地发展，新技术在各行业中都有良好的体现，在乡村旅游发展中也起到显著的作用。第一，乡村旅游多在郊区，或偏远地区、欠发达地区，那里交通不便。而交通技术的发展，多种交通途径的开发，如铁路、高速公路、航运等方式让旅游者出行更方便，同时也增加了旅游人数。运用创新技术发展乡村旅游，将现代影像、声控等运用于景区中，吸引旅游者关注。如利用视频音像观察植物生长，体验探索。网上的种菜游戏，也出现在现实中，让旅游者参与体验。另外还有模拟场景，如地震等，这些高科技的运用，既增加了景区特点，又扩大了游客规模，拓展了消费模式。

（三）改变传统管理方式，提高质量

乡村旅游火爆发展，带给各地商机和经济效益，于是大家纷纷效仿，各式各样的乡村旅游服务不断兴起。例如，广东乡村旅游在信息科技发展初期，就运用它包装旅游产品，创新管理等。利用现代科技满足旅游者的需求，建立乡村旅游园区，如光学、计算机控制系统等新技术均运用于农业园区植物生长等方面。利用网络监管，实施全程网上自助服务，改变传统管理方式，提高服务质量，提供给乡村旅游发展强大的支持力。

（四）提升乡村旅游景区品位，增加服务产品

广东省地理位置特殊，因此旅游资源与游客来源相当丰富，乡村旅游发展较快。特别是新技术的运用，把乡村旅游与其他旅游同等位地提升，不断提高产品的质量。信息技术与网络的延伸，提供给游客娱乐、办公、旅游等多方面

的优质服务。如旅行社信息系统、酒店订票与服务系统、景区网上订票系统等，将信息技术应用于交通、服务等方方面面，既提升了景区的品位，又增加了服务项目，让旅游者旅行更便利。

（五）树立景区形象，形成激励机制

乡村旅游由政府或个人开发，缺乏整体规划与管理意识，服务质量与宣传方面都有着较大的问题。网络技术用以征集管理方案，系统的管理方法让网络营销更安全，为景区树立了良好的形象，旅游企业形成激励机制，继而提高景区的档次。

（六）创新科技在乡村旅游中的措施与成效

广东乡村旅游发展势头一直良好，近年来信息技术与互联网科技的推广和应用，也加快了乡村旅游的发展。

1.创新科技的应用，打造出个性化旅游产品

现在，各地区都在大力开展乡村旅游，因此让市场竞争愈加地激烈，但广东乡村旅游却并未止步不前，而是不断更新经营理念，加快科技创新，让乡村旅游得到平衡地发展。而乡村旅游的形式太简单很容易被复制，所以只有创新才能站稳市场。广东省湛江市就是重点乡村旅游开发地中的一员，它利用网络与新科技打造了特色产品，这也是区别于其他地方重要的方面，如"蓝色滨海休闲游""红树林生态游""海岛休闲游"等。此外，还与媒体合作，搭建信息平台，针对客源特点推介旅游产品，走上了个性化乡村旅游的道路。

2.科技信息的运用，扩展营销方式

在乡村旅游发展过程中，产品创新和营销最重要。广东乡村旅游营销，除政府投入的媒体外，还利用互联网开拓市场，提高知名度。例如，利用微信、微博等沟通平台和专业旅游网站发布信息，展开营销，利用网络形式扩展了传统营销的方式。如中山岭南水乡，在景点布局上满是岭南民族的特色，更有丰富的文化内涵，成为白领游客的集中地。这些人通过互联网沟通和分享体验旅游，极大地影响着当地旅游业的发展。

3.创新技术的运用，加强基础建设

广东优越的地理位置，决定了它丰富的游客资源，但因起点低，景区管理与配套设施未改进，达不到高标准，所以不利于乡村旅游可持续的发展模式。因此要加强资源整合，引用新思路，运用新技术，在基础建设方面下功夫。对

乡村旅游产品加以创新，把混乱的开发、发展资源加以分类，并进行规划整理、管理。以"新颖""乐趣""休闲"为主，将传统观光旅游变成度假、娱乐型乡村旅游，以提高可持续发展力度。

4.创新技术的运用，提升服务水平

扩大乡村旅游会带动相关产业发展，也会让人口就业率增高。但乡村旅游从业人员一般都是景区居民，其文化与素质较薄弱。广东乡村旅游发展中，重视人才的培养，与高校合作签订合同，增强从业者的素质，再以新技术改变服务水平低下的问题，在全省乡村旅游景区开展自助服务。如建立自助信息平台，让旅游者实现自助游并享受其乐趣。这样既提高了服务水平，又节约了成本。

第五节　乡村旅游与制度创新

一、我国乡村旅游的发展环境与总体方向

（一）乡村旅游的发展环境

乡村振兴战略应借助乡村旅游推动乡村经济全面发展，提升经济质量，解决乡村发展中的社会与生态保护问题，要三者协同发展。新形势赋予乡村旅游解决城乡不平衡问题、盘活资源、解决乡村治理问题等功能，还应发挥连接城乡、促进经济增长的新功能。

（二）政策总体方向

中央农村工作领导小组将乡村旅游作为当前农村新产业和发展的新动能，使其获得较好的发展机遇，但同时面临挑战，必须根据业界发展趋势，借助国际经验，在目前的政策体系基础上进一步完善和调整。

政策引导上，应强调多元目标，强化目标的协同，将田园综合体、特色小镇等纳入旅游政策中，让乡村旅游发展、乡村建设、城镇化相互支撑共同推进。在发展方式上，盘活闲置资源，创新旅游发展模式，明确绿色发展方式，发展循环共享经济，在适宜地集群化、规模化发展，在新型城乡关系与全域旅游下，建立新资源观，引导新产品。

支持政策上，支持要素应以智力与科技为主。智力支持集中于外部智库的

指导与高端咨询，支持返乡创业，培训当地人才，吸引外部人才的流入。研发适宜的资源与环保技术，实施高效经营管理，创新融资方式、优惠政策和土地利用，增加政府责任，推动城乡互动，完善配套支持，推出新示范点。

保障政策上，应发挥协调作用，提升组织化程度，加强治理，吸纳多元主体参与，未来政策应明确利益分享、鼓励共赢，目前政策涉及的监管也是重点，加快制定完善标准，全面监管和规范。

二、乡村旅游供给侧改革的支持条件

乡村旅游供给侧结构性改革属于系统性的改革工程，乡村旅游发展的条件不局限于土地和资金、人力投入的多少，而需要以科学的制度与规范来引导生产要素的合理配置，以达到优化效益的目的。

（一）促进制度的科学化

制度是要素投入与产品流通的主要推动力，目前乡村旅游发展的困境都与制度设计不科学有着直接的关系。最突出的制度问题表现在三个方面。第一，政府包办发展。较多地区的乡村旅游发展对政府投入的依赖性太强，对民间资本、智慧投入制度未发挥出引导效果，最终因政府所设计出的路径不合理或投入不到位，形成乡村旅游项目工程未完结。第二，支持制度不稳定。政府主导的乡村旅游发展都有领导特征，不断更换领导干部，导致支持重点也发生变化，有些项目前期投入还未收回就被推倒重来，既造成旅游发展要素的浪费又不利于乡村旅游产业的树立。正因如此，政府主导作用的发挥应坚守合理界限，主要应限于在公共产品建设上。第三，客观存在各种制度"打架"情况。乡村旅游发展涉及较多的管理部门，并未经旅游主管部门统一管理，一些相关部门也按各自需求出台制度，但这些制度的衔接、协调问题未加以充分地考量，以致管理中各部门各行其是，经营无所适从。只对于规划制度来说，国土利用规划、城镇建设规划、农业发展规划都很难与乡村旅游规划衔接，突出了多种规划不能合一的问题，已是制约乡村旅游发展的严峻问题。正因如此，制度在设计时要充分考量乡村旅游发展的需要，处理好政府和市场的关系、政策与制度的衔接问题。

（二）发展环境优化

良好的发展环境是乡村旅游可持续发展的保证。乡村旅游发展依赖的环境应解决好三个问题。第一，市场竞争有序。应确保旅游竞争轨道的良性特征，通过政策与行为加以引导，避免出现乡村旅游资源同质化经营和开发，引入第三方论证，将特色作为开发的首要考量。同时将乡村旅游纳入行政管理范围内，加强监督与管理，对扰乱秩序的不合理竞争、强制性消费等第三方经营服务行为加以惩戒，以保证市场运行有序地发展。第二，辅助条件配套。乡村旅游经营突出的问题就是辅助硬件不配套，从而造成城乡消费流通不畅，制约乡村旅游资源发挥效用。此外，乡村旅游也面临辅助软件不匹配问题，缺少城乡旅游消费中介服务，而乡村旅游开发评估机构、经营服务机构、项目开发规划机构、服务人才供给等中介机构也极度短缺，造成乡村旅游经营从开发到供给，再到服务过程，出现非专业运作和感性发展的局面。第三，风险补偿机制。乡村旅游的发展与一般旅业业的发展不同，它有着更高的风险系数，以乡村和农业产业为依托的乡村旅游项目受资源禀赋的影响更大，抵御灾害的能力较弱，要保障其可持续的发展，就要建立风险补偿机制作为保障，增加产业抗风险能力。目前紧要的是出台专门的乡村旅游保险产品，对遭遇灾害破坏的资源做合理的风险补偿。

（三）要素投入合理化

要素投入合理化是供给侧改革的主要结构，建立起适应发展需求的要素供给系统。目前，我国乡村旅游发展的突出问题是要素供给短缺与失衡。乡村旅游人才低端化非常明显，严重缺失专业旅游经营人才队伍，成为产业发展最重要的制约问题。建设用地的供给不足也制约着我国乡村旅游的发展，《土地管理法》规定了集体用地在转为建设地时应办理转用与征用手续。因此，当前乡村旅游发展用地一般都依靠农村土地挖潜与流转完成，在用途管制制度限制下，农村尚未完全放开宅基地流转，建设用地投入不足。促进乡村旅游要素投入合理化，应解决提高投入要素产业率的问题和调整要素投入结构问题，以合理机制促进要素集中于优质的乡村旅游项目。

（四）产业联动常态化

乡村旅游是以农业、农村资源为依托的新业态，应夯实乡村旅游资源打通城乡消费渠道，引导城市消费进入乡村，形成一、二、三产业的联动发展。任何割裂生产要素之间联系的经济发展方式都是非生态化的。因此，乡村旅游的发展应构筑全要素的产业联动系统，从技术、服务、要素、产品、体制到网络整体推动。体制上，促进产业联动的关键是解决多头管理问题，实现管理独立发展、主体明确。要素联动上，构建城乡要素流通渠道，建立流通市场，确保城市要素顺利流向乡村旅游业。产品流通上，重点建立乡村旅游产品传导机制，以物流网减少产品进入市场的中间环节，实现资源共享，加快经营服务专业建设步伐。技术联动上，转变粗放式经营，引进先进的经营理念、产品和技术等，克服自体经营与封闭发展的弊端。网络共建上，着力乡村旅游在大旅游平台的发展，畅通乡村旅游与三产资源共享渠道，建立匹配发展需求的管理、信息、物流、市场网络体系。

三、乡村旅游供给制度

供给侧改革要求，改善乡村旅游发展中制度供给与行为，是激发产业活力与规范市场秩序的基本手段，也是要素发挥能效的基础条件。作为新生业态，乡村旅游面临的制度与行为问题较为突出，应从供给端实现制度的优化、改善承接端行为失范问题，才会促进乡村旅游健康发展。

（一）法律制度

目前，我国乡村旅游发展法律制度供给不足主要表现在要素投入、环保、产业经营等立法缺位与针对性不强上。第一，要素投放立法供给不足，主要表现在土地立法的不完善、劳动补给不强、资本支持不高等方面。乡村旅游发展土地立法不完善表现为：土地流转制度缺位、农村建设用地制度不完善，没有提供给乡村旅游发展有力的支撑。劳动补给不强，体现在带薪休假制度落实上缺失法律监管，造成短程旅游的乡村旅游消费能力发挥不到位。资本支持不高，反映在对乡村资本监管与支持乡村旅游发展的土地和融资立法上的空白。第二，乡村旅游发展环保立法供给不足，表现在：环保法规规制的主要是土壤、大气、水体破坏与污染行为上，对于破坏开发与掠夺行为没有规制措施。而现有环保法律只侧重于对污染行为的后端监管，而对乡村旅游发展的生态没有足够的法律调整动能。此外，乡村旅游经营立法也存在针对性不强的问题。在现行《旅游法》中，几乎没有乡村旅游产业经营的调整，产业规划立法尚未纳入议程之中，特定形态的农家乐等乡村旅游法规制度均不完善。正因法律体系的不健全，应尽早构建促进乡村旅游发展的制度供给系统。以问题为导向，以地方立法为主，着力于供给侧要素供给不足、环保不到位、产业保护和经营缺失等立法不完善问题。加快推进农村土地利用与盘活，构筑农村土地流转法律制度，修改《土地管理法》规定，完善宅基地退出和流转制度，保障开发用地需求。完善《劳动法》中带薪制度的监管立法，保证消费资源的稳定。乡村保存完好的自然生态环境是发展乡村旅游的基础，尽早出台乡村旅游资源开发和生态环保立法，对破坏资源和环境的行为加以惩戒，保证乡村旅游可持续发展。加强农村土地和融资立法，满足乡村旅游发展所需的资金问题。

（二）行政管理制度

乡村旅游发展中，行政管理制度供给应克服政府过度包办与管控问题，从乡村旅游特色塑造、资源保护、市场有序出发，建立区别于传统旅游的制度，适度放松行业准入、经营许可等限制，引导生产要素与布局的合理，对特色业态给予必要的补贴和扶持，加强规划设计，协调规划合一，解决好政府和市场定位问题，在乡村旅游经营中减少政府的微观干预，发挥总规划、协调联动与监督管理的主导作用。同时，还应正视乡村旅游发展遇到的最大的瓶颈是旅游用地供给严重不足的现实，针对性地改进土地管理制度，在合法合规的前提下，积极探索乡村旅游用地中农村集体土地流转途径与模式，实现农村集体土地流转制度的创新。

（三）服务传输制度

乡村旅游发展的内在需求是服务的专业化，也是当前乡村旅游发展中亟待解决的问题。

与传统旅游服务和市场不同，乡村旅游发展的服务供给问题较突出，表现在项目开发论证服务机制缺失、专业队伍薄弱、人才供给短缺，经营评价机制不健全等。只有规范化的管理和服务，才能使乡村旅游规模化、产业化发展成为可能，要想改善乡村旅游服务制度供给，就应从管理主体出发，利用政府主导，引导服务资源转向乡村旅游业，建立城乡经营服务共享平台，培育专门服务队伍，加强服务标准建设，提升服务质量，改善不专业的服务境况。

（四）经营激励制度

要实现乡村旅游可持续发展，就要确保激励制度的供给同步，克服乡村旅游发展的瓶颈制约，从多方位将社会资本集中投向乡村旅游。第一，保障城乡旅游发展资源配置的公平性，解决乡村旅游水、电、气等的供应和服务配比问题，确保公共资源供给有保障；第二，坚持差异原则，在税收、工商、融资方面给予政策倾斜，将乡村旅游服务列入政府购买范畴内，扶持乡村旅游的发展。第三，建立乡村旅游经营的评星定级制度体系，政府激励特色、高效、绿色项目，并将政策优惠和项目星级挂钩，鼓励乡村旅游发展走向高端经营之路。

四、乡村旅游产业政策优化路径

（一）协调目标功能

乡村旅游应出台多元一体化的政策，才会促进乡村振兴。产业政策要鼓励乡村旅游完善与整合产业链、利用当地资源、盘活闲置资产、带动其他产业发展，具有突出、带动城乡发展，满足人们多样性生活的功能，更应发挥旅游生态保护的作用，促进绿色转型、改善乡村环境等。

引导政策中，明确发展目标，鼓励利益相关者追求目标。在资源上，鼓励闲置资源多样化利用，将宽广的空间、人与自然和谐生活方式、民俗风情等作为特色产品，文化与旅游结合，利用资源深度开发非遗产品、乡村传统景观等，引入流行元素和资源与文化结合，而向亲子市场、中小学研学、老年康养开发针对性的产品，以做到丰富谱系及时更新。

在发展方式上，引导借助乡村旅游，撬动城乡资本和人力资源，促进生态系统恢复、人居环境改善和农业绿色转型，将旅游纳入当地循环经济，全面改善乡村面貌，在具备条件的地区，将乡村旅游作为全域旅游的重要实施领域，推进旅游业和乡村地区发展的全面融合，借助田园综合体和特色小镇建设，推动多产业、集群式和城镇化结合的规模化、信息化发展，扩大乡村旅游效益，通过社区自身发展旅游，可以促进多方面的可持续性，政策应该引导多元利益主体与社区合作，实现内生性发展。

（二）提升质量效益

首先仍要加大基础设施支持力度，未来政策必须统筹考虑改善乡村旅游目的地外部交通，广泛吸纳政府资金、私人资金和社区自有资金，再将乡村旅游和美丽乡村建设、乡村公共服务设施建设、人居环境改善相结合，以自力更生、PPP（Public-Private Partnership，政府和社会资本合作）项目运作模式改善基础设施，结合智慧乡村建设，重视公共旅游服务体系建设，建设相应的硬件设施。创新乡村资金利用，汇集财政与农业资金支持，改善发展条件，放宽信贷方式，鼓励低息或免息小额贷款发放给农户，灵活运用奖补资金，将稳定现金流资产进行众筹，鼓励对接城市支持旅游业，以多元化的方式筹资乡村旅游建设和运营资金。

智力支持上要加强有效方式，政府要解决顶层设计，如布局、规划、品牌化、组织化、可行性论证等问题。采取与院校联合、集中培训等多种形式，结合创新与经营，培育人才。在经营上，鼓励外企的对口帮扶，聘用专家指导。在特定地区，人才选拔上要偏重于乡村旅游专业。以多方合作加强研究与经验总结，把乡村旅游开发纳入农业推广中，并在全国范围内推广。

政府与旅游行业要大力度推广营销，支持乡村旅游各项活动，政府推介目的地应加入乡村旅游内容，支持电商的介入，在城市旅游集中地加入乡村旅游线路，并对经营者加以奖励。另外，除规划引导、示范创建外，还要相应配备奖励评比、科技研究、集成推广，把旅游资源富裕的乡村旅游纳入政绩考核中，并且鼓励资源投入，探索发展模式。

（三）推进持续发展

发展支撑措施上，政策应关注利益分享与加强政府服务功能，尽快提升组织化与治理水平，对各环节加以完善监管、控制负面影响。利用农业生产结合于乡村经营主体，鼓励合作社的参与，让其进行产品经营，形成多元主体参与形式，发挥个人的能力，提升经营水平，让公共管理更有序。政策要对外来资本加以管控，不要让他们对社区利益造成危害。

规范与监管内容要进一步完善，应该集中于三个方面：第一，合理开发；第二，经营与服务行为规范；第三，负面影响的控制。三方相互联系和制约，应采用一系列手段来解决。合理开发以资源保护为主，涉及方面较多，应督促相关部门对法律法规进行细化，明确开发的标准与要求，出台保护细则，增加政策操作性，如许可、评价、认证制度等，加强列出清单并采取措施，减少文化、社会、生态的负面影响。手段上，应多措并举，公示、计划、标准、奖励惩罚、法规、检查监督等共用，政府、社区、第三方参与，积极推动行业自律，以达成效。另外，对政策进行评估，推广绩效好、适用面广的政策，对带来负面效果、未达到预期效果的政策要及时改正。

第六节　乡村旅游发展中的新业态

一、国家农业公园

国家农业公园，属于现阶段农业与乡村旅游的高端形态，是升级的乡村休闲与农业观光旅游。它可以是园区的结合，也可以是独立的大型园区，要有突出的农业资源，包括现代农业生产区、民风民俗体验区、传统农耕文化展示区。是集农业生产、旅游、消费于体的组织形式，是为解决"三农"问题而打造的现代新型农业旅游区。

（一）山东省苍山兰陵国家农业公园——中国首个国家农业公园

总面积 62 万亩，其中核心区 2 万亩，示范区 10 万亩，辐射区 50 万亩。兰陵国家农业公园在景区中的级别是国家 AAAA 级，被评为 2014 年全国十佳休闲农庄。项目中有 10 多个功能区，即农耕文化区、现代农业示范区、民风民俗体验、花卉苗木展示区、现代种苗培育推广、农耕采摘体验区、科技成果展示区、水产养殖示范区、微滴灌溉示范区、休闲养生度假区、商贸服务区等。

（二）河南省中牟国家农业公园

占地 7073 亩，主要规划建设设施有农业种植示范园、优质水产养殖示范区、农业文化创意园、花卉高新科技示范园、精品果蔬示范园、综合管理服务区等 6 个功能分区。

二、休闲农场或休闲牧场

休闲农场依托生态田园环境，以当地特色农业资源为基础，提供给旅游者健康的产品与丰富的体验消费，其功能集合了生态农业、乡村旅游、养生度假、休闲体验、科普教育等特点，实现社会生态价值的现代农业创新和新型农业旅游产业综合体。

（一）中国台湾地区休闲农场

中国台湾地区旅游以其民宿及休闲农场颇具知名度，代表性的农场（牧场）包括香格里拉休闲农场、垦丁牧场、飞牛牧场、初鹿牧场、天马牧场等。其运作模式除骑马、滑沙、放牧等活动，也包括了贩售奶制品。牧场布置就像动植物园，有大量物种值得观赏，如天马牧场的羊驼、飞牛牧场的蝴蝶等，都有着特殊的韵味。

（二）美国黑莓牧场

田纳西州大烟山下，是美国第一乡村度假旅游区。黑莓牧场中包括菜园、果林、牧场、乡村别墅、马术，以及美国境内最好的农庄 SPA。2010 年被食品网评为"美国十大旅游目的地",被誉为世界服务第一、餐饮第一。

三、乡村营地、运动公园、乡村公园

目前,乡村营地正在设计与国际接轨,迎接那些喜欢自由旅游的自驾游客群。野营地旅游在国际上也是非常流行的旅行方式。

(一)成都都江堰囡地哥自驾游营地(中法合作)

高标准、高规格、生态环保的具有国际标准的示范营地。

(二)北京丰台区"桃花深处"汽车营地

拥有房车区、帐篷区、木屋区、野餐区、休闲健身区五大功能分区,引入国际房车露营协会五星标准。

(三)河南汝阳大虎岭户外运动基地

该乡村户外运动基地,可以进行越野汽车、摩托车、山地自行车、跑马、射箭、滑翔、滑草、徒步穿越、拓展、CS野战等多种户外活动,拥有摩托车全国超级越野公共赛基地和WRC世界汽车拉力锦标赛基地。

(四)乡村庄园、酒店、会所

在国外,乡村庄园与乡村酒店兴起较早。英国典型的乡村庄园,最著名的就是田园似的城堡与村落。法国的香草庄园因芳香浪漫而世界闻名。

乡村庄园以养生度假为主,是高端的旅游业态,未来它将成为引领市场的重要产品。乡村庄园是我国农村发展的方向。庄园人生,是都市居民的追求。

四、乡村博物馆、艺术村

乡村博物馆:选定古民居、古村落、古街巷,进行保留、保护和维修利用,建成综合性、活态化的乡村博物馆。

乡村博物馆的责任就是保护与活化乡村历史文化,这些文化包括了饮食、茶酒、耕读、节庆、宗教、作坊、姓氏、中医等文化。

艺术村:旨在提供给艺术家进行创作的空间,让艺术家进入发挥灵感的环境。而这种模式在国外已很普遍,因此需要在国内大力发展。

(一)罗马尼亚海勒斯特勒乌公园乡村博物馆

一座介绍罗马尼亚农村建筑艺术、民间艺术和农民生活习俗的露天博物馆,是一个占地10公顷的大花园,展厅就是散布在其中40个院落中的66座乡村建筑。这些建筑都源于 20 世纪罗马尼亚农村搬迁。乡村博物馆既可以参观游览，又可以提供民间歌舞与手工艺表演的场所。在这里，每年都举办民间歌舞与手工艺品制作比赛。

（二）贵州梭嘎苗族生态博物馆

亚洲第一座民族文化生态博物馆，由中国和挪威合作建设，面积 120 平方千米，12 个自然村寨，总人口 5000 余人。

此外，还有山西许村国际艺术公社、浙江松阳沿坑岭头画家村、纽约格林尼治村、法国圣保罗艺术村等。

五、市民农园

市民农园采取社区支持农园，农民提供耕地并帮助管理，城市居民投资参与耕作并收获产品，在这一过程中可以体验农业劳动的乐趣，是生产经营的乡村旅游形式。

周末农夫，这是针对城市白领而开发的项目，他们来到农村租用耕地，自己种菜，但平时需要农夫来照顾菜地，居民挑选时间去田里劳作并收获成果。

（一）北京小毛驴市民农园

占地 230 亩，在北京西郊凤凰岭山脚下。

（二）日本仙台园艺中心

占地 600 亩，其中市民农园 50 亩，分为 399 块市民体验田，每块约 25 平方米，每年租金 15 000 日元（约合人民币 700 多元），供不应求，需要摇号获取。

目前，国际上市民农园、田间园艺流行，大有超过高尔夫场的趋势。

六、高科技农园、教育农园

高科技农园，是以农业产业为基础，发展现代农业，让科技引领，让智能带动，发展高科技的农业。英国伊甸园是高科技农园的代表。

教育农园，是利用农村农业资源作教室，让人们亲近自然，参与农耕，体验生活。让人们接触农业生产和生活，通过供求互动，带动产业和教育发展的农业经营形态。

七、乡村民宿

利用自用的住宅空闲房间，结合当地自然生态和人文环境，提供给游客以住宿之处。与传统饭店相比，它设施简单，但体验的是当地风情与热情。民宿源于英国，而在日本、中国台湾地区迅速发展起来。如今，中国台湾地区民宿已形成精致、高价、豪华的创新模式。民宿最大的亮点就是特色服务，设计方面强调了风格的多样性。

民宿的类型包括农园民宿、传统建筑民宿、景观民宿、海景民宿、艺术文化民宿、运动民宿、乡村别墅、木屋别墅。

八、洋家乐

洋家乐，从字面就可以看出，是针对外国游客创办的农家乐。它崇尚自然的回归，以环保为理念。高端的农家乐很受国外游客的喜欢。如莫干山裸心谷。

近年来，在浙江省德清县莫干山麓的低碳旅游新业态——"洋家乐"正渐成风尚。裸心谷在浙江省莫干山，旅游项目所占用的土地有400亩，建筑用地20亩，在私人山谷里，四周有大型水库、翠竹、茶林和小村庄。其设有客房121间，分布于独栋树顶别墅及夯土小屋之中。裸心谷是获得能源与环境设计先锋白金级可持续发展证书的度假村。在这里的活动有很多种，如徒步、山地自行车、骑马、射箭、露天泳池、露天剧场等，而城市中常见的娱乐活动一概不要。

九、文化创意农园

文化创意农园，以农业为基础增加创意，是融合文化教育、科技与创意产业的时尚农业园区。

参考文献

[1] 邓爱民.乡村旅游可持续发展路径创新与政策协同研究[M].北京：中国旅游出版社，2021.

[2] 黎洁.旅游扶贫与乡村旅游可持续发展研究[M].北京：社会科学文献出版社，2021.

[3] 李卫东.乡村休闲旅游与节庆农业[M].北京：民族出版社，2021.

[4] 胡豹作.乡村振兴的浙江模式与路径创新[M].北京：中国农业出版社，2021.

[5] 徐虹，焦彦，张柔然.乡村旅游文化传承与创新开发研究[M].北京：中国旅游出版社，2021.

[6] 江东芳，吴珂，孙小梅.乡村旅游发展与创新研究[M].北京：科学技术文献出版社，2019.

[7] 李巧义.乡村旅游发展现状与创新研究[M].北京：中国原子能出版社，2019.

[8] 熊剑平，余瑞林，刘美华.湖北乡村旅游发展研究[M].北京：旅游教育出版社，2019.

[9] 王昆欣.乡村旅游新业态研究[M].杭州：浙江大学出版社，2019.

[10] 张金岭，宋军令，王海.新乡建与乡村旅游[M].北京：中国旅游出版社，2019.

[11] 周永振.内蒙古乡村旅游[M].北京：中国旅游出版社，2019.

[12] 唐云松.旅游资源学[M].西安：西安交通大学出版社，2019.

[13] 王爱忠.乡村旅游发展与文化创新研究[M].北京：新华出版社，2018.

[14] 赵皇根，宋炼钢，陈韬 . 振兴乡村旅游理论与实践 [M]. 徐州：中国矿业大学出版社，2018.

[15] 邓宏兵，卢丽文，黄璨，等 . 区域旅游规划与创新发展案例研究 [M]. 武汉：中国地质大学出版社，2018.

[16] 姚海琴 . 我国乡村旅游业发展的就业特性影响与效应研究 [M]. 北京：机械工业出版社，2018.

[17] 刘军林，谭舒月 . 智慧旅游产业融合发展研究 [M]. 武汉：华中科技大学出版社，2018.

[18] 耿松涛，宋蒙蒙 . 产业融合背景下的旅游创新业态发展研究 [M]. 北京：知识产权出版社，2018.

[19] 刘曙霞 . 乡村旅游创新发展研究 [M]. 北京：中国经济出版社，2017.

[20] 周霄著 . 乡村旅游发展与规划新论 [M]. 武汉：华中科技大学出版社，2017.

[21] 谢冬明 . 江西乡村旅游发展研究 [M]. 南昌：江西高校出版社，2017.

[22] 李龙，宋徽编 . 旅游创业启示录 互联网 + 时代的乡村旅游创客 [M]. 北京：旅游教育出版社，2017.

[23] 彭顺生等 . 中国旅游业创新发展研究 2016[M]. 北京：中国旅游出版社，2017.

[24] 尹华光，蔡建刚 . 全域旅游背景下张家界旅游业可持续发展研究 [M]. 成都：西南交通大学出版社，2017.

[25] 魏成元，马勇 . 全域旅游 实践探索与理论创新 [M]. 北京：中国旅游出版社，2017.

[26] 刘光 . 乡村旅游发展研究 [M]. 青岛：中国海洋大学出版社，2016.

[27] 朱专法 . 山西乡村旅游发展研究 [M]. 太原：山西经济出版社，2016.

[28] 蒙睿；段跃庆主编 . 旅游融合发展 经典案例 [M]. 北京：中国环境出版社，2016.

[29] 周培，周颖 . 乡村旅游企业服务质量理论与实践 [M]. 成都：西南交通大学出版社，2016.

[30] 魏小安，蒋曦宁 . 中国旅游发展新常态新战略 [M]. 北京：中国旅游出版社，2016.

[31] 钟毅 . 五彩田园 乡村建设与城乡统筹发展实践 [M]. 南宁：广西科学技术出版社，2016.

[32] 刁志波 . 黑龙江乡村旅游发展与创新研究 [M]. 北京：旅游教育出版社，2014.

[33] 刘建波 . 图说山东乡村旅游 谁不说俺家乡好 [M]. 济南: 山东科学技术出版社，2014.

[34] 庄伟光，邹开敏，黄晓慧 . 旅游产业创新与发展 以广东为例 [M]. 广州：中山大学出版社，2014.

[35] 周丹敏 . 乡村旅游可持续性发展的多理论视角研究 [M]. 南昌：江西高校出版社，2014.

[36] 陈秋华，纪金雄 . 乡村旅游规划理论与实践 [M]. 北京：中国旅游出版社，2014.